AF317536

CATALOGUE

DES LIVRES

DE LA BIBLIOTHÈQUE DE

M. LE COMTE OCTAVE DE BEHAGUE

LA ;VENTE AURA LIEU

Le Lundi 19 *Avril* 1880 *et les onze jours suivants*

A UNE HEURE ET DEMIE DE L'APRÈS-MIDI

Hôtel des Commissaires-Priseurs, rue Drouot, 5

SALLE Nº 3, AU PREMIER

Par le ministère de Mᵉ MAURICE DELESTRE, commissaire-priseur,
Rue Drouot, 27.

assisté de M. L. POTIER, ancien libraire

et de

M. Cʜ. PORQUET, libraire, quai Voltaire, nº 1

———

Chaque jour de vente il y aura exposition publique à 1 heure de l'après-midi.

———

CONDITIONS DE LA VENTE

5 p. 100 payables par les acquéreurs en sus des enchères.

Les livres devront être collationnés sur place dans les vingt-quatre heures de l'adjudication. Passé ce délai ou une fois sortis de la Salle de Vente, ils ne seront repris pour aucune cause.

M. Cʜ. Porquet remplira les commissions des Personnes qui ne pourraient assister à la vente.

CATALOGUE

DES

LIVRES RARES

ET CURIEUX

COMPOSANT LA BIBLIOTHÈQUE DE

M. LE COMTE OCTAVE DE BEHAGUE

MEMBRE DE LA SOCIÉTÉ DES BIBLIOPHILES FRANÇAIS

DEUXIÈME PARTIE

> Livres en divers genres.
> Théologie.
> Jurisprudence. — Sciences et Arts.
> Belles-Lettres et Histoire.
> Collection considérable de Romans, Contes
> et Facéties du XVIᵉ au XIXᵉ siècle.

BIBLIOTHÈQUE NATIONALE
FONDS
92 DS

PARIS

CH. PORQUET, LIBRAIRE

1, QUAI VOLTAIRE, 1

—

1880

ORDRE DES VACATIONS

Première vacation, lundi 19 avril 1880.

Numéros.

THÉOLOGIE, JURISPRUDENCE	1 — 70
BELLES-LETTRES	234 — 277
— Romans.	505 *bis* 568

Deuxième vacation, mardi 20 avril.

SCIENCES ET ARTS	71 — 121
—	213 — 233
BELLES-LETTRES	278 — 329
— Romans	569 — 627

Troisième vacation, mercredi 21 avril.

SCIENCES ET ARTS	122 — 212
BELLES-LETTRES	330 — 362
— Romans	628 — 675

Quatriéme vacation, jeudi 22 avril.

Numéros

HISTOIRE	1552 — 1598
BELLES-LETTRES	363 — 418
— Romans	676 — 750

Cinquiéme vacation, vendredi 23 avril.

HISTOIRE	1612 — 1668
—	1599 — 1611
BELLES-LETTRES	419 — 459
— Romans	751 — 820

Sixiéme vacation, samedi 24 avril.

HISTOIRE	1669 — 1720
BELLES-LETTRES	460 — 505
— Romans	821 — 896

Septiéme vacation, lundi 26 avril.

HISTOIRE	1721 — 1809
BELLES-LETTRES	1307 — 1333
— Romans	1239 — 1306

Huitiéme vacation, mardi 27 avril.

HISTOIRE	1810 — 1882
BELLES-LETTRES	1334 — 1366
— Romans	964 — 1031

Neuviéme vacation, mercredi 28 avril.

HISTOIRE	1883 — 1965
BELLES-LETTRES	1367 — 1408
— Romans	1032 — 1094

Dixième vacation, jeudi 29 avril.

Numéros.

HISTOIRE . . . . 1966 — 2024
BELLES-LETTRES . . . . 1409 — 1450
—   Romans . . . . 1095 — 1172

Onzième vacation, vendredi 30 avril.

HISTOIRE . . . . 2025 — 2084
BELLES-LETTRES . . . . 1451 — 1504
—   Contes et nouvelles . . . . 1173 — 1238

Douzième vacation, samedi 1er mai.

HISTOIRE . . . . 2085 — 2150
BELLES-LETTRES . . . . 1505 — 1531
—   Romans (Rétif de la Bretonne) . . 897 — 963

FIN DE L'ORDRE DES VACATIONS.

CATALOGUE
DES LIVRES

DE LA BIBLIOTHÈQUE

DE M. LE COMTE OCTAVE DE BÉHAGUE

SECONDE PARTIE

THÉOLOGIE

1. Histoire de l'Ancien et du Nouveau Testament, imitée de Chr. Schmid, par J. Derome. *Paris, Herder et Cie*. 1836. Gr. in-8, gravures et encadrements, demi-rel. v. fauve.

2. Le Nouveau Testament de Nostre-Seigneur Jésus-Christ, traduit en françois, avec le grec et le latin de la Vulgate ajoutez à côté (par MM. de Port-Royal). *Mons, Gaspard Migeot,* 1673. In-8 à 3 col., mar. rouge, fil. tr. dor. dos orné. (*Du Seuil.*)

    Très-bel exemplaire.

3. Vie de Jésus, par Ernest Renan. *Paris, Michel Lévy,* 1863. In-8, demi-rel. mar. rouge, dos orné, coins, non rog. tête dor. (*Belz-Niedrée.*)

4. Figures du livre de l'Apocalypse, ou des Révélations de Saint Jean l'apôtre. (*Paris.*) *Chez Jean Le Clerc, s. d.* front. 24 fig. gr. par Halbeeck. — Fidei apostolici symbola Iconibus artificiosis ab Thomas de Leu in lucem editi.

S. d. Front. gravés et 12 planches. Ensemble 36 planches, 2 parties en 1 vol. in-4, obl. v. m.

5. Bréviaire de Paris, traduit en françois et imprimé par l'ordre de Monseigneur l'archevêque. *Paris, aux dépens des libr. associés,* 1742. 4 tom. en 8 vol. in-4, mar. rouge, fil. tr. dor. (*Anc. rel.*)

> Huit figures de Boucher, gravées par Lebas, représentant des vues de Paris.

6. L'Office de la Semaine Sainte à l'usage de la maison du Roy. *Paris, Jacques Collombat,* 1743. In-8, mar. rouge, dent. dos fleurdelisé, tr. dor. (*Anc. reliure aux armes du Roi.*)

7. L'Office de la Semaine Sainte à l'usage de la maison du Roy, par M. l'abbé de Bellegarde. *Paris, Jac.-Franç. Collombat,* 1748. In-8, titre et front. gravés, fig. de Humblot gravées par Scotin, mar. rouge, doré en plein, dos et coins fleurdelisés, tr. dor. (*Aux armes et aux chiffres du Dauphin.*)

8. Office de la Vierge Marie avec les pensées et les élévations d'esprit sur chaque heure et sur les devoirs d'une âme chrestienne, par J.-J. D. B. *A Paris et se vend au Palais,* 1644. In-12, fig. mar. bl. jans. tr. dor. (*Trautz-Bauzonnet.*)

> Imprimé en bâtarde avec les caractères inventés par P. Moreau.

9. Leçons des Matines de Noël, pour la chapelle du Roy. In-fol. mar. rouge, large dentelle, dos orné, tr. dor. *Aux armes de France.* (*Padeloup.*)

> Manuscrit de 85 pages d'une bonne écriture, fait à Versailles par le sieur Saudemont l'an 1758.

10. Les Prières du soir. (*Paris, Muguet,* 1710.) In-8, fig. mar. vert. large dent. tr. dor. doub. de tabis.

> Fragment d'un livre d'heures (dites Heures de Noailles), commençant à la page 349.

11. Q. Sept. Flor. Tertulliani Carthaginensis opera. *Parisiis, apud And. Wechelum,* 1566. 2 vol. in-8, vél. bl. tr. dor.

12. La Conversion de saint Augustin décrite par lui-même. *A Brusselles, chez François Foppens,* 1690. In-12, front. gravé, mar. r. jans. (*Duru et Chambolle.*)

> Exemplaire non rogné.

13. Leonis Magni Romani Pontificis eius nominis primi opera. *Lovanii, apud Hier. Wellæum,* 1575. Pet. in-8, vél. bl. tr. dor.

14. Les Droits de la religion chrétienne et catholique sur le cœur de l'homme (par Bellet). *A Montauban, chez J.-P. Fontanel,* 1764. 2 vol in-12, mar. rouge, fil. dentelle, dos orné, tr. dor. (*Armoiries.*)

15. Entretiens curieux pour les dames, par le R. P. F. Guilloré, de la Compagnie de Jésus. *Louvain, Jean Jacobs,* 1746. In-8, demi-rel. mar. bleu, dos et coins, non rog. (*Hardy.*)

Ces entretiens roulent sur les secrets de la toilette des dames, les soins du corps, le luxe des habits, sur les modes, etc.

16. Le Catéchisme des gens mariés (par le P. Feline, missionnaire). *S. l. n. d. (Caen, vers* 1782.) In-12, de 53 p. demi-rel. dos et coins de mar. vert. non rog. tête dor. (*Petit.*)

Ce petit livre, parmi quelques préceptes moraux et religieux, entre dans des détails qui sont loin de l'être. L'ouvrage a encouru la censure de l'autorité ecclésiastique, et, ayant été supprimé, est devenu rare.

17. Entretiens d'une dame avec son directeur sur la mode des paniers. *S. l.,* 1736. In-12, cart.

« Cette pièce est très-rare... elle n'est pas aussi futile que le titre paraît l'indiquer... C'est une histoire de mœurs qui ne laisse pas que d'avoir son mérite. » (*Note de M. de Beauchêne.*)

18. Galerie des abus mondains faisant pendant à la Galerie des abus des couvents catholiques, par le P. Hilarion, ex-capucin (en allemand). *Francfort et Leipzig,* 1785. In-8, figures, mar. r. dos orné, fil. (*Hardy.*)

19. Les Libres prêcheurs, devanciers de Luther et de Rabelais, par Antony Méray. *Paris, A. Claudin,* 1860. In-12, demi-rel. mar. dos et coins, non rogné, tête dor. (*Hardy.*)

20. Réflexions sur la miséricorde de Dieu, par la duchesse de la Vallière, suivies de ses lettres. Nouvelle édition, revue et précédée d'une étude biographique, par P. Clément. *Paris, J. Techener,* 1860. 2 vol. in-8. portr. br.

Un des 100 exemplaires tirés sur papier de Hollande.

21. Le Brevière des courtisans, enrichy d'un grand nombre

de figures, par le S^r de La Serre, historiographe de France. *A Brusselles, chez François Vivien,* 1631. In-8 mar. bl. fil. dos orné, tr. dor. (*Chambolle-Duru.*)

Frontispice, portrait, vignettes et figures dessinées par Van Horst et gravées par P. de Jode, Ph. de Mallery, etc.

22. Mémoires philosophiques du baron de *** (par l'abbé de Crillon). *A Paris, chez Berton,* 1779. 2 vol. in-8, front. gravé, veau jaspé.

23. Nouveau Mémoire pour servir à l'histoire des Cacouacs (par Moreau). *Amsterdam,* 1757. Pet. in-8, mar. br. dos orné, fil. tr. dor. (*Hardy.*)

24. Épître au comte de Tress ***. sur ces pestes publiques qu'on appelle Philosophes, par le chevalier de Morton. *Genève,* 1775. In-8, mar. rouge, fil. dos orné, tr. dor. (*Belz-Niedrée.*)

25. Taxe des parties casuelles de la boutique du pape, etc., avec notes, par Julien de Saint-Acheul. *Paris, Ducasse,* 1833. In-18, fig. demi-rel. mar. dos et coins, non r. tête dor. (*Hardy.*)

Relié sur brochure.

26. État de l'homme dans le péché originel, où l'on fait voir quelle est la source et quelles sont les causes et les suites de ce péché dans le monde, trad. du latin de Beverland. *Imprimé dans le monde (Hollande),* 1740. Pet. in-12, demi-rel. non rogné.

27. La Religion du Médecin, c'est-à-dire description nécessaire par Thomas Brown (trad. du latin, avec des remarques par Nic. Lefèvre). *S. l. (Holl.) Imprimé en l'an* 1668. Pet. in-12, front. gr. mar. r. fil. tr. dor. (*Anc. rel.*)

Exemplaire papier fort.

28. Les Princesses Malabares, ou le Célibat philosophique; ouvrage intéressant et curieux, avec des notes historiques et critiques (par Pierre de Longue). *A Tranquebar, chez Thomas Franco,* 1735. In-12, br.

29. Du Prêtre, de la Femme et de la Famille (par J. Michelet). *Paris, Hachette,* 1845. In-12, demi-rel. mar. br. dos et coins, non rogné, tête dor. (*Hardy.*)

30. La Bible enfin expliquée, par plusieurs aumôniers de
S. M. L. R. D. P. (S. M. le roi de Prusse) (par Voltaire).
Londres, 1776. 2 tom. en 1 vol. in-8, v. jasp. tr. dor.

31. Un Chrétien contre six Juifs (contre les Lettres de quelques Juifs de Guénée, par Voltaire). *La Haye, aux
dépens des libraires,* 1777. In-8, demi-rel. mar. br. dos
orné, coins, non rogné, tête dor. (*Hardy.*)

32. L'Antipapisme révélé, ou les Rêves de l'antipapiste (at-
tribué à l'abbé du Laurens). *A Genève, chez Georges
Lapret,* 1767. Pet. in-8, mar. rouge, fil. dos orné, tr. dor.
(*Hardy.*)

> Très-rare.

33. Le Voyageur catéchumène (par Voltaire). *Londres,* 1768.
In-12, demi-rel. mar. rouge, non rogné, tête dor. (*Hardy.*)

34. Mémoire des pensées et sentiments de Jean Meslier,
prêtre, curé d'Estrepigny et de Bul..., en Champagne, sur
une partie des abus et des erreurs de la religion chrestienne, pour être adressé à ses paroissiens après sa mort.
In-4, 100 pages, br.

> Manuscrit d'une bonne écriture.

35. Le Bon Sens du curé Meslier, suivi de son testament
(par le baron d'Holbach). *Paris, Guillaumin,* 1830. In-12,
portrait, demi-rel. mar. br. dos et coins, non rogné, tête
dor. (*Hardy.*)

36. Manuel théologique, en forme de dictionnaire, ouvrage
très-utile aux personnes des deux sexes pour le salut de
leurs âmes (par le baron d'Holbach). *Au Vatican, de
l'imprimerie du Conclave,* 1785. 2 part. en 1 vol. in-12,
veau fauve, fil. tr. dor. (*Thouvenin.*)

> Cet ouvrage est le même que la Théologie portative, par l'abbé Ber-
> nier (d'Holbach). Édition de 1776, avec un avertissement en plus.

37. Le Citateur, par Pigault-Lebrun) *Paris,* 1836. In-8,
portrait, demi-rel. mar. bl. dos et coins, non rogné, tête
dor. (*Hardy.*)

38. Dictionnaire des athées anciens et modernes, par Sylvain
M...... (Maréchal). *A Paris, chez Grabit, an VIII.* In-8,
portrait ajouté. — Notice sur Sylvain Maréchal, avec des

suppléments pour le dictionnaire des athées, par J. de La Lande, 1805. — Second supplément, 1805. — Éloge historique de M. de La Lande, par la comtesse Constance de S... (Salm). *Paris, imprimerie de Sajou*, 1810. In-8. portrait. — Examen pacifique des paradoxes d'un célèbre astronome, en faveur des athées, par J. de Sales. In-8, 1804. 5 parties en 1 vol. in-8, mar. bleu, fil. tr. dor. (*Closs.*)

Exemplaire remarquable par la réunion des pièces qu'il contient.

39. La Femme abbé (par Sylvain Maréchal). *Paris, Roux*, 1801. In-12, fig. demi-rel. mar. bl. dos et coins, non rogné. tête dor. (*Hardy.*)

40. Traditions sur Mahomet et ses contemporains. In-4. mar. rouge avec recouvrement.

Manuscrit arabe du xviie siècle, sur papier et d'une bonne conservation.

JURISPRUDENCE

---

41. Registre criminel du Châtelet de Paris, du 6 septembre 1389, au 18 mai 1392, publié pour la première fois par la Société des bibliophiles français. *Paris, imprimé par Ch. Lahure*, 1861-64, 2 vol. gr. in-8, br.

Un des 30 exemplaires en grand papier de Hollande tirés pour les membres de la Société des bibliophiles.

42. Causes amusantes et connues (recueillies par Rob. Estienne). *A Berlin (Paris)*, 1769-70. 2 vol. in-12, fig. demi-rel. veau fauve, non rognés.

43. Procès d'Estienne Dolet, imprimeur et libraire à Lyon, 1543-46 (publié par M. Taillandier). *Paris, Techener*, 1836. In-12, papier de Hollande, br.

44. Arrest mémorable du Parlement de Tholose, contenant:

Une histoire prodigieuse d'un supposé mary, advenue de
nostre temps ; enrichie de cent et onze belles et doctes
annotations, par M. Jean de Coras. *A Paris, pour Galliot
du Pré,* 1572. In-8, demi-rel. bas.

45. Le Divorce pour Philippes de Danneval, dame de La L.,
appelante et demanderesse en lettres, contre F. D., son
mary intimé et défendeur (par Sébast. Rouillard). *S. l. n.
d.* Pet. in-8, cart.

   Curieux.

46. Deux Histoires : la première tragique, sur la mort d'une
jeune demoiselle, exécutée dans la ville de Padoue ; la
seconde, de la délivrance d'un jeune gentilhomme françois, écolier, condamné à mort en la ville de Salamanque
en Espagne. *Paris, Toussaint du Bray,* 1609. Pet. in-8,
22 pp. vél.

47. Histoire pitoyable des parricides commis par Jacques
Gentet et sa femme, envers leurs pères, mères et sœurs,
en la ville de Blaye ; avec le sommaire de leur procès et
arrest de la Cour de Parlement de Bourdeaux contre les-
dits parricides, par J. Prevost, sieur de Gontier. *A Paris,
chez Nicolas Rousset,* 1610. Pet. in-8, cart.

48. Récit de la mort tragique de Madame la marquise de
Ganges, cy-devant marquise de Castellane, empoisonnée
et massacrée par l'abbé et le chevalier de Ganges, ses beaux-
frères. *Paris, Jacques le Gentil,* 1667. In-4, br.

49. Arrests de la Cour de Parlement contre Cartouche et
ses complices, 1721-22. 15 pièces in-4.

50. La Vie de Nivet, dit Fanfaron, qui contient les vols,
meurtres qu'il a faits depuis son enfance, jusqu'au jour
où il a été rompu vif en place de Grève. *A Paris, chez Jean
Luc Nyon* (1729). In-12, veau br. (*Trautz-Bauzonnet.*)

51. Recueil général des pièces concernant le procez entre
la demoiselle Cadière de la ville de Toulon et le père
Girard, jésuite, recteur du Séminaire royal de la marine
de ladite ville. *La Haye, Swart,* 1731. 8 vol. in-12, v. br.

52. Recueil de pièces pour et contre concernant l'affaire de

Mlle Petit, actrice de l'Opéra de Paris. *Cythère, de l'imprimerie de Vénus,* 1741. In-8, demi-rel. mar. vert.

53. Mémoire pour Anne Grandjean. Question : Un hermaphrodite qui a épousé une fille peut-il être réputé profanateur du sacrement du mariage, quand la nature, qui le trompait, l'appelait à l'état de mari ? *Paris,* 1765. In-4, cart.

54. Procès de M. le comte du Barry avec Mme la comtesse de Tournon, contenant les deux mémoires justificatifs pour et contre. *Amsterdam,* 1781. In-8, demi-rel. bas.

55. Mémoire pour un mari (Rancurel), accusé d'impuissance par son épouse, sur l'appel comme d'abus pendant au Parlement de Provence, de la sentence rendue par M. l'official. *S. l.,* 1787. In-8, cart. — Plaidoyer pour le sieur Rancurel, accusé d'impuissance, contre la dame Louise Serré, son épouse. *Aix, André Audibert,* 1787. In-8, br.

56. Persécution d'un Français plaidant sous le gouvernem. oligarchique de Gènes en 1793, par le citoyen Bouillod. *Nice, Bouillod et Cie, an V.* 2 parties en 1 vol. in-8, fig. bas.

57. Discours et plaidoyers de M. Chaix d'Est-Ange, publ. par Ed. Rousse. *Paris, Firmin-Didot,* 1862. 2 vol. gr. in-8, demi-rel. mar. r. dos et coins non rog. tête dor. (*Galette.*)

58. Le Procureur (Essai sur la profession). *A Cologne,* 1757. In-8, mar. rouge jans. tr. dor. (*Belz-Niedrée.*)

59. Ordonnance de Leopold I, duc de Lorraine et de Bar, donnée à Nancy du mois de juillet 1701. Partie première. *A Nancy, chez Paul Barbier,* 1701. Pet. in-12, mar. rou. fil. tr. dor. (*Aux armes de Lorraine.*)

60. Histoire de la législation sur les femmes publiques et les lieux de débauche, par M. Sabatier. *Paris, Roret,* 1828. In-8, demi-rel. mar. br. (*Hardy.*)

61. Code ou Nouveau Règlement sur les lieux de prostitution dans la ville de Paris. *A Londres,* 1775. In-12, veau fau. fil. dos orné, tr. dor. (*Simier.*)

62. De l'Organisation et des Attributions des Conseils généraux de département, par M. J. Dumesnil *Paris, Dentu,*
1852. 2 vol. in-8, demi-rel. mar. br. (*Hardy.*)

63. Histoire du tribunal secret d'après les lois et les con-
stitutions de l'empire germanique pouvant faire suite aux
chevaliers des Sept Montagnes et à Hermann d'Unna, par
Jean-Nicolas-Etienne de Bock. *Paris, Maradan, an IX,*
1801. In-12, front. gravé, cart. non rog.

64. Discussion : Si la polygamie est contre la loi naturelle
ou divine, tant de l'Ancien que du Nouveau Testament,
par Louis, comte de Rantzow. *Saint-Pétersbourg,* 1774.
Pet. in-8, demi-mar. r. dos et coins, non rog. tête dor.
(*Hardy.*)

65. Les Inconvéniens du célibat des prêtres, prouvés par des
recherches historiques (par l'abbé Gaudin). *Genève, J.-L.
Pellet,* 1784. In-8, v. m.

66. Avantages du mariage, et combien il est nécessaire et
salutaire aux prêtres et aux évêques de ce temps-ci d'épou-
ser une fille chrétienne (par Desforges, chanoine d'Etam-
pes). *Bruxelles,* 1760. 2 tomes en 1 vol. in-8, mar. rouge
jans. tr. dor. (*Hardy.*)

> Ce volume a été condamné au feu par un arrêt du parlement de Paris.

67. Le Synode conjugal, ou Aloïsia Sacra ; recueil de con-
férences fait et mis au jour, par Charles Bonaventure, ex-
récollet. *Paris, Maradan, an IV.* 2 parties en 1 vol. in-18,
mar. orange, dos orné, tr. dor. (*Belz-Niedrée.*)

> Ouvrage curieux et rare. Ce sont des dialogues en faveur du divorce.

68. Le Parloir de l'abbaye de ***, ou Entretiens sur le
divorce, par M. de V*** (de Cerfvol). *Genève,* 1770. —
Mémoire à consulter et Consultation pour un mari dont la
femme s'est remariée en pays protestant et qui demande
s'il peut se remarier de même en France. *Paris, L. Cellot,*
1771. In-8, mar. vert, fil. tr. dor. gardes de pap. doré.
(*Rel. anc.*)

69. Histoire des perruques où l'on fait voir leur origine,
leur usage, leur forme, l'abus et l'irrégularité de celles
des ecclésiastiques, par M. Jean-Baptiste Thiers. *A Avignon, chez Louis Chambeau,* 1777. In-12, br.

70. La Vie et la Règle de saint Benoist ; de l'autorité de Monseigneur le Révérendissime abbé général de Cisteaux, traduction nouvelle. *Paris, Frédéric Léonard,* 1698. Pet. in-12, mar. br. fil. dos orné, (*Hardy.*)

Exemplaire non rogné.

SCIENCES ET ARTS

71. Encyclopédie, ou Dictionnaire raisonné des sciences, des arts et des métiers, par une Société de gens de lettres, mis en ordre par Diderot et d'Alembert. *Paris, Briasson,* 1751-1780. 35 vol. in-fol. planches, gr. pap. v. m. tr. dor.

PHILOSOPHIE — MORALE

72. Philosophie sensualiste au xviiie siècle, par M. Victor Cousin. *Paris, librairie nouvelle,* 1856. In-8, demi-rel. mar. viol. (*Dumergue.*)

73. Histoire d'Éma (ou de l'Ame, par de Bissy, publ. par J.-P. Moet). *S. l.,* 1752. 2 part. en 1 vol. in-12, mar. citr. fil. tr. dor. (*Anc. rel.*)—

74. Deux livres de Filosophie fabuleuse : le premier prins des discours (discorsi degli animali) de M. Ange Firenzuola, Florentin (et de la Morale filosofia, de Doni) ; le second extraict des Traictez de Sandibar Indien philosophe moral, par Pierre de Larivey Champenois. *A Lyon, par Benoist Rigaud,* 1579. In-16, mar. brun. fil. dos orné, tr. dor. (*Trautz-Bauzonnet.*)

Volume rare.

75. Maximes et réflexions morales du duc de la Rochefoucauld. *Amsterdam,* 1781. In-18, v. m. tr. dor.

76. Mes Pensées : qu'en dira-t-on ? *Copenhague,* 1751. In-12, br.

> Première édition des Pensées de La Beaumelle. La dédicace à M. F. (mon frère) est signé : *Gonia de Palajos.* Rare.

77. La Spectatrice, ouvrage traduit de l'anglois (d'Elisa Hayvood, par Trochereau). *A la Haye, chez Fréd.-Henri Scheurleer,* 1750. 4 vol. in-12, front. gravé, br.

78. Dialogues sur les plaisirs, sur les passions, sur le mérite des femmes et sur leur sensibilité pour l'honneur, par M. du Puy. *A Paris, chez Jacques Estienne,* 1717. In-12, mar. bl. fil. dos orné, tr. dor. (*Duru.*)

79. L'Honneste Homme et le Scélérat, sçavoir si, pour parvenir dans le monde, il faut estre honneste homme ou scélérat, par Mons. J. D. D. C. *Paris, Michel Brunet,* 1700. Pet. in-12, mar. vert, fil. dent. tr. dor. (*Anc. rel.*)

80. Les Gynographes, ou Idées de deux honnêtes-femmes sur un projet de règlement proposé à toute l'Europe pour mettre les femmes à leur place et opérer le bonheur des deux sexes, avec des notes historiques et justificatives, suivies des noms des femmes célèbres, par N.-E. Restif de la Bretonne. *La Haye, Gosse et Pinet, et se trouve à Paris, chez Humblot,* 1777. 2 part. en 1 vol. in-8, mar. rouge, dos orné, fil. tr. dor. (*Hardy.*)

81. Les Vierges sages, par Alph. Esquiros. *Paris, P. Delavigne,* 1842. In-18, demi-rel. mar. bl. dos et coins, tête dor. non rog. (*Hardy.*)

82. Pensées sur les femmes et le mariage, dédiées aux hommes, par un vieux militaire. *A Kehl,* 1782. 3 part. en 1 vol. in-8, front. gravé, demi-rel. bas. non rog.

83. Histoire du supplice d'une femme, réponse à M. Emile de Girardin, par Alexandre Dumas fils. *Paris, Michel Lévy,* 1865. In-8, demi-rel. mar. br. dos et coins, tête dor. non rog. (*Belz-Niedrée.*)

84. La Femme au xixᵉ siècle, par Mᵐᵉ Romieu (Marie Sincère). *Paris, Amyot,* 1858. In-8, demi-rel. m. bl. dos orné, coins, non rog. tête dor. (*Hardy.*)

85. Promenades d'Ariste et de Sophie, ou Instructions galantes et sérieuses, pour une jeune demoiselle qui veut entrer dans le monde, par M. de L***. *A Amsterdam, chez H. du Sauzet*, 1730. In-12, front. gravé, mar. rouge, fil. dos orné, tr. dor. (*Hardy.*)

POLITIQUE. — ÉOONOMIE POLITIQUE

86. Considérations politiques sur les coups d'État, par Gabriel Naudé, Parisien. *Sur la copie de Rome (Holl., Elzev.)* 1667. Pet. in-12, v. m. tr. dor.

87. Entretiens de Phocion sur le rapport de la morale avec la politique, trad. du grec de Nicoclès, avec des remarques par M. l'abbé Mably. *Paris, Cazin*, 1792. In-18, v. m. tr. dor.

88. Recherches politiques très-curieuses tirées de toutes les histoires tant anciennes que modernes (traduites des Disquisitiones politicæ de Boxhornius par Savinien d'Alquié). *Amsterdam, Casparus Commelin (D. Elzevier)*, 1669. Pet. in-12, veau fauve. (*Aux armes de Franç. de Beauvilliers, duc de Saint-Aignan.*)

89. Leçons de morale, de politique et de droit public, puisées dans l'histoire de notre monarchie, ou Nouveau Plan d'étude de l'histoire de France (par Moreau, historiographe de la Reine). *Versailles*, 1773. In-8, mar. rouge, dos orné, fil. tr. dor. (*Aux armes de Hue de Miromesnil, garde des sceaux.*

90. L'Horloge des Princes, avec l'histoire de Marc-Aurèle, empereur romain, recueilli par dom Antoine de Guevare, evesque de Guadix, traduit de castillan en françois par R. B. de la Grise, depuis reveu et corrigé par N. de Herberay, seigneur des Essarts. *A Rouen, pour Claude Micard*, 1576. In-16, mar. rouge jans. tr. dor. (*Duru et Chambolle.*)

91. L'Homme de cour, traduit de l'espagnol de Baltasar Gracian, par le sieur Amelot de la Houssaie. *Suivant la copie imprimée à Paris chez la veuve Martin*, 1685. In-12, front. gravé, v. br.

92. La Fortune des gens de qualité et des gentils-hommes particuliers, enseignant l'art de vivre à la cour, suivant les maximes de la politique et de la morale, par de Caillière. *Jouxte la copie à Paris, Estienne Loyson (Bruxelles, Foppens)*, 1665. Pet. in-12, vél. bl.

> Joli volume qui se joint à la collection elzévirienne.
> Exemplaire bien conservé avec témoins.

---

93. Le Pornographe, ou Idées d'un honnête homme sur le projet de règlement pour les prostituées, propres à prévenir les malheurs qu'occasionne le publicisme des femmes avec des notes historiques (par Rétif de la Bretonne). *Londres et la Haye*, 1769. In-8, mar. rouge, dos orné tr. dor. (*Hardy*.)

94. Réforme des courtisanes, ou les Avantages qu'il y auroit à retirer pour l'humanité de proscrire les femmes de mauvaise vie, par M. Laugier, docteur en médecine. *Paris, Cailleau et fils*, 1789. In-8, mar. citr. fil. dos orné, tr. dor. (*Hardy*.)

95. Filles, lorettes et courtisanes, par Alex. Dumas. *Paris, Dolin*, 1843. In-8, demi-rel. mar. rouge, fil. dos orné, coins, non rog. tr. dor. (*Hardy*.)

PHYSIQUE — HISTOIRE NATURELLE — AGRICULTURE

96. Lettres à Sophie, sur la physique, la chimie et l'histoire naturelle, par L. Aimé-Martin, *Paris, Charpentier*, 1847. 2 vol. in-12, br.

> Un des 20 exemplaires tirés sur papier de Hollande.

97. Traité abrégé de Physique, à l'usage des collèges, par M. de Saintignon. *Paris, Durand*, 1763. 6 vol. in-12, mar. rouge, dos orné, riche dentelle sur les plats, gardes de pap. doré, tr. dor.

> Aux armes du maréchal d'ESTRÉES.

98. Recherches sur la découverte de l'essence de rose (par L. Langlès). *A Paris, de l'Imprimerie impériale, an XIII,* 1804. Pet. in-12, pap. vél. demi-rel. mar. rouge, non rogné.

99. La Curiosité naturelle, rédigée en questions, selon l'ordre alphabétique, par M. Scipion du Pleix. *A Paris, chez Laurent Sonius,* 1606. Pet. in-12, mar. bl. fil. dos orné, tr. dor. (*Duru.*)

100. Catalogue raisonné de coquilles et autres curiosités naturelles (de Gersaint). *Paris, Flahault et Prault,* 1736. In-12, front. gravé, v. m.

101. L'Homme primitif, par Louis Figuier. *Paris, L. Hachette et Cie,* 1870. Gr. in-8. fig. demi-rel. mar. br. dos orné, coins, tête dor. non rogné. (*Belz-Niedrée.*)

102. Histoire des Singes et autres animaux curieux, dont l'instinct et l'industrie excitent l'admiration des hommes, comme les éléphans, les castors, etc. *Paris, chez Duchesne,* 1752. In-12, br.

103. Recueil des curiosités rares et nouvelles des plus admirables effets de la nature et de l'art, expérimentez et composez (par le sieur d'Émery). *Suivant la copie de Paris, à Leide, chez Pierre Wander Aa,* 1684. 2 parties en 1 vol. pet. in-12, front. gravé, mar. rouge, fil. dos orné, tr. dor. (*Chambolle-Duru.*)

104. Le Livre des prouffits champestres et ruraulx touchant le labour des champs, vignes et jardins, pour faire puys, fontaines, citernes, maisons et autres edifices, jadis compile par maistre Pierre des Crescens et translate depuis en langage françois. (A la fin :) *Imprime nouvellement a Paris, par Jean Petit et Michel Le Noir, l'an* 1516. In-fol. goth. à 2 col., mar. br. tr. dor.

Exemplaire mal lavé et raccommodé.

105. Maison rustique du xixe siècle, rédigé par une Société d'agronomes et de praticiens, sous la direction de MM. Bailly, Bixio et Malpeyre. *Paris, librairie agricole, s. d.* 5 vol. gr. in-8, demi-rel. mar. rouge, dos orné, coins, tête dor. non rogné. (*Galette.*)

106. The Breeds of the domestic animals of the British island described by David Low, and illustrated with plates from drawings by W. Nicholson. *London, Longman and C^o,* 1842. 2 tomes en 1 vol. in-fol. pl. col. (44) demi-rel. mar. vert, dos orné, coins, tr. dor. (*Rel. anglaise.*)

MÉDECINE

107. Les Médecins au temps de Molière, mœurs, institutions, doctrines, par Maurice Raynaud. *Paris, Didier et C^{ic}*, 1862. In-8, demi-rel. dos orné et coins de mar. br. non rogné, tête dor. (*Belz-Niedrée.*)

108. Système physique et moral de la femme, ou Tableau philosophique de la constitution, de l'état organique, du tempérament, des mœurs et des fonctions propres au sexe, par M. Roussel, doct. en méd. de l'univ. de Montpellier. *Paris, Vincent,* 1775. In-12, veau fauve, fil. (*Rel. anc.*)

109. Les Secrets de la génération, contenant l'art de procréer à volonté des filles ou des garçons, par M. J. Morel de Rubempré. *Paris, Roy Terry,* 1831. In-18, fig. demi-rel. mar. or. dos et coins, tête dor. non rogné (*Hardy.*)

110. Essai sur la mégalanthropogénésie, ou l'Art de faire des enfants d'esprit qui deviennent de grands hommes, par Robert le jeune. *Paris, Debray,* 1801. In-12, mar. vert jans. tr. dor.

111. Trois Livres de l'embellissement et ornement du corps humain, pris du latin de M. Jean Liébaut, docteur médecin à Paris, et faict françoys. *A Paris, chez Jacques du Puys,* 1582. In-8, mar. br. jans. tr. dor. (*Capé.*)

   Première édition.

112. La Cacomonade, histoire politique et morale, trad. de l'allemand du docteur Pangloss (par Linguet). *Cologne,* 1767. In-12, demi-rel. mar. br. dos orné et coins, non rogné, tête dor. (*Hardy.*)

113. D'une Pugnition divinement envoyée aux hommes et aux femmes pour leurs paillardises et incontinences désordonnées (en 1493), avec notes amples, fructueuses et très congruantes au sujet, par Stephen Baliger, D. M. (Gabriel Peignot). *A Naples et en France (Paris, Techener*), 1838. In-8, cart. non rogné.

   Exemplaire non rogné. Un des dix sur papier vélin.

114. La Rose sans épines, ou Vénus affranchie du repen-

tir... par E. Girouard. *Paris, an VIII.* In-18, figure, demi-rel. mar. citr. dos orné, coins, tête dor. (*Hardy.*)

Avec quelques mots et la signature de l'auteur sur le faux-titre.

115. Traité du Castor, dans lequel on explique la nature, les propriétés et l'usage médico-chymique du Castoreum dans la médecine, par Jean Marius, médecin d'Augsbourg, traduit par M. Eidous. *A Paris, chez Durand,* 1746. In-12, fig., demi-rel. v. br.

SCIENCES OCCULTES

116. Trois Livres des charmes, sorcelages ou enchantemens, faicts en latin, par Léonard Vair, Espagnol; mis en françois par Julian Baudon, Angevin. *Paris, Nicolas Chesneau,* 1583. Pet. in-8, veau fauve.

117. Spectriana, ou Recueil d'aventures surprenantes de spectres, fantômes, diables, etc. *Paris, l'Écrivain,* 1817. In-18, figures, demi-rel. dos et coins de mar. rouge, tête dor. non rogné. (*Hardy.*)

118. Les Fredaines du diable, ou Recueil de morceaux épars, pour servir à l'histoire du diable et de ses suppôts; tirés d'auteurs dignes de foi, par feu M. Sandras; mis en nouveau style et publiés par J.-Fr. N. D. L. R. (Née de la Rochelle). *A Paris, chez Merlin, an V,* 1797. In-12, mar. rouge, fil. dos orné. (*Hardy.*)

Exemplaire non rogné.

119. La Lorgnette du diable borgne, pour connaître le passé, le présent et le futur, par les entretiens entre le diable borgne et le diable boiteux. *Amsterdam, Estienne Roger,* 1708. Pet. in-12, mar. rouge, fil. tr. dor. (*Duru.*)

120. Livre de rêves, ou l'Oneiroscopie, application des songes aux numéros de la loterie. *Paris, Desnos, s. d.* Pet. in-12, figures, mar. vert clair, fil. dos orné, tr. dor. (*Hardy.*)

121. La Physique occulte, ou Traité de la Baguette divinatoire, par M. L.-L. de Valmont. *A Paris, chez Jean Boudot,* 1696. In-12, fig. cart. non rogné.

BEAUX-ARTS

Introduction — Catalogues d'Objets d'Art — Peinture
Gravure — Architecture

122. Cabinet des singularitez d'architecture, peinture, sculpture et gravure, ou Introduction à la connoissance des plus beaux arts, figurés sous les tableaux, les statues et les estampes, par Florent Le Comte. *Brusselles, Lambert Marchant,* 1702. 3 vol. in-12, vél. bl.

123. Société de l'histoire de l'art français. Nouvelles Archives de l'art français, années 1872 à 1878, 6 vol. — Procès-verbaux de l'Académie de peinture et de sculpture, 1648-1793, tome II. — Mémoires pour servir à l'histoire des maisons Royalles et bastiments de France, par André Félibien, in-8. — Les Comptes des Bâtiments du Roi (1528-1571), suivis de documents inédits sur les châteaux Royaux et les beaux-arts, au xvi° siècle, recueillis et mis en ordre par le marquis L. de Laborde. Tome 1er, in-8. — Bulletin de la Société de l'histoire de l'art français, avril 1875 à juillet 1878. *Paris, Baur,* 1872-78. 9 vol. in-8, br. et 15 livraisons.

124. Lettres de noblesse accordées aux artistes français (xvii° et xviii° siècles), suivies de la liste des artistes nommés chevaliers de l'ordre de Saint-Michel. *Paris, Dumoulin,* 1873. Grand in-8, br.

> Extrait de la *Revue historique et nobiliaire,* tiré à 50 exemplaires numérotés ; celui-ci porte le N° 12.

125. Journal de Rosalba Carriera, pendant son séjour à Paris, en 1720 et 1721, publié en italien par Vianelli, traduit et augmenté par Alfred Sensier. *Paris, Techener,* 1865. In-12, demi-rel. mar. bl. dos orné, coins, tête dor. non rognés. (*Belz-Niedrée.*)

126. Gazette des Beaux-Arts, courrier européen de l'Art et de la Curiosité, 2° période. *Paris,* 1869 à 1879. 18 vol. grand in-8, demi-rel. mar. rouge, dos orné, coins, tête dor. non rogné. (*Belz-Niedrée.*)

> L'année 1879 est en livraisons.

127. Catalogue d'estampes, d'après les plus grands maîtres,

des desseins, des coquilles et autres curiosités, dont la vente aura lieu chez Gersaint, le 2 décembre 1737. *Paris, Prault fils,* 1737. In-12, front. gr. et fig., mar. rouge, fil. dos orné, tr. dor. (*Belz-Niedrée.*)

128. Catalogue raisonné des diverses curiosités du cabinet de feu M. Quentin de Lorangère, par E.-F. Gersaint. *Paris, Jacques Barrois,* 1744. In-12, front. gravé, v. m. (*Avec les prix.*)

129. Catalogue des tableaux, dessins, estampes, livres d'histoire, sciences et arts, modèles en cire et plâtre, laissés après le décès de M. Bouchardon, sculpteur du Roi, par François Basan, graveur. *Paris, de Lormel,* 1762. In-12, non relié.

130. Catalogue historique du cabinet de peinture et sculpture françoise, de M. de Lalive. *Paris, de l'imprimerie de Al. Le Prieur,* 1764. In-4, portr. d'après Cochin et front. gravé par Lefèvre, cart.

131. Catalogue raisonné des tableaux, estampes, coquilles et autres curiosités, après le décès de feu M. Dezalier d'Argenville, par Pierre Remy. *Paris, Didot l'aîné,* 1766. In-12, front. gravé, br.

132. Catalogue raisonné des tableaux, desseins et estampes et autres effets curieux, après le décès de M. de Jullienne, écuyer, chevalier de S¹-Michel, par Pierre Remy. *Paris, Vente,* 1767. In-12, front. gravé, br. (*Avec les prix.*)

133. Catalogue raisonné des tableaux, desseins et estampes et autres effets curieux, après le décès de M. de Jullienne, par Pierre Remy. *Paris, Vente,* 1767. In-12, front. gravé, bas. jas.

134. Catalogue raisonné des tableaux, groupes et figures de bronze qui composent le cabinet de feu M. Gaignat, par Pierre Remy, etc. *Paris, Vente,* 1768. In-12, front. gravé, cart. non rogné. (*Avec les prix.*)

135. Catalogue raisonné des tableaux de différentes écoles, des figures et bustes de marbre, etc., et d'autres objets qui composent le cabinet de M. de La Live de Jully, par Pierre Remy. *Paris, Vente,* 1769. In-12, br. (*Avec les prix.*)

136. Catalogue d'une belle collection de tableaux de différens maîtres des trois écoles, meubles précieux par Boule, porcelaines et autres objets de curiosité provenans du cabinet du sieur Dupille de St-Severin. *Paris, Joullain,* 1785. In-8, br.

137. Le Cabinet du duc d'Aumont et les Amateurs de son temps, accompagné de notes et d'une notice sur Pierre Gouthière, sculpteur, ciseleur et doreur du Roi, par le baron Ch. Davillier. *Paris, Aubry,* 1870. In-8, demi-rel. mar. bl. dos orné, coins, tête dor. non rogné. (*Belz-Niedrée.*)

138. Catalogue d'une riche collection de tableaux, de peintures à gouazze et au pastel, de desseins précieux, d'estampes choisies du cabinet de M. *** (Lempereur). *Paris, Prault père,* 1773. In-8, br. (*Avec les prix.*)

139. Catalogue de tableaux précieux, miniatures et gouaches, figures, bustes et vases, etc., qui composent le cabinet de feu M. Blondel de Gagny, trésorier général de la Caisse des amortissements, par Pierre Remy. *Paris, Musier père,* 1776. In-12, cart. non rogné. (*Avec les prix.*)

140. Catalogue des marbres, bronzes, agates, porcelaines anciennes et nouvelles du Japon et de la Chine, meubles de Boule, etc., composant le magasin de M. Julliot. *Paris, Julliot,* 1777. In-8, demi-rel. mar. brun, dos et coins, tête dor. non rogné. (*Avec les prix.*)

141. Catalogue des tableaux et desseins précieux des maîtres célèbres des trois écoles, figures de marbre, de bronze et de terre cuite, estampes et autres objets du cabinet de feu M. Randon de Boisset, receveur général des finances, par Pierre Remy. *Paris, Musier,* 1777. In-12, br. (*Avec les prix.*)

142. Catalogue des différens objets de curiosités dans les sciences et arts, qui composent le cabinet de feu M. le marquis de Ménars, commandeur des ordres du Roi, etc., par F. Basan et F.-Ch. Joullain. *Paris, Prault,* 1781. In-8, front. d'après Cochin, gravé par L. Prevost, non relié.

143. Catalogue raisonné d'une très-belle collection de tableaux des écoles d'Italie, de Flandre et de Hollande, qui

composoient le cabinet de M. le comte de Vaudreuil, grand fauconnier de France, par J -B.-P. Le Brun, peintre. *Paris, Le Brun,* 1784. Pet. in-8, non relié.

144. Catalogue d'objets rares et curieux, du plus beau choix, de tableaux des écoles d'Italie, de Flandre, de Hollande, d'Allemagne et de France, de dessins des plus grands maîtres, etc., provenant du cabinet de M. Le Brun. *Paris, Le Brun,* 1791. In-8, demi-rel. mar. vert.

145. Catalogue d'une collection précieuse de tableaux et dessins des meilleurs maîtres des trois écoles, etc. (du prince de Conti), par N.-F.-J. Boileau. *Paris, Boileau,* 1779. In-8, non relié.

146. Catalogue raisonné des marbres, jaspes, agates, porcelaines anciennes, laques, beaux meubles, lustres, feux et bras de bronze doré par Gouttier (*sic*), formant le cabinet de Mme la duchesse Mazarin. *Paris, chez M. Le Brun,* 1781. In-8, br. (*Avec les prix.*)

147. Catalogue de tableaux, gouaches, miniatures, tabatières précieuses, etc., etc., composant le cabinet de feu M. Quentin Craufurd. *Paris,* 1820. In-8, cart. non rogné.

148. Souvenir de l'exposition de M. Dutuit à l'Union centrale des Beaux-Arts, au Palais de l'Industrie en 1869 (catalogue des objets extraits de sa collection). *Paris,* 1869. In-4, pl. (33) noires et coloriées, pap. de Hollande, demirel. mar. rouge, dos orné, coins, tête dor. non rogné. (*Belz-Niedrée.*)

149. Souvenir de l'exposition de M. Dutuit à l'Union centrale des Beaux-Arts en 1869. *Paris,* 1869. In-4, pl. (33) noires et coloriées, br.

150. Catalogue de tableaux modernes composant la collection de M. Faure. *Paris, Durand-Ruel,* 1873. In-8, br.

    Illustré de 28 photographies.

151. Catalogue de trente-quatre tableaux modernes, ainsi qu'un paysage par Hobbema, provenant de la précieuse collection de feu M. Suermondt. *Paris,* 1877. In-4, 3 eauxfortes, br.

152. Catalogue de tableaux modernes et de tableaux anciens

composant la collection Laurent-Richard. *Paris, Durand-Ruel,* 1878. In-8, br.

> Exemplaire avec les 53 *eaux-fortes.*

153. Michel-Ange, Léonard de Vinci, Raphaël, avec une étude sur l'art en Italie avant le xvie siècle et des catalogues raisonnés, historiques et bibliographiques, par Charles Clément. *Paris, Michel Lévy frères,* 1861. In-12, pap. de Hollande, br.

> Tiré à 3 exemplaires seulement sur ce papier.

154. Considérations philosophiques, remarques, observations et anecdotes sur la vie et les ouvrages de Sébastien Bourdon, par X..... A.... (Xavier Atger). *Paris, Pelicier,* 1818. In-8, portr. br.

155. Les Dessinateurs d'illustrations au dix-huitième siècle, par le baron Roger Portalis. *Paris, Morgand et Fatout,* 1877. 2 vol. in-8, br.

156. Réflexions sur la peinture et la gravure, accompagnées d'une courte dissertation sur le commerce de la curiosité et les ventes en général, par C.-F. Joullain fils aîné. *Metz, de l'imprimerie de Claude Lamort,* 1786. In-12, demi-rel. veau.

157. Le Livre de secrets pour faire la peinture. *S. l.,* 1682. Pet. in-12, 12 pp., mar. rouge jans. tr. dor. (*Duru et Chambolle.*)

> Plaquette rare.

158. Les Femmes blondes, selon les peintres de l'école de Venise, par deux Vénitiens. *Paris, Aubry,* 1865. In-8, demi-rel. mar. br. dos orné, coins, tête dor. non rogné. (*Belz-Niedrée.*)

159. Salon de 1831, par Gustave Planche. *Paris, Pinard,* 1831. In-8, pap. vélin, mar. rouge, fil. dos orné, non rogné, fig. sur bois. (*Chambolle-Duru.*)

---

160. Essai sur l'origine de la gravure en bois et en taille-douce et sur la connaissance des estampes des xve et xvie siècles, où il est parlé aussi de l'origine des cartes à

jouer et des cartes géographiques (par Jansen). *Paris, F. Schoell,* 1808. 2 vol. in-8, planches, br.

161. Essai typographique et bibliographique sur l'histoire de la gravure sur bois, par Ambroise Firmin-Didot. *Paris, Didot,* 1863. In-8, demi-rel. mar. br. dos orné, coins, tête dor. non rog. (*Belz-Niedrée.*)

162. Le Peintre-graveur français, ou Catalogue raisonné des estampes gravées par les peintres et dessinateurs de l'école française, par A.-P.-F. Robert-Dumesnil. *Paris, Mme Huzard,* 1835-1871. 11 vol. in-8, portrait. — Le Peintre-graveur français continué, ou Catalogue raisonné des estampes gravées par les peintres et les dessinateurs de l'École française nés dans le xviiie siècle, par Prosper de Baudicour. *Paris, Mme Bouchard-Huzard,* 1859-61. 2 vol. in-8, en tout 13 vol. in-8, demi-rel. mar. rouge, dos orné, coins, tête dor. non rog.

163. Iconographie des estampes à sujets galants et des portraits des femmes célèbres par leur beauté, indiquant les sujets, les peintres, les graveurs de ces estampes, leur valeur et leur prix dans les ventes, les condamnations dont certaines d'entre elles ont été l'objet, par M. le C. d'I*** (J. Gay). *Genève, Gay,* 1868. In-8, demi-rel. mar. rouge, dos orné, coins, tête dor. non rog. (*Belz-Niedrée.*)

164. Le Triomphe de la Mort, gravé d'après les dessins originaux de J. Holbein, par Chrétien de Mechel, graveur à Bâle, 1780. *Paris, imprimerie Simon Raçon et Cie.* In-12, fig. mar. rouge, tr. dor. (*Capé.*)

165. Catalogue de l'œuvre d'Abraham Bosse, par Georges Duplessis. *Paris,* 1869. In-8, demi-rel. mar. rouge, dos orné, coins, tête dor. non rog. (*Belz-Niedrée.*)

166. Hymnus Bacchi das ist des Weins Oder Gott. Bacchi lobsegang. *Utrecht, Kupffer Lobstecher et Burgher,* 1619. Armoiries color. front. gr. et 22 pl. — Emblemata amatoria (*sans titre*), 80 figures; en tout 102 pl. gravées par Crispin de Pas, 2 parties en 1 vol. pet. in-8 obl., v. br.

Le titre courant des Emblemata amatoria est rogné.

167. Le Miroir des plus belles courtisanes de ce temps... *S. l. (Amsterdam) Chez l'autheur,* 1631. Front. gravé et

40 portraits attribués à Crispin de Pas, in-4, obl. mar. orange, fil. dos orné, tr. dor. (*David.*)

> Livre rare. On a relié à la suite : *Le Chœur des muses, avec leurs chansons à l'honneur des vertueuses femmes et filles*, in-4 avec 10 portr. par Crispin de Pas, qui forme ordinairement la quatrième partie des *Vrais Pourtraits de quelques-unes des grandes dames de la chrestienté*. Amsterd. 1640.
> Titre remonté. Exemplaire fatigué.

168. Sadler J. Passio Verbigenæ quæ nostra redemptio Christi nos ducit ad summi tecta paterna Poli. *S. l. n. d.* 1 vol. in-8, remonté in-4, mar. rouge jans. tr. dor. (*Hardy.*)

> Titre et 13 planches gravées par Joan. Sadler d'après Marc Geraerd.

169. Recueil de pièces, gravures et caricatures sur le système de Law. (*Hollande*), 1720. 1 vol. in-fol. cart. non rogné.

170. Vignettes pour la guerre de Trente ans. Tirage à part, dédicace et 14 planches dessinées et gravées par P. Choffard (1779). In-8, mar. rouge jans. tr. dor. (*Hardy.*)

171. Œuvre du chevalier Hedlinger, ou Recueil des médailles de ce célèbre artiste, gravées en taille-douce, accompagnée d'une explication, par Chrétien de Mechel. *Basle,* 1776. In-fol. fig. demi-rel. mar. bl. dos orné, coins, non rog. tête dor. (*Hardy.*)

172. Corneille (Thomas). Deux figures dessinées par Gravelot et gravées par Lemire et Prevost pour l'édition de ses œuvres publiée en 1764. — Portrait gravé par Saint-Aubin, et deux figures dessinées par Moreau le jeune et gravées par Roger et de Villiers avant la lettre pour l'édition, publiée par Renouard en 1817, 5 pièces à toutes marges.

173. Le Parfait Modèle, orné d'estampes, qui représentent plusieurs beaux traits tirés de la *Partie de chasse de Henri IV. A Paris, chez Desnos* (1778). In-18, portrait de Henri IV et 12 figures dans le genre de Gravelot, mar. bleu, fil. dos orné, tr. dor. (*Capé.*)

> Suite rare.

174. Le Jardin des âmes sensibles, almanach orné de jolies gravures. *Paris, Janet* (1794). In-18, front. gravé et 12

planches, mar. vert dentelle, doublé de tabis, tr. dor.
(*Anc. rel.*)

175. Modes et costumes historiques dessinés et gravés par
Pauquet frères. *Paris, Pincebourde, s. d.* In-4, fig. col.
demi-rel. mar. rouge, dos et coins non rog. tête dor.
(*Galette.*)

> Exemplaire avant les numéros.

176. Manuel des toilettes, dédié aux dames (par J. J. V. et
J. J. T.) (Valade et Tutot?) *A Paris, chez Valade, et à
Liège, de l'imprimerie de J.-J. Tutot,* 1778. Pet. in-12,
mar. vert clair, mosaïque de maroquin sur les plats et sur
le dos, tr. dor. (*Duru.*)

> 39 figures de très-curieuses coiffures dans le genre de Leclerc et
> Desrais.

177. Portraits des personnages français les plus illustres du
xvie siècle, reproduits en fac-simile sur les originaux, dessinés aux crayons de couleur par divers artistes contemporains. Recueil publié avec notices, par P.-G.-J. Niel.
Paris, M.-A. Lenoir, 1848-1856. 2 vol. in-fol. planches,
demi-rel. mar. rouge, dos orné, coins, tête dorée, non rog.
(*Galette.*)

178. Galerie des femmes de Walter Scott, 40 portraits
gravés sur acier et accompagnés d'un portrait littéraire,
Paris, Marchant, 1842. Gr. in-8, fig. demi-rel. v. br.

179. Œuvres choisies de Gavarni. *Paris, Hetzel,* 1846-1848.
4 v. in-8, fig. demi-rel. mar. rouge, dos orné, coins, non
rog. tête dor. (*Hardy.*)

180. Le Diable à Paris, Paris et les Parisiens, mœurs et
coutumes, caractères et portraits des habitants de Paris,
illustrations par Gavarni. *Paris, Hetzel,* 1845. Gr. in-8,
fig. demi-rel. v. viol.

181. Petites Misères de la vie humaine, par Old Nick (Forgues)
et Grandville. *Paris, Fournier,* 1846. Gr. in-8, fig., demi-
rel. mar. vert, dos et coins, tête dor. non rog.

182. Revue comique, à l'usage des gens sérieux, texte par
A. Lireux, dessins par Bertall, Nadar, etc. *Paris, Dumineray,* 1848. Gr. in-8, demi-rel. mar. rouge, dos orné,
coins, non rog. tête dor. (*Hardy.*)

183. L'Architecture françoise des bastimens particuliers,
composée par Louis Savot (d'Autun), augmentée dans
cette édition de plusieurs figures et de notes de M. Blondel. *Paris, veuve Clouzier,* 1685 In-8, veau fauve, tr.
dor. (*Padeloup.*)

> Bel exemplaire de ce livre qui fait connaître les dispositions intérieu-
> res d'un hôtel au xviie siècle.

184. Archives royales de Chenonceau, Lettres et devis de
Philibert de l'Orme et autres pièces relatives à la con-
struction du château de Chenonceau, publiés pour la première fois, d'après les originaux, par M. l'abbé C. Chevalier. *Paris, J. Techener,* 1864. In-8, pap. de Holl. br.

ARTS ET MÉTIERS DIVERS

185. Exercitatio Alphabetica nova et utilissima, variis ex-
pressa linguis et characteribus, raris ornamentis, umbris
et recessibus picturæ, architecturæque speciosa, nunquam
antea edita Clementis Perretti Bruxellani nondum 18
annum egressi industria. Anno 1569. (*Antwerpiæ, Plan-
tin*). Pet. in-fol. mar. rouge, fil. dos orné, tr. dor.
(*David.*)

> Titre et 34 planches gravées par Cornelius de Hooghe.

186. Alfabeto di Lettere iniziali inventate e delineate da
Mauro Poggi, scrittor Fiorentino, ed incise dall' abate
Lorenzo Lorenzi. *S. l. n. d.* In-4, oblong, titre et 49 plan-
ches gravées, demi-rel. mar. rouge.

187. Ammaestramenti teoricopratici indirizzati ad agevo-
lare il modo d'imparare da per se la scrittura moderna.
Opera dedicata agli amatori dell' arte di ben scrivere dal
P. D. F. Decaroli, intagliata in rame da P. S. Petit. *In
Torino, Reycends,* 1772. 46 feuilles in-fol. — Alfabeto di
Lettere iniziali inventate e delineate da Mauro Poggi ed
incise dall' abbate Lorenzo Lorenzi. *S. l. n. d.* Titre et
48 planches. — Alfabeto di Lettere iniziali adorno di animali e proseguito da vaga serie di caratteri inventate da
Gast. Giarre. *In Firenze, Giacomo Moro,* 1797. Titre, dédicace et 24 planches, 3 parties en 1 vol. in-fol. demi-
rel. bas.

188. Livre d'écriture pour les curieux de cet art, fait par Bertin, maître écrivain. *A Paris, rue de la Pelleterie, vis-à-vis Saint-Denis de la Chartre.* In-4, chamois vert, non rogné.

Manuscrit du siècle dernier de 55 feuillets sur vélin montés sur onglets.

189. A Book of Cyphers or Letters, reverst being a work very pleasant and usefull as all sorts of Artificers, Engravers, Painters, Embroiderers, etc., by Jeremiah Marlow. *London, Rogers,* 1683. In-8, front. et 63 pl. gravées, mar. vert, fil. dos orné, tr. dor. (*Belz-Niedrée.*)

190. Livre curieux et utile pour les savans et artistes, composé de trois alphabets, de chiffres simples, doubles et triples, accompagné d'un très-grand nombre de devises, emblèmes, médailles et autres, par Nicolas Verien, maistre graveur. *Paris, J. Jombert, s. d.* In-8, portrait et fig. v. br.

191. Déclaration de l'usage du graphomètre, par la pratique duquel l'on peut mesurer toutes distances des choses de remarque qui se pourront voir du lieu où il sera posé et avec un Traicté de l'usage du trigonomètre qui est un instrument ayant presque pareil usage sans reigle d'arithmétique, par Philippe Danfries. *Paris, Danfries,* 1597. In-8, mar. rouge jans. tr. dor. (*Chambolle-Duru.*)

Livre rare et curieux, imprimé en caractères dits de Civilité. On y remarque de jolies figures gravées sur bois et en taille-douce.
Bel exemplaire.

192. Les Travaux de Mars, ou l'Art de la guerre, divisez en 3 parties, par Allain Manesson Mallet. *A la Haye, chez Henri van Bulderen,* 1696. 3 vol. in-8, nombreuses planches, mar. rouge, fil. dos orné, tr. dor. (*Capé.*)

193. L'Art de conduire et de régler les pendules et les montres, à l'usage de ceux qui n'ont aucune connoissance d'horlogerie, par M. Ferdinand Berthoud. *A la Haye, chez Pierre Gosse,* 1761. Pet. in-12, br.

194. Livre-Journal de Lazare Duvaux, marchand bijoutier ordinaire du Roy, 1748-1758, précédé d'une étude sur le goût et le commerce des objets d'art au milieu du xviii⁰ siècle. *Paris, pour la Société des bibliophiles françois,* 1873. 2 vol. in-8, front. gravé et vignettes, br.

195. De la Poterie gauloise, étude sur la Collection Charvet, par Henri du Cleuziou. *Paris, Baudry,* 1872. Gr. in-8, fig. dans le texte, demi-rel. mar. br. dos orné, coins, tête dor. non rog. (*Belz-Niedrée.*)

196. Plan, Coupe, Élévation en perspective et Devis d'un bateau à laver sur le Rhône appelé à Lyon Plattel, présenté à monsieur le marquis Graneri, par Faure, ingénieur et architecte. In-fol. 3 planches coloriées, mar. rouge, fil. dos orné, tr. dor. (*Aux armes du marquis Graneri.*)

Manuscrit.

197. Traité des forces mouvantes pour la pratique des arts et métiers avec une explication de 20 machines nouvelles et utiles, par M. de Camus, gentilhomme lorrain. *Paris, Claude Jombert et Laurent et Leconte,* 1722. In-8, mar. rouge, fil. tr. dor. avec armoiries. (*Anc. rel.*)

198. Almanach des gourmands, servant de guide dans les moyens de faire excellente chère, par un vieil amateur (Grimod de la Reynière). *Paris, Maradan,* 1804-1812. 8 vol. in-12, front. gravé, demi-rel. v. br.

EXERCICES GYMNASTIQUES

Équitation — Danse — Chasse

199. L'Escuyer françois, qui enseigne à monter à cheval, à voltiger, et à bien dresser les chevaux, et l'art de voltiger et combattre à cheval. *Paris, J. Vaugon,* 1682. In-8, fig. v. br.

200. The Complete Sportsman, or Country gentleman's Recreation, by Thomas Fairfax. *London, J. Cooke, s. d.* In-12, demi-rel. v. br.

201. Cavalier parfait, ou Instruction nouvelle de dresser et emboucher toutes sortes de chevaux, par le sieur L. B. P. *Suivant la copie imprimée à Paris,* 1686. Pet. in-8, mar. rouge, fil. dos orné, tr. dor. (*Capé.*)

202. Le Manuel du cavalier, traduit de l'anglois du capitaine Burdon. *Paris, Chaubert,* 1737. In-12, fig., mar. vert jans. tr. dor. (*Hardy.*)

203. La Connoissance parfaite des chevaux, contenant : la
manière de les gouverner et de les conserver en santé, etc.,
avec une instruction sur les haras. L'art de monter à cheval, augmenté d'un nouveau dictionnaire du manège.
Paris, 1741. In-12, fig. bas. m.

204. L'Utile à tout le monde, ou le Parfait Écuyer militaire
et de campagne, divisé en quatre livres, par le Sr de Wey-
rother. *Bruxelles, J.-J. Boucherie*, 1767. 2 tomes en 1 vol.
in-8, demi-rel. mar. dos orné, coins, non rogné, tête dor.
(*Hardy*.)

205. Le Guide du cavalier, par M. de Garsault. *Paris, chez
les Libraires associés*, 1770. In-12, fig., mar. vert jans. tr.
dor. (*Hardy*.)

206. Œuvres complètes de F. Baucher. Méthode d'équitation basée sur de nouveaux principes. *Paris, chez l'auteur*,
1859. Gr. in-8, portr. demi-rel. mar. rouge, non rogné.

207. Des Chevaux en France et de leur régénération, par
le Cte de B. (Beaurepaire). *Paris, Delaunay*, 1832. In-8,
demi-rel. mar. r. dos et coins, non rogné, tête dor. (*Hardy*.)

208. La Comédie à cheval, ou Manies et Travers du monde
équestre, par Albert Cler, illustrée par Charlet, Johannot,
Giraud et Giroux. *Paris, Ern. Bourdin, s. d.* Pet. in-8,
demi-rel. v. br.

209. Sporting scrap book, by Henry Alken. (*London*),
Th^{as} M. Lean, 1824. In-4, fig. col. demi-rel. mar. r. dos
orné, coins, non rogné, tête dor. (*Hardy*.)

210. The Beauties and Defects in the figure of the Horse
comparatively delineated, by H. Alken, in a series of co-
loured plates (18). *London, Fuller, s. d.* In-4, fig. demi-
rel. mar. r. dos et coins, non rogné, tête dor. (*Hardy*.)

---

211. De la Danse, par Moreau de Saint-Méry. *A Parme, imprimé par Bodoni*, 1803. In-16, cart. non rogné.

212. Ballet du Roy des fêtes de Bacchus. *Paris, R. Ballard*,
1651. — Ballet du Temps, dansé par le Roy le 3e jour de
décembre 1654. *Paris, R. Ballard*, 1654. — Ballet du Dé-

resglement des passions. *S. l. n. d.* 3 pièces in-4, demi-rel. dos et coins de mar. r.

---

213. Essai historique et légal sur la chasse (par Marchand, avocat). *Londres, et se trouve à Paris, chez Le Jay,* 1769. Pet. in-12, mar. vert, fil. dos orné, tr. dor. (*Hardy.*)

214. Dictionnaire des chasses, contenant l'explication des termes et le précis des règlemens sur cette matière, par M. Langlois, officier de la varenne du Louvre. *Paris, Prault père,* 1739. Pet. in-12, mar. vert clair, fil. dos orné, tr. dor. (*Hardy.*)

215. Code de la chasse, manuel complet du chasseur, par Horace Raisson, suivi du Code de la pêche, par M. de C... (y). *Paris, Jules Lefebvre,* 1829. In-12, demi-rel. mar. v. dos et coins, non rog. tête dor. (*Hardy.*)

216. Almanach du chasseur, ou Calendrier perpétuel (par de Changran). *Paris, Pissot,* 1773. In-12, front. gravé par Choffard, mar. vert, dos orné, fil. tr. dor. (*Capé.*)

217. La Chasse du cerf en rime françoise (composée vers le milieu du xiiie siècle). *Paris,* 1840. In-8, mar. vert, fil. dos orné, tr. dor. (*Trautz-Bauzonnet.*)

Volume tiré à 50 exemplaires, très-bien imprimé sur papier de Hollande et publié par les soins de M. le baron Pichon, d'après un manuscrit de la Bibliothèque nationale.

218. Le Trésor de vénerie, poème composé en 1394 par Hardouin de Fontaines Guérin, publié pour la première fois, avec des notes, par le baron Jérôme Pichon. *Paris, Techener,* 1855. In-8, fig. br.

Tiré à petit nombre.

219. Le Livre de la chasse du grand seneschal de Normandie, et les ditz du bon chien Souillard, qui fut au roi Louis XIe de ce nom, publié par le baron J. Pichon. *Paris, Aug. Aubry,* 1858. In-8, cart. non rogné.

220. Venationes ferarum, avium, piscium, pugnæ bestiarum depictæ a Joanne Stradano, editæ a Philippo Gallæo, carmine illustratæ a C. Kiliano Dufflæo. (*Antuerpiæ, circa* 1580.) In-fol. obl. derelié.

Frontispice gravé et 104 planches; quelques-unes plus courtes que les autres et fatiguées.

221. La Caccia del' ill. signor Erasmo di Valvasone, ricorretta et di molte stanze ampliata con le annotationi di Olimpio Marcucci. *In Bergamo, per Comin Ventura,* 1593. In-8, fig. sur bois, cart. non rogné.

222. La Meute et Vénerie pour le lièvre, de Jean de Ligneville, grand veneur de Lorraine et de Barrois, publiée par H. Michelant. *Metz, Rousseau-Palez,* 1865. In-8, br.

223. The Gentleman's Recreation, in four parts viz Hunting, Fowling, Hawking, Fishing (by Nicholas Cox), with an abridgment of manwood's forrest laws and of all the acts of Parliament made since, which relate to Hunting, hawking fishing or fowling. *London, printed by J. Dawks,* 1697. In-8, front. gravé et figures, mar. rouge jans. tr. dor. (*Hardy.*)

224. Traité sur l'Art de chasser avec le chien courant, par Boisrot de Lacour. *A Clermont, imprimerie de Landriot,* 1808. In-8, cart. non rogné.

Volume devenu très-rare.

225. Nouveau Traité des Chasses à courre et à tir, par le baron de Lage, A. de La Rue et le marquis de Cherville. *Paris, A. Goin, s. d.* 2 vol. in-8, demi-rel. mar. vert, dos orné, coins, tête dor. non rogné. (*Belz-Niedrée.*)

226. Le Chasseur rustique, contenant la théorie des armes, du tir et de la chasse au chien d'arrêt, par Adolphe d'Houdetot. *Paris, Charpentier,* 1847. In-8, br.

227. La Chasse dans la vallée du Rhin (Alsace et Bade), par Maurice Engelhard. *Strasbourg,* 1864. In-12, br.

228. La Noble et furieuse Chasse du loup, composée par Robert Monthois, Arthésien, en faveur de ceux qui sont portez à ce royal deduict. *Suivant l'édition imprimée à Ath, chez Jean Maes,* 1642. *Paris, L. Techener,* 1865. In-8, front. gravé, br.

Réimpression faite sous les auspices et avec une préface du baron Pichon.

229. Essai sur les capitaineries royales et autres, et sur les maux qui en résultent depuis Louis XI, par M. B. D. L. R. A. A. P. (Boucher de la Richarderie, avocat au Parle-

ment). *Paris,* 1789. In-8, demi-rel. mar. rouge, dos et coins, non rogné, tête dor. (*Hardy.*)

230. Plaisirs, Varennes et Capitaineries (par Bocquet de Chanterenne). *Paris, de l'imprimerie de Prault,* 1744. Pet. in-12, mar. vert, fil. dos orné, tr. dor. (*Capé.*)

231. Traité des Chiens de chasse. *Paris, Rousselon,* 1827. In-8, pl. (16) coloriées, demi-rel. mar. br.

232. Manuel du Veneur, recueil de fanfares de chasse, paroles et musique. *S. l. n. d.* In-4 obl. mar. vert, fil. dos orné, tr. dor. (*Belz-Niedrée.*)

233. Légende de saint Hubert, précédée d'une préface bibliographique et d'une introduction historique, par Édouard Fétis. *Bruxelles, Jamar,* 1846. In-8, mar. vert, fil. dos orné, tr. dor. (*Hardy.*)

Très-joli volume imprimé avec soin et à petit nombre d'exemplaires.

BELLES-LETTRES

I. LINGUISTIQUE — RHÉTORIQUE

234. Le Génie, la Politesse, l'Esprit et la Délicatesse de la langue françoise (par Leven de Templery). *Paris, Pierre Cot,* 1705. Pet. in-12, mar. violet.

235. Curiosités de l'étymologie française, avec l'explication de quelques proverbes et dictons populaires, par Charles Nisard. *Paris, Hachette,* 1863. In-12, demi-rel. mar. br. dos orné, coins, non rogné, tête dor. (*Belz-Niedrée.*)

236. Les Excentricités du langage français, par Lorédan Larchey. *Paris,* 1861. In-12, fig. demi-rel. mar. rouge, dos et coins, non rogné, tête dor. (*Hardy.*)

237. La Maniere de bien traduire d'une langue en autre,

d'advantage de la punctuation de la langue françoyse, plus des accents d'ycelle, autheur Estienne Dolet. *Lyon, Estienne Dolet,* 1540 (*Paris, Techener,* 1830). In-8. pap. de Holl. cart. non rogné.

Réimpression tirée à 120 exemplaires.

238. Dictionnaire de la langue française, par Littré. *Paris. Hachette et Cie,* 1877. 4 vol. in-4, demi-rel. mar. br. dos et coins, tête dor. non rognés.

239. Dictionnaire comique, satyrique, critique, burlesque, libre et proverbial, par P.-J. Le Roux. *Pampelune,* 1786. 2 vol. in-8, demi-rel. v. fauve, dos et coins, non rognés.

240. Études de philologie comparée sur l'argot et sur les idiomes analogues parlés en Europe et en Asie, par Francisque Michel. *Paris, Firmin Didot,* 1856. Gr. in-8, demi-rel. mar. br. dos orné, coins, tête dor. non rogné. (*Belz-Niedrée.*)

241. Le Jargon, ou Langage de l'argot reformé comme il est à présent en usage parmi les bons pauvres, tiré et recueilly des plus fameux argotiers de ce temps, composé par un pilier de Boutanche qui maquille en molanche en la vergne de Tours. *Troyes, Jacques Oudot, s. d.* In-12. cart.

242. Dictionnaire de la langue verte, argots parisiens comparés, par Alfred Delvau. *Paris, Dentu,* 1866. In-12, br.

Exemplaire en grand papier.

243. Glossaire érotique de la langue française, depuis son origine jusqu'à nos jours, contenant l'explication de tous les mots consacrés à l'amour, par Louis de Landes. *Bruxelles,* 1861. In-12, demi-rel. mar. rouge, dos et coins, non rogné, tête dor. (*Hardy.*)

244. Les Lys de l'eloquence françoise redigez par lieux communs, remplis de sentences, entremeslez de diversités de lettres avec leurs responses, etc., etc., par Jean-François Bertet. *A Lyon, par Claude Morillon,* 1613. In-12, mar. vert clair, fil. dos orné, tr. dor. (*Chambolle-Duru.*)

245. Discours prononcés dans l'Académie françoise pour la

réception de Messieurs Ducis, Vicq-d'Azyr, le chevalier de Boufflers et l'abbé Barthélemy. *Paris, Demonville,* 1779-1789. 4 pièces en 1 vol. in-4, mar. bl. fil. dos orné, tr. dor. (*Belz-Niedrée.*)

II. POÉSIE

1. *Poètes grecs et latins*

246. Homère grec-latin-françois, ou Œuvres complettes d'Homère, accompagnées de la traduction françoise, de la version interlinéaire latine, et suivies d'observations littéraires et critiques, par J.-B. Gail. *Paris, Eberhart, an XIII* (1805). 6 vol. in-8, v. marb. tr. dor.

247. Odes d'Anacréon, traduites en vers, sur le texte de Brunck, par J.-B. de Saint-Victor. *Paris, H. Nicolle,* 1810. In-8, mar. rouge, fil. dos orné, tr. dor. (*Capé.*)

> Exemplaire en papier vélin, avec les figures avant la lettre, gravées par Girardet d'après Girodet.

248. Le Pindare thébain, traduction de grec en françois, meslée de vers et de prose (par le sieur de Lagausie). *A Paris, chez Jean Lacquehay,* 1626. In-8, front. gravé et figures, veau fauve, compart. dentelle, dos orné, tr. dor.

249. Les Dionisiaques, ou les Métamorphoses, les Voyages, les Amours, les Advantures et les Conquestes de Bacchus aux Indes, nouv. trad. du grec de Nonnus (par Boitet). *Paris, Robert Fouet,* 1625. In-8, front. gravé par Crisp. de Pas, bas. marb.

> Traduction rare.

250. Erotopægnion, sive Priapeïa veterum et recentiorum, Veneri Jocosæ sacrum (Ed. Noël). *Lutetiæ Parisiorum, C.-F. Patris,* 1798. Pet. in-8, fig. v. jas. fil. tr. dor.

251. Virgilii (Publii) Maronis Bucolica, cum commentariis. *Lugduni, in ædibus Benedicti Bonnyn,* 1528. In-4, goth. mar. br. tr. dor. (*Masson et Debonnelle.*)

252. Les Bucoliques de Virgile, précédées de plusieurs idylles de Théocrite, de Bion et de Moschus, traduites en

vers français, par Firmin-Didot. *Paris, F.-Didot*, 1806. In-8, pap. vélin, mar. vert, fil. dentelle, tr. dor. (*Bozérian.*)

253. Les Métamorphoses d'Ovide, traduites en prose française (par N. Renouard). *Paris, par les héritiers d'Abel l'Angelier*, 1621. In-8, front. gravé et figures de Jaspar Isaac, vél. bl.

254. Métamorphoses d'Ovide, traduites en françois avec des remarques et des explications historiques, par l'abbé Banier. *Amsterdam, R. et J. Wetstein et G. Smith*, 1732. 3 vol. in-12, front. et figures, mar. rouge, fil. tr. dor. (*Anc. rel.*)

255. L'Art d'aimer, d'Ovide. *Paris, Valade, et Rheims, Cazin*, 1784. In-18, demi-rel. mar. vert, dos orné et coins, non rog. tête dor. (*Hardy.*)

256. Les Œuvres galantes et amoureuses d'Ovide, contenant l'Art d'aimer, les Épîtres et les Élégies amoureuses (trad. nouvelle en vers françois, par l'abbé Barrin). *A Londres, aux dépens de la Compagnie*, 1774. 2 tom. en 1 vol. in-12, mar. vert, dos orné, tr. dor. (*Hardy.*)

257. Phædri Fabulæ et Publii Syri Sententiæ. *Parisiis, ex Typographia regia*, 1729. Pet. in-12 réglé, front. gravé par Simonneau, mar. bleu, dos orné, dentelle, doublé de tabis.

258. Les Fables de Phèdre, affranchy d'Auguste, enrichies de figures en taille-douce. *Paris, Olivier de Varennes*, 1669. In-12, front. gravé, figures, mar. rouge, fil. dos orné, tr. dor. (*Trautz-Bauzonnet.*)

Ce volume est orné d'environ 70 eaux-fortes assez singulières de Ladame.

259. Joannis Bonefoni, Arverni, poetæ venustissimi, Basia, tam latino quam gallico idiomate edita. *Lugduni Batavorum, ex typographia Nicolai Herculis*, 1659.— Imitations du latin de Jean Bonnefons (par Gilles Durand) avec autres gayetez amoureuses de l'invention de l'autheur. *Leyden, Nicolas Hercules*, 1659. 2 parties en 1 vol. pet. in-12, front. gravé, mar. rouge jans. tr. dor. (*Duru et Chambolle.*)

Jolie édition que l'on joint à la collection des Elsevier.

260. **Desbillons** (Francisci-Josephi) Fabulæ Æsopiæ, curis posterioribus omnes fere emendatæ, quibus 'accesserunt plus quam CLXX novæ. *Parisiis, typis J. Barbou,* 1678. In-12, front. gravé, v. m. tr. dor.

261. **Philomathi** (Fabii cardinalis Chisii) Musæ juveniles. *Parisiis, e Typographia regia,* 1656. In-fol. front. gravé et portrait, mar. rouge, dentelle, dos fleurdelisé. (*Armes de France.*)

> Le cardinal Chigi fut élu pape en 1656, sous le nom d'Alexandre VII. C'est lui qui, en 1664, envoya son neveu à Paris faire des excuses à Louis XIV, au sujet de l'insulte faite à l'ambassadeur de France à Rome par la garde corse.

262. **Histoire** macaronique de Merlin Coccaïe, prototype de Rabelais, où est traicté les ruses de Cingar, les tours de Boccal, les adventures de Leonard, les farces de Fracasse, les enchantemens de Gelpore et Pandrague, et les rencontres heureuses de Balde. Plus l'horrible bataille advenue entre les mousches et les fourmis (par Theophile Folengo). *A Paris, chez Toussaincts du Bray,* 1606. 2 vol. pet. in-12, demi-rel. veau fauve, dos et coins, non rog. (*Bauzonnet.*)

263. **Macaroneana,** ou Mélanges de littérature macaronique des différents peuples de l'Europe, par M. Octave Delepierre. *Paris,* 1852. In-8, demi-rel. mar. rouge, dos orné, coins, tête dor. non rog. (*Belz-Niedrée.*)

> Volume publié à petit nombre et aux frais de M. Gancia, libraire à Brighton.

2. *Poètes français*

A. Poètes français anciens jusqu'à Malherbe

264. **Société** des Anciens Textes français. Chansons du xve siècle, publiées par Gaston Paris. Brun de la Montaigne, roman d'aventure publié par Paul Meyer. Guillaume de Palerne, publié par H. Michelant. Miracles de Nostre-Dame par personnages, publié par Gaston Paris et Ulysse Robert, 3 vol. Deux Rédactions du roman des Sept Sages de Rome, publiées par Gaston Paris. Le Débat des herauts d'armes de France et d'Angleterre. Aiol, chanson de geste publiée par Jacques Normand et Gaston Reynaud.

Le mistere du viel testament, publié avec introduction, notes et glossaire, par le baron J. de Rotschild. Œuvres complètes d'Eustache Deschamps, publiées par le marquis de Queux de Saint-Hilaire, tome Ier. Les plus anciens monuments de la langue française (ixe et xe siècle), publiés avec un commentaire philologique par Gaston Paris; album. *Paris, Didot et Cie*, 1875-1878. Ensemble 11 vol. in-8 et atlas in-fol. cart.

265. La Comtesse de Ponthieu, roman de chevalerie inédit tiré d'un manuscrit du xiiie siècle, publié par Alfred Delvau. *Paris, Bachelin-Deflorenne*, 1865. In-8, br.

266. L'Ordene de chevalerie (poème de Hues de Tabarie). Avec: une dissertation sur l'origine de la langue françoise, un Essai sur les étymologies, quelques Contes anciens et un glossaire pour en faciliter l'intelligence (par Barbazan). *A Lauzanne, et se trouve à Paris chez Chaubert et Cl. Hérissant*, 1759. Pet. in-8, front. gravé, mar. bleu, fil. dos orné. (*Hardy*.)

Exemplaire non rogné.

267. Poésies de Marie de France, poète anglo-normand du xiiie siècle, ou Recueil de lais, fables et autres productions de cette femme célèbre, publiées par B. de Roquefort. *aris, Chasseriau*, 1820. 2 vol. in-8, pap. vélin, front. gravé avant la lettre, br.

268. Les Aventures de maistre Renart et d'Ysengrin son compère, mises en nouveau langage, par A. Paulin-Paris. *Paris, Techener*, 1861. In-12, demi-rel. mar. bl. dos orné, coins tête dor. non rog. (*Belz-Niedrée.*)

269. Le Livre du Voir-Dit de Guillaume de Machaut, où sont contées les amours de Messire Guillaume de Machaut et de Peronnelle, Dame d'Armentières, avec les lettres et les réponses, les ballades, lais et rondeaux du dit Guillaume et de la dite Peronnelle, publié sur trois manuscrits du xive siècle, par la Société des Bibliophiles françois. *A Paris, pour la Société des Bibliophiles françois*, 1875. In-4, fig. br.

Un des 30 exemplaires en grand papier de Hollande, tirés pour les membres de la Société.

270. Le Livre du Voir-Dit, où sont contées les amours de

Messire Guillaume de Machaut et de Peronnelle, Dame
d'Armentières... publié sur trois manuscrits du xive siècle,
par la Société des Bibliophiles françois, *Paris, pour la
Société des Bibliophiles françois,* 1875. In-8, br.

271. Le Livre de Mathcolus, poème français du xive siècle,
par Jean Lefèvre, nouvelle édition, revue sur les manuscrits et les éditions gothiques. *Bruxelles, Mertens et fils,*
1846. In-8, br.

272. La Danse aux aveugles (par P. Michault), et autres
poésies du xve siècle, extraites de la bibliothèque des ducs
de Bourgogne (publ. par Lambert-Douxfils). *Amsterdam
(Lille),* 1749. In-12, mar. vert, fil. tr. dor. (*Rel. anc.*)

> Recueil curieux dans lequel on trouve entre autres pièces : le *Testa-
> ment de Pierre de Nesson,* la *Confession de la belle fille,* le *Débat de
> l'homme mondain et du religieux.*

273. Le Champion des dames, par Martin Franc. *Paris,
Galiot du Pré,* M.D.XXX. Pet. in-8, lettres rondes, figures
sur bois, dérelié.

> . Exemplaire court, incomplet de plusieurs feuillets et défectueux de
> plusieurs autres, notamment du titre.

274. Poésies des xve et xvie siècles, publiées d'après des éditions gothiques et des manuscrits. *Paris, Silvestre,* 1830-
1832. Gr. in-8, v. vert, fil. fers à froid, non rogné.

> Ce recueil, composé de 15 pièces imprimées séparément, a été tiré à
> 100 exemplaires, tous sur papier de Hollande.

275. Blasons, Poésies anciennes des xve et xvie siècles, extraites de différens auteurs, imprimés et manuscrits, par
M. D. M. M*** (Dominique-Martin Méon). *Paris, Guillemot,* 1809. In-8, demi-rel. mar. br. dos et coins, non
rogné. (*Niedrée.*)

> Exemplaire avec les cartons.

276. Les Poésies de Martial de Paris, dit d'Auvergne, procureur au Parlement. *Paris, Ant. Coustelier.* 2 vol. petit
in-8, v. marb.

277. La Légende de Maistre Pierre Faifeu, mise en vers
par Charles Bourdigné. — Poésies diverses de Jehan
Molinet. *Paris, Antoine-Urbain Coustellier,* 1723. Petit
in-8, v. br.

278. La **Pronostication** de Maistre Albert Songecreux Biss-
cain, réimpression fac-similé d'après l'exemplaire unique
de la bibliothèque de M. Double. 1862. In-4, br.

> Réimpression fac-similé tirée à 100 exemplaires.

279. Sermon joyeulx d'un fiancé qui emprunte ung pain sur
la fournée à rabattre sur le temps à venir. (*Paris.*) — Le
Plaisant discours et advertissement aux nouvelles mariées
pour se bien et proprement comporter la première nuict
de leurs noces. (*Lyon.*) — Monologue nouveau et fort
joyeulx de la chambrière dépourvue du mal d'amour.
(*Lion.*) — Le Banquet des chambrières faict aux estuves,
le jeudi gras. (*S. l.*) Les 4 pièces en 1 vol. pet. in-8, demi-
rel. veau fauve.

> Réimpressions faites par Pinard et publiées par Techener, vers 1830, et
> tirées à 60 exemplaires.

280. Le Caquet des bonnes chambrières déclarant aucunes
finesses dont elles usent envers leurs maistres et mais-
tresses. — Pronostication sur les mariez et les femmes
veufves pour l'an 1550. *Lyon, Barnabé Chaussard.* — Les
Ruses et Finesses découvertes sur les chambrières de ce
temps, composé par Goguelu. *A Paris, s. d.* — La Maltote
des cuisinieres, ou la Manière de bien ferrer la mule,
dialogue entre une vieille cuisinière et une jeune servante.
A Paris, s. d. 4 pièces en 1 vol. in-12, pap. vélin, mar.
vert clair, fil. dos orné, tr. do r. (*Hardy.*)

> Réimpression.

281. L'Advocat des dames de Paris touchant les pardons
Sainct Trotet. *Paris, s. d.* (*Chartres,* 1832). — Le Testa-
ment dung amoureux qui mourut par amour. *Paris*
(*Chartres,* 1832). 2 pièces in-16, br.

282. Les Conardz de Rouen, contenant appologie faicte par
le grand abbé des conardz sur les invectives Sagon, Marot,
La Hueterie, etc., suivie de la response à l'abbé des conardz
de Rouen. — La Première Leçon des matines ordinaires
du grand abbé des conardz de Rouen contre la response
faicte par un corneur à l'apologie du dict abbé. — Les
Trèves de Marot et Sagon, suivies du Banquet d'honneur
sur la paix faicte entre Clément Marot, Françoys Sagon et autres. *Paris, Panckoucke,* 1854-57. 3 parties en

1 vol. in-16, mar. orange, fil. dos orné, tr. dor. (*Capé*).

Réimpressions en caractères elzéviriens, tirées à 16 exemplaires.

283. Les mêmes pièces. *Paris, Panckoucke,* 1854-57. 3 part. en 1 vol. in-16, br.

284. Les Blasons domestiques, par Gilles Corrozet, nouvelle édition publiée par la Société des Bibliophiles françois. *Paris, impr. de Lahure,* 1865. Pet. in-8, mar. rouge, non rogné. (*Chambolle-Duru.*)

Exemplaire tiré sur VÉLIN.

285. Les Blasons domestiques, par Gilles Corrozet, nouvelle édition, publiée par la Société des Bibliophiles françois. *Paris, chez les libraires de la Société,* 1865. In-16, br.

286. Rymes de gentille et vertueuse dame D. Pernette du Guillet, Lyonnaise. *A Lyon, par Louis Perrin,* 1856. In-8, pap. de Holl. br.

Réimpression à 125 exemplaires.

287. Ban de quelques marchands de graines à poil et d'aucunes filles de Paris. *Paris,* 1570. 8 pages in-8, br.

Réimpression tirée à quelques exemplaires.

288. Discours d'un cas effroyable et advanture estrange advenue à un laquais du Louvre, le 19 mars 1578 ; avec deux oraisons pour se garder des surprises de l'ennemy, et une autre en forme de confession, à Monsieur Leluau, Auvergnat (en vers). *Paris, Nicolas Poncelet,* 1578. Pet. in-8 de 8 ff. cart.

Pièce très-rare provenant de la vente Veinant (1863).

289. Les Quatrains du seigneur de Pybrac, contenans preceptes et enseignemens utiles et profitables pour tous chrestiens. *Paris, Nicolas Rousset,* 1611. Pet. in-8, mar. rouge, dos orné, tr. dor. (*Capé.*)

290. La Chasse du lièvre avecques les levriers (par Habert, en vers). 1599. In-4, br.

Réimpression à 62 exemplaires chez Crapelet en 1849.

291. Recueil de poésies calvinistes, 1550-1566, publié par P. Tarbé. *Reims,* 1866. In-8, demi-rel. mar. br. dos, coins, tête dor. non rogné. (*Belz-Niedrée.*)

B. Depuis Malherbe jusqu'à nos jours

a. Poésies de divers genres

292. Les Traverses du sieur de Resneville et ses œuvres poétiques. *Paris, Toussaint du Bray,* 1624. In-8, cart.

Volume rare. Les *Traverses,* où se trouve le récit d'aventures arrivées à Resneville, sont en prose. Les Poésies occupent les pages 60 à 263.

293. Recueil de 25 pièces sur Théophile. *Paris,* 1623-1627. Pet. in-8, veau vert, fil. tr. dor.

294. Les Œuvres poétiques du sieur Beys, non encore mises en lumière. *Paris, Toussainct Quinet,* 1652. In-4, front. gravé, mar. rouge, dent. dos orné, tr. dor. (*Rel. moderne.*)

Les poésies de Beys sont intéressantes, à cause de certaines particularités historiques de son temps, telles que la rentrée du Roi de Perpignan , la maladie du cardinal de Richelieu, etc.

295. Poésies de Chevreau. *Paris, Antoine de Sommaville,* 1656. Pet. in-8, mar. rouge, fil. dos orné, tr. dor. (*Chambolle-Duru.*)

296. Les Œuvres de poésie de M. Perrin. *Paris, Estienne Loyson,* 1661. Pet. in-12, front. gravé, mar. rouge, fil. dos orné, tr. dor. (*Duru et Chambolle.*)

Volume recherché où se trouve la première pièce mise en musique qui ait été représentée en France (*Alcidor,* pastorale, musique de Cambert).

297. Voyage de Messieurs de Bachaumont et la Chapelle, où l'on a joint diverses poésies du même auteur (Chapelle). *Cologne, Pierre Marteau (Holl.),* 1703. Pet. in-12, mar. rouge jans. tr. dor. (*Hardy.*)

298. Recueil de poésies de Mademoiselle Desjardins, augmenté de plusieurs pièces et lettres en cette dernière édition. *A Paris, chez Charles de Sercy,* 1664. — Nitetis, tragédie, par Mademoiselle Desjardins. *A Paris, chez Gabriel Quinet,* 1664. — Le Carousel de Monseigneur le le Dauphin, à Mademoiselle de Montausier. *A Paris, chez Mille de Beaujeu,* 1662. — Anaxandre, nouvelle. *A Paris, chez Jean Ribou,* 1667. 4 pièces en 1 vol. in-12, mar. bleu, fil. dos orné, tr. dor. (*Hardy.*)

299. Les Délices de la poésie galante des plus célèbres auteurs du temps. *Paris, Jean Ribou,* 1664. In-12, front. gravé, mar. orange, fil. dos orné, tr. dor. (*Capé.*)

300. Nouveau Recueil de plusieurs et diverses pièces galantes de ce temps. *S. l. (à la Sphère),* 1665. In-12, mar. rouge, fil. dos orné, tr. dor. (*Duru et Chambolle.*)

301. Le Bijou du Parnasse, par Mlle de Morville, comédienne du Roy, dans la troupe royale de Chambord. *A Grenoble, chez Jean Nicolas,* 1670. In-12, mar. orange, fil. dos orné, tr. dor. (*Hardy.*)

> Ce recueil de vers est dédié au duc de Lesdiguières, gouverneur du Dauphiné. On y trouve deux pièces de vers adressées à Mlle Duparc, comédienne de la troupe de Molière. Mlle de Morville faisait sans doute aussi partie de cette troupe, au moins pendant les représentations données par Molière, devant le roi à Chambord, comme nous le voyons par le titre de l'ouvrage.

302. Recueil de poésies, par Mme de Lauvergne. *A Paris, chez Claude Barbin,* 1680. In-12, mar. vert clair, fil. dos orné, tr. dor. (*Duru.*)

303. Recueil des énigmes de ce temps (par l'abbé Cotin). *Paris, Nicolas Legras,* 1687. In-12, mar. rouge, jans. tr. dor. (*Trautz-Bauzonnet.*)

304. Recueil de diverses poésies, du sieur D***. *Imprimé pour l'autheur, à Londres,* 1731. Pet. in-8, v. m.

305. Recueil de poésies diverses (par Bouret, trésorier de France). *S. l.* 1733. In-8, mar. bleu jans. tr. dor. (*Hardy*).

306. Œuvres de Gresset. *Londres (Paris, Cazin),* 1780. 2 vol. in-24, fig. mar. r. fil. tr. dor. (*Rel. anc.*)

307. Œuvres choisies d'Alexis Piron. *Londres,* 1782. 3 vol. in-18, v. m. tr. dor.

308. Œuvres complètes de M. Bernard. (*Cazin.*) *S. d.* In-18, front. gravé, v. m. tr. dor.

309. La Muse libertine, ou Œuvres posthumes de M. Dorat. *S. l.* 1783. In-8, mar. vert clair, fil. dos orné, tr. dor. (*Hardy.*)

310. Réflexions nocturnes, par M. L. D. L. T. *S. l. n. d.* — Épître sur ma retraite. — La Voix du peuple, poème au sujet de la cherté et de la diminution des grains, par M. N***.

Amsterdam, 1769. — Testament d'une fille d'amour mourante. *Londres,* 1769. — Le Rendez-vous inutile. *Genève,* 1768. — Le Placet, conte. *S. l. n. d.* — Le Voyage de Normandie par les batelets, poème héroï-comique, en 3 chants. *A Mahon et se trouve à Paris, chez Cellot,* 1769. 7 pièces en 1 vol. in-8, mar. cit. fil. dos orné, non rogné. (*Chambolle-Duru.*)

Recueil de pièces non rognées de la bibliothèque de M. de la Bédoyère (2e partie).

311. Odes anacréontiques, Contes en vers, et autres pièces de poésie, suivies de Côme de Médicis, par M. Méro. *Londres (Cazin),* 1781. In-18, portrait gravé par Duponchel, v. marb. tr. dor.

312. Œuvres poétiques, contenant : Épître dédicatoire aux nymphes du Palais-Royal ; les Amusements de Daphné, ou les Journées agréables ; le Bois de Boulogne, poème ; les Deux Circassiennes, ou Lettres de Reski et d'Amidal, anecdote turque. *S. l.* 1771. In-8, mar. vert clair, fil. dos orné, tr. dor. (*Hardy.*)

313. Œuvres du chevalier de Boufflers. *Genève (Cazin),* 1782 In-18, front. gravé, mar. vert, fil. dos orné, tr. dor (*Hardy.*)

314. Opuscules poétiques, par le chevalier de Parny. *A Amsterdam,* 1779. In-8, fig. mar. rouge jans. tr. dor. (*Hardy.*)

315. Œuvres de M. le chevalier de Parny, contenant ses opuscules poétiques. *A l'Isle de Bourbon, chez Lemarié,* 1780, in-8, br.

316. Portefeuille volé, contenant : 1° le Paradis perdu, poème en quatre chants ; 2° les Déguisements de Vénus, tableaux imités du grec ; 3° les Galanteries de la Bible, sermon en vers (par le chevalier de Parny). *Paris, Debray,* 1805. In-12, mar. rouge jans. tr. dor. (*Hardy.*)

317. Œuvres d'Évariste Parny. *Paris, Debray,* 1808. 5 vol. in-12. Les 4 premiers, pap. vélin, le 5e, pap. ordinaire, br.

318. Œuvres de M. le chevalier de Bertin. *Paris, Gattey.* 1791. 2 vol. in-18, fig. v. m. tr. dor.

319. Mon Serre-Tête, ou les Après-soupers d'un petit com-
mis (les Amours de Madelaine, Églé, poèmes, etc., par
Mercier de Compiègne). *A Frivolipolis, chez Moi,* 1788.
In-8, demi-rel. mar. vert clair, fil. n. r. tête dor. (*Hardy.*)

320. Étrennes des Poètes, ou Second Recueil de pièces de
vers, extrait de manuscrits du xviie siècle (par Mérard de
Saint-Just). *A Parme, et se trouve à Paris, chez Lesclapart,* 1777. Pet. in-12, bas. marb.

321. L'Occasion et le Moment, ou les Petits Riens, par un
amateur sans prétention (Mérard de Saint-Just). *A la
Haye, et se trouve à Paris, chez Jombert jeune (impr. de
de Didot),* 1782. 2 vol. in-18, cart. non rogné.

322. Achetez ces étrennes: elles pourront être agréables aux
dames; elles seront utiles à plus d'un poète (par Mérard
de Saint-Just). *Partout et pour tous les temps,* 1786.
in-18, mar. rouge, fil. dos orné, tr. dor. non rogné
(*Hardy*).

Le nom de Mérard de Saint-Just est écrit de sa main sur le titre ainsi
que plusieurs remarques et corrections dans le volume.

323. Œuvres du marquis de Villette, *Londres (Paris),* 1784.
In-18, pap. de Holl. mar. vert, fil. tr. dor. (*Anc. rel.*)

324. Poésies (recueillies par feu l'abbé de la Porte, ou
plutôt composées par Mérard de Saint-Just). *Partout et
pour tous les temps* (1789). In-18, bas. m.

325. Mélanges de vers et de prose, par S. P. Talassa-Aïtei
(Mérard de Saint-Just). *A Hambourg,* 1799. In-12, pap. vél.
mar. vert, fil. dos orné, tr. dor. (*Belz-Niedrée.*)

Tiré à 50 exemplaires.

326. Les Châtiments (par Victor Hugo). *S. l. n. d. (Londres,
impr. de A. Dair,* 1852). In-18, demi-rel. mar. r. dos
orné et coins, non rogné, tête dor. (*Hardy.*)

Édition originale.

327. Insomnies, par J. Arago et Kermel. *Paris, Guillaumin,*
1833. In-8, vignette sur le titre, dessinée par J. Arago,
demi-rel. mar. bl. dos orné, coins, tête dor. non rogné.
(*Belz-Niedrée.*)

328. Les Fleurs du mal, par Ch. Baudelaire. *Paris, Poulet-*

Malassis et de Broise, 1857. In-8, demi-rel. mar. rouge, dos orné, coins, non rogné, tête dor. (*Hardy.*)

Exemplaire non cartonné.

329. Poésies de Prosper Blanchemain. *Paris, Aug. Aubry,* 1866-1875. 5 vol. pet. in-8, br.

h. Poèmes héroïques, héroï-comiques, érotiques, didactiques et badins

330. Alaric, ou Rome vaincue, par M. de Scudéry. *Suivant la copie de Paris, la Haye, Jacob van Ellinckuysen,* 1685. In-12, portr. de la reine Christine et fig., mar. vert jans. tr. dor. (*Niedrée.*)

331. Clovis, ou la France chrestienne, poëme heroïque, enrichy de plusieurs figures, par Desmarests. *Paris, Michel Bobin et Nicolas Legras,* 1666. In-12, fig. de Nic. Cochin, veau brun.

332. L'Entrée de Danton aux enfers, poème inédit, de J.-B. Salle, publié d'après le manuscrit original, par G. Moreau-Chaslon. *Paris, Miard,* 1865. In-12, br.

333. Napoléon en Égypte, Waterloo et le Fils de l'homme, par Barthélemy et Méry, précédés d'une Notice littéraire par M. Tissot, édition illustrée par Horace Vernet et H^{te} Bellangé. *Paris, Er. Bourdin, s. d.* Gr. in-8, fig. sur bois, mar. rouge, fil. dos orné, tr. dor. (*Hardy-Mennil.*)

Exemplaire tiré sur papier de Chine.

334. Jocelyn, épisode ; journal trouvé chez un curé de village, par Lamartine. *Paris, Ch. Gosselin,* 1838. 2 vol. in-18, mar. viol. tr. dor.

335. La Henriade travestie en vers burlesques (par Fougeret de Monthron). *La Haie, Daniel Aillaud,* 1746. Pet. in-8, mar. bl. fil. tr. dor. (*Hardy.*)

Raccommodage au titre.

336. La Pucelle d'Orléans, poème divisé en 22 chants (par Voltaire). *A Paris, aux dépens de la Compagnie,* 1775. 2 tomes en 1 vol. in-12, fig. cart. non rognés.

337. La Pucelle d'Orléans, poème héroï-comique en

18 chants (par M. de Voltaire). *Genève (Paris)*, 1777. In-18, portr., mar. r. tr. dor. (*Anc. rel.*)

338. La Pucelle d'Orléans, poème en 21 chants, avec des notes (par M. de Voltaire). *Londres (Paris, Cazin)*, 1781. 2 vol. in-24, v. éc. tr. dor.

Petites figures de Duplessis-Bertaux en tête de chaque chant.

339. Le Vice puni, ou Cartouche, poème, par Grandval le père. *A Anvers, et se trouve à Paris, chez Laurent Prault,* 1768. In-8, mar. citr. fil. dos orné, tr. dor. (*Hardy.*)

Frontispice et 16 figures d'après Bonnart, gravées par Scotin.

340. La Pucelle de Paris, poëme en douze chants et en vers (par Dubreuil). *Londres,* 1776. In-8, front. dessiné par Desrais, gravé par Deny, mar. bleu, fil. dos orné, tr. dor. (*Hardy.*)

341. Organt, poème en vingt chants (par Saint-Just, le conventionnel). *Au Vatican (Paris, Demonville)*, 1789. 2 vol. in-8, cart. non rognés.

342. Les Victimes du despotisme épiscopal, poème en six chants, par M. R*** (Robbé de Beauveset). *Paris, L.-F. Prault,* 1792. In-8, demi-rel. mar. viol. dos et coins, tr. dor. (*Hardy.*)

C'est le même ouvrage que les *Pucelles d'Orléans.* Orléans, 1791.

343. La Chandelle d'Arras, poème en XVIII chants (par l'abbé Dulaurens). *Paris, Egasse,* 1807. In-8, pap. vélin, 19 figures, demi-rel. mar. vert clair, dos et coins, non rogné, tête dor. (*Hardy.*)

344. Frère Bonaventure et la belle Angélique, marchande de poisson, poème tragi-comique en 8 chants. *Paris,* 1793. In-8, fig. mar. citr. fil. dos orné, tr. dor. (*Hardy.*)

345. Les Amours de Henry et Madeleine, poème en 2 chants, nouvelle édition, augmentée de plusieurs pièces en vers et en prose qui n'ont jamais été imprimées (par Mercier de Compiègne). *Paris, au bureau de la librairie, an III* (1795). In-18, figures, veau bl. fil. dos orné, tr. dor. (*Trautz-Bauzonnet.*)

Exemplaire de M. Cigongne.

346. Laïs et Phriné, poème en quatre chants. *Londres, et se*

trouve à Paris, chez Panckoucke, 1767. In-12, mar. bl. fil. dos orné, tr. dor. (*Capé.*)

Suivant une note de M. P. Lacroix insérée dans le *Bulletin du Bibliophile,* 1859, p. 774, les amours de Mme du Châtelet avec Voltaire et Saint-Lambert auraient fourni le sujet de ce poème.

347. Les Baisers, suivis du Mois de Mai, poème, par Dorat. *Genève,* 1777. In-18, front. gravé, v. m. tr. dor.

348. Les Baisers, précédés du Mois de Mai, par M. Dorat. *Amsterdam, Marc-Michel Rey,* 1784. Pet. in-12, front. gravé, mar. rouge, dos orné, tr. dor.

349. Les Tourterelles de Zelmis, poème en trois chants, par l'auteur de Barnevelt (Dorat). — Le Pot-pourri, épître à qui on voudra, par l'auteur de Zélis au bain (de Pezay). *Paris, Séb. Jorry,* 1764. — Les Dévirgineurs et Combabus, contes en vers, suivis de Floricourt, histoire françoise (par Dorat). *Amsterdam,* 1765. 4 pièces en 1 vol. in-8, pap. fort, front., fig., vignettes et culs-de-lampe d'après Eisen, gravés par Lemire, de Longueil, Alliamet, etc., bas. m.

350. Zélis au bain, poème en quatre chants (par de Pezay). *A Genève (Paris,* 1763). — Lettre d'Alcibiade à Glicère, suivie d'une Lettre de Vénus à Pâris (par le même). *Paris, Séb. Jorry,* 1764. — Lettre de Julie, fille d'Auguste, à Ovide, et Lettre d'Ovide à Julie (par Dorat). *Paris, Bauche,* 1766-1767. — Bagatelles anonymes (par le même). *A Genève,* 1766. 6 pièces en 1 vol. in-8, pap. fort, front., fig. vignettes et culs-de-lampe d'après Eisen, grav. par Lemire, de Longueil, Alliamet, Massard, etc., bas. m.

351. Les Baisers de Zizi, poème (par Castera), suivi de Poésies fugitives. *A Paphos, et se trouve à Paris, chez Royez (Didot),* 1786. — La Messe de Gnide, ouvrage posthume du citoyen Nobody (composé par Labaume). *Paris, marchands de nouveautés, an II.* — La Prière de Céline. *Paris, Dabin,* 1807. 3 pièces en 1 vol. in-18, demi-rel. mar. rouge, dos et coins, non rogné. (*Thouvenin.*)

352. La Chasse, poème, par Charles Perrault. *Paris, Aubry,* 1862. In-8, br.

353. Les Saisons, poème (suivi de Contes et Poésies fugi-

tives par St-Lambert.) *Amsterdam (Paris)*, 1771. In-8,
mar. rouge, fil. tr. dor. (*Armoiries.*)

Cinq figures d'après le Prince et Gravelot, gravées par Saint-Aubin
et autres, et 4 vignettes par Choffard.

354. Les Quatre Parties du jour, poème, trad. de l'allemand
de Zacharie (par Müller, sous le nom de Capitaine). *Paris,
J.-B.-G. Musier,* 1769. In-8, front. 4 figures, 4 vignettes
et 4 culs-de-lampe d'après Eisen, grav. par Baquoy, veau
jaspé.

355. Caquet-Bonbec, ou la Poule à ma tante, poème badin
(par de Jonquières). *S. l.,* 1763. Pet. in-8, mar. citr. dos
orné, fil. tr. dor. (*Capé.*)

356. Caquet-Bonbec ou la Poule à ma tante, poème badin (par
de Jonquières). *S. l. (Paris),* 1785. Pet. in-12, fig. vignettes
et culs-de-lampe d'après Marillier, gravés par Ponce, De-
ghent, de Longueil, etc., v. m. tr. dor.

357. La Dunciade, poème en 10 chants (par Ch. Palissot).
— La Dunciade de Pope au Dr Jonathan Swift. *Londres
(Cazin),* 1781. In-18, portrait, v. marb. tr. dor.

358. Parapilla (poème) et autres œuvres libres de M. B***
(Borde). *Florence (Paris),* 1784. In-18, front. gr. mar.
rouge, dos orné, tr. dor. (*Anc. rel.*)

359. La Capucinière, ou le Bijou enlevé à la course, poème.
Paris, chez les marchands de nouveautés, 1820. In-12,
figures, mar. r. jans. tr. dor. (*Hardy.*)

360. Le Dieu des vents, ou les Aventures d'Éole métamor-
phosé en pet, badinage en vers libres, 27 petits chants,
par un ancien régent de rhétorique. *A la Haye, et se
trouve à Paris et dans les principales villes du royaume,*
1776. In-12, demi-rel. mar. br. dos orné, non rogné.

361. La Chézonomie, ou l'Art de ch..., poème didactique en
4 chants, par Ch. R*** (Charles Rémard). *A Scôropolis, et
se trouve à Paris, chez Merlin,* 1806. In-12, mar. or. non
rogné, fil. dos orné. (*Hardy.*)

Exemplaire en papier vélin et non rogné.

362. Berthe, ou le Pet mémorable, anecdote du IXe siècle,

par L. D. L. (Lombard de Langres). *Paris, Collin,* 1807. In-18, demi-rel. mar. vert clair, dos orné, coins, tr. dor. (*Hardy.*)

c. Fables et contes

363. Les Fables de M. Houdart de la Motte, traduites en vers françois par le P. S. F. (le Poète sans fard, c'est-à-dire Gacon). *Asinus ad Liram. Et se vend au café du Montparnasse, ou à la Source des liqueurs, à la croix du Tiroir.* In-12, titre gravé, mar. rouge jans. tr. dor. (*Hardy.*)

364. Les Plaisirs de l'amour, ou Recueil de contes, histoires et poèmes galans (par la Fontaine, Voltaire, Gresset, Dorat, Borde, etc.). *Chez Apollon, au Mont Parnasse,* 1782. 3 tomes en 1 vol. in-12, pap. vél. fig. br.

365. Œuvres de Vergier, nouvelle édition. *Lausanne, chez Briaconnet,* 1752. 2 vol. in-12, front. et portr. gravé par Fessard, d'après Clavareau, mar. citr. dos orné, tr. dor.

366. Contes nouveaux et Nouvelles nouvelles, en vers (par Pajon). *A Anvers,* 1753. In-8, demi-rel. mar. rouge, dos orné, coins, non rogné, tête dor. (*Niedrée.*)

367. Le Caleçon des Coquettes du jour, conte en vers. *A la Haye,* 1763. In-8, demi-rel. veau fauve, dos et coins. (*Petit.*)

368. Nouveaux Contes en vers et Épigrammes, par M*** (Ganeau). *Genève,* 1765. Pet. in-8, demi-rel. bas.

369. Les Quarts-d'heure d'un joyeux Solitaire, contes (en vers), de M.*** (Sabatier de Castres). *La Haye,* 1766, in-12, br.

370. Le Bijou de société, ou l'Amusement des Grâces (contes en vers). *A Paphos, l'an des plaisirs.* 2 vol. in-12, 100 fig. mar. vert clair, fil. dos orné, tr. dor. (*Hardy.*)

371. Graves Observations sur les bonnes mœurs, faites par le frère Paul, hermite de Paris, dans le cours de ses pèlerinages (suivies de 29 contes en vers, par P. Philippe Gudin). *De l'imprimerie de l'hermite (Paris),* 1779. In-12, demi-rel. bas. tr. jas.

372. Histoire ou Recherches sur l'origine des Contes (suivies
de 79 contes), par Paul Gudin. *Paris, an XI,* 1803. 2 vol.
in-8, demi-rel. mar. vert, dos orné, coins, non rogné,
tête dor. (*Hardy.*)

373. Amusemens, gayetés et frivolités poétiques, par un bon
Picard (La Place). *Londres,* 1782. In-8; v. marb. tr. dor.
(*Lefebvre.*)

374. Les Travaux de Monsieur l'abbé Mouche (par Lantier).
A Londres, 1784. Pet. in-8, demi-rel. mar. noir.

> Contes en vers et en prose.

375. Amusemens d'un Septuagénaire, ou Contes, Anecdotes,
Bons Mots, Naïvetés, mis en vers (par M. de Bologne).
Paris, Poinçot, 1786. In-8, demi-rel. mar. r. dos orné,
coins, non rogné. (*Hardy.*)

376. Le Libertin de bonne compagnie, Recueil (de contes
en vers, anecdotes, etc.), rédigé pour l'instruction de la
jeunesse, par A. T... *Paris, an X* (1801). In-12, demi-rel.
mar. br. dos et coins, non rogné, tête dor. (*Hardy.*)

377. Contes en prose et en vers, suivis de pièces fugitives,
par Lantier. *Paris, F. Buisson, an IX* (1801). 3 vol. in-18,
3 figures de Bornet, demi-rel. mar. rouge, dos orné,
coins, tête dor. non rogné. (*Capé.*)

378. Délassemens du boudoir, recueil de poésies galantes,
dont la plupart n'ont point encore été imprimées. *S. l.*
1790. Pet. in-12, front. gravé, mar. bl. jans. tr. dor.
(*Hardy.*)

> Contes et autres poésies galantes dont un bon nombre ne se rencon-
> tre que dans ce volume.

379. Contes et Poésies, du C. Collier, commandant général
des Croisades du Bas-Rhin. *A Saverne,* 1792. 2 tomes en
1 vol. pet. in-12, figures, mar. rouge, fil. dos orné, tr.
dor. (*Hardy.*)

> Contes en vers très-piquants que l'éditeur attribue malicieusement
> au cardinal de Rohan, célèbre alors à cause du procès du Collier.

380. Contes en vers et quelques pièces fugitives (par l'abbé
Bretin). *Paris, Gueffier jeune,* 1797. Pet. in-8, 6 fig. par
Legrand, mar. rouge, tr. dor.

381. Les Contes en vers et en prose de feu l'abbé Colibri, ou le Soupé (par de Cailhava). *Paris, de l'imprimerie de Didot jeune, an VI.* 2 vol. in-18. pap. vélin, mar. rouge, fil. dos orné, tr. dor. (*Hardy.*)

382. Contes et épigrammes, par le Cit.*** (Gobet). *Paris, vendémiaire an VIII.* — Contes, Fables et Épigrammes, par le Cit.*** (Gobet), *Paris, an IX.* — Contes, Fables et Épigrammes, suivis de M. Feuilleton, scène épisodique, par M***. *Paris, nivôse an XIII* (1805). — Il fallait ça, ou le Barbier optimiste. *S. l.* (*Paris*), *s. d.* (1814). 4 parties en 1 vol. in-18, br.

> Recueil complet des contes et épigrammes de Gobet. Rare.

383. Contes et autres Bagatelles en vers, par S.-P. Mérard Saint-Just. *Paris, l'auteur*, 1800. — La Courtisane d'Athènes, ou la Philosophie des Grâces, par Simon-Pierre Mérard Saint-Just. *Paris, imprimerie de Legros et Cordier*, 1801. 2 parties en 1 vol. in-18, v. vert, tr. dor.

384. Contes et Historiettes érotiques, philosophiques, berniesques et moraux, en vers, par Adrien L.* R.* (Leroux). *Paris*, 1801. In-18, front. gravé, mar. rouge jans. tr. dor. (*Hardy.*)

385. Le Cheveu, précédé du Voyage, conte en vers libres, par un officier de dragons. *Paris, Frechet*, 1808. 2 tomes en 1 vol. in-12, demi-rel. mar. rouge, dos orné. (*Hardy.*)

386. Contes en vers, érotico-philosophiques, par M. D. B. d'Auberval. *Bruxelles, imprimerie de Demanet*, 1818. 2 vol. in-8, br.

387. Les Pantagruéliques, contes du pays Rémois, revus sur la copie originale corrigée, par J.-V. Irbel (M. Liber, de Lille). *Paris, typographie de Panckoucke*, 1854. Petit in-12, mar. citr. mosaïque, petits fers, dos orné, tr. dor. (*Riche reliure de Hardy.*)

> Édition tirée à 100 exemplaires, qui fut entièrement détruite, au moment de la publication, sauf 3 ou 4 exemplaires. Deux nouvelles éditions ont paru depuis, à Turin, chez J. Gay, en 1870 et 1871, l'une tirée à 100 exempl. et l'autre à 280.

d. Odes, épîtres et satires

388. La Reconstruction de l'Église de Sainte-Geneviève,
ode au Roi (par M. Bernard, chanoine de Sainte-Geneviève).
Paris, Chaubert, 1755. Pet. in-4, 12 pp., mar. rouge, fil.
tr. d. gardes de pap. doré. (*Rel. anc.*) ,

> Exemplaire aux armes du Dauphin. De la bibliothèque de M. Double.

389. Les Philippiques, de Lagrange-Chancel, précédées de :
Mémoires pour servir à l'histoire de Lagrange-Chancel et
de son temps, en partie écrits par lui-même, avec des
notes historiques et littéraires, par M. de Lescure. *Paris,
Poulet-Malassis et de Broise,* 1858. In-12, br.

> Exemplaire en papier de Hollande.

390. DORAT. Lettre du lord Velfort à milord Dirton, son
oncle. *Paris, Lesclapart,* 1765. — Lettre de Caïn, après
son crime, à Méhala, son épouse. *Paris, Séb. Jorry,* 1765.
— La Déclamation théâtrale, poème didactique, en trois
chants. *Paris, Séb. Jorry,* 1766. 3 pièces en 1 vol. in-8,
pap. fort, front. fig. vignettes et culs-de-lampe , d'après
Eisen, grav. par Lemire, de Longueil, Alliamet, Simonet,
etc., bas. m.

391. DORAT. Lettre de Barnevelt à Truman, son ami. *Paris,
Séb. Jorry,* 1764. — Lettre du comte de Comminges à sa
mère. *Paris, Séb. Jorry,* 1765. — Lettre de Zeïla à Valcour et réponse de Valcour à Zeïla. *Paris, Séb. Jorry,*
1764-1766. — Lettre de |Valcour à son père. *Paris, Séb.
Jorry,* 1767. 6 pièces en 1 vol. in-8, front., 5 fig., 5 vign.
et 5 culs-de-lampe d'après Eisen, grav. par de Longueil,
Simonet, etc., bas.

392. Lettres ou Héroïdes, de M. Blin de Sainmore.—Lettre
de Biblis à Caunus, son frère. *Paris, Séb. Jorry,* 1765. —
Lettre de Sapho à Phaon. *Paris, Séb. Jorry,* 1766. —
Lettre de Gabrielle d'Estrées à Henri IV. *Paris, Séb. Jorry,*
1766. — Lettre de Jean Calas à sa femme et à ses enfans
Paris, Séb. Jorry, 1767. 4 pièces en 1 vol. in-8, figures
vignettes et culs-de-lampe, d'après Gravelot et Eisen
gravées par de Longueil et Massard, pap. fort, mar. r.
fil. tr. dor. gardes de pap. dor. (*Rel. anc.*)

393. Apologie de mon goût, épître en vers sur l'histoire naturelle (par Félix Nogaret). *Paris, Couturier,* 1771. In-8, mar. rouge, fil. tr. dor. (*Rel. anc.*)

Exempl. aux armes de M. de Sartines, lieutenant général de police, et avec lettre d'envoi autographe de Félix Nogaret à M. de Sartines.

394. Recueil de pièces satiriques, pet. in-8, demi-rel. v. br.

Contenant : 1° Le Manifeste de Noël Léon Morgard, spéculateur ès causes secondes, contenant les affaires et divers accidens de la présente année 1619. *A Paris, chez Nicolas Alexandre,* 1619; — 2° Le Psautier des courtisans. *S. l.,* 1622; — 3° Pasquil satyrique du duc de [***] sur les affaires de France, depuis l'année 1585 jusques en l'année présente, 1623. *S. l.,* 1623; — 4° Les Hypocondriaques de la cour, 1624; — 5° Le Courtisan à la mode selon l'usage de la cour de ce temps. Adressé aux amateurs de la vertu. *A Paris,* 1626.

395. L'Adieu du Plaideur à son argent (en vers). *S. l.* vers 1620. In-8.

396. Les Enluminures du fameux Almanach des PP. Jésuites, intitulé : la Déroute et la Confusion des Jansénistes ou Triomphe de Molina, jésuite, sur saint Augustin (poème en vers libres, par Le Maistre de Sacy). *S. l.* (1654). In-8, mar. br. fil. dos orné, tr. dor. (*Chambolle-Duru.*)

Frontispice d'Abraham Bosse.

397. Le Pain bénit de Monsieur l'abbé de Marigny. 1673. — Réponse au Pain bénit du sieur abbé de Marigny. 1673. 2 pièces en 1 vol, in-12, mar. rouge jans. tr. dor. (*Duru et Chambolle.*)

Exemplaire non rogné.

398. Satyre nouvelle sur les promenades du Cours la Reine, des Thuilleries et de la Porte Saint-Bernard. *Paris, Florentin et Pierre Delaulne,* 1699. In-8, 30 pages, br.

399. Satyres sur les cerceaux, paniers, criardes et manteaux volans des femmes, et sur les autres ajustemens. *Paris, L. Thiboust,* 1727. Pet. in-12, v. jasp.

Bel exemplaire de ce petit volume rare et piquant.

400. Poésies satiriques du dix-huitième siècle (publiées par Sautreau de Marsy). *Londres (Cazin),* 1782. 2 vol. in-18, v. marb.

401. Le Chiffonnier (mélanges satiriques en vers et en prose), par Villiers, auteur des Rapsodies. *Paris, chez tous*

les marchands de chiffons, s. d. Pet. in-12, front. gravé,
demi-rel. mar. vert. (*Niedrée.*)

402. Les Voilà (satires en vers contre Napoléon, les membres
de sa famille et les principaux fonctionnaires de son gouvernement, par M. Leplat du Temple). *A Paris, chez les
marchands de nouveautés,* 1815. 2 parties en 1 vol. in-8,
cart.

e. Poésies gaillardes et burlesques

403. Le Cabinet satyrique, ou Recueil des vers piquans et
gaillards, tirés des cabinets des sieurs de Sigognes, Regnier, Motin, etc. *Au Mont Parnasse, de l'imprimerie de
Messer Apollon, l'année satyrique* (vers 1700). 2 vol. in-12,
veau fauve, fil. tr. dor.

    Exemplaire provenant de la vente Bertin.

404. Le Cabinet satyrique, ou Recueil parfaict des vers
piquans et gaillards de ce temps, tiré des cabinets secrets
des sieurs de Sigogne, Regnier, Motin et autres. *Gand,
Duquesne,* 1859-60. 3 vol. in-12, br.

405. Le Cabinet satyrique, ou Recueil parfaict des vers
piquants et gaillards de ce temps, tiré des secrets cabinets
des sieurs Sygognes, Regnier, Motin, Berthelot, Maynard, etc. *S. l. (Bruxelles), l'an* 1864. 2 vol. in-12, front.
gravé, br.

    Exemplaire sur papier de Chine.

406. Le Parnasse satyrique, du sieur Théophile, avec le
Recueil des plus excellens vers satyriques de ce temps,
nouvelle édition avec glossaire, notices biographiques, etc.
Gand, Duquesne, 1861. 2 vol. in-12, br.

407. La Famine, ou les Putains à cul, par le sieur de la
Valise, chevalier de la Treille. *Paris, Honoré l'Ignoré, à la
fille qui truye,* 1649. Pet. in-4, 4 ff.

    Pièce très-rare et qui fait partie des Mazarinades.

408. L'Occasion perdue recouverte, suivie de poésies gaillardes, par de Cantenac. *S. l. n. d.* (vers 1650). Pet. in-8,
de 24 pp. cart.

    Cette pièce a été attribuée à P. Corneille, mais il paraît certain qu'elle
est de P. Cantenac.

409. L'Élite des nouvelles poésies héroïques et gaillardes de ce tems, enrichies de plusieurs pièces très-jolies, non encore vues. *S. l.* 1699. Pet. in-8, mar. bleu jans. tr. dor. (*Hardy.*)

410. Pièces libres, de M. Ferrand, et poésies de quelques autres auteurs, sur divers sujets. *A Londres, Godwin Harald,* 1744. In-12, dérelié.

411. Pièces libres, de M. Ferrand, et poésies de quelques auteurs, sur divers sujets. *A Londres,* 1747. In-8, demi-rel. mar. br. non rogné.

412. Œuvres badines de Grécourt. *Paris,* 1832. In-18, titre gravé, portrait, demi-rel. mar. r. dos orné et coins, non rogné. (*Petit.*)

413. Œuvres choisies de Grécourt. *Paris, Paulin,* 1833. In-8, figures, demi-rel. mar. rouge, dos orné, coins, non rogné, tête dor. (*David.*)

414. Nouvelle élite des poésies héroïques et gaillardes de ce temps, augmentées de plusieurs manuscrits, non encore vus. *A Utrecht, chez George de Backer,* 1737, in-12, cart.

415. Poésies badines et galantes (par Masson). *Londres, et se trouve à Paris, chez L. Ch. d'Houry,* 1757. — Recueil de traductions en vers françois, contenant le poème de Pétrone, deux épîtres d'Ovide et le Pervigilium Veneris, avec des remarques par M. le président Bouhier. *Paris, par la Compagnie des libraires,* 1738. 2 parties en 1 vol. in-12, mar. vert, fil. dos orné, tr. dor. (*Capé.*)

416. Le Joujou des Messieurs, ou Recueil d'Épigrammes galantes. *Lampsaque,* 1764. 3 parties en 1 vol. in-12, br.

417. Les Sultanes nocturnes et ambulantes de la ville de Paris contre les reverbères. *A la Petite Vertu,* 1768. br. in-8. — Complainte des filles auxquelles on vient d'interdire l'entrée des Thuileries à la brune (*sic*), br. in-8. — Testament d'une fille d'amour mourante. *Londres,* 1769. Br. in-8. — Brevet d'apprentissage d'une fille de modes. *A Amatonte,* 1769. Br. in-8. — Les Coeffeurs des Dames, contre ceux des Messieurs. *Paris,* 1769. Br. in-8.

418. Les Muses du foyer de l'Opéra, choix des poésies libres,

galantes, satiriques et autres, les plus agréables qui ont circulé depuis quelques années dans les sociétés galantes de Paris. *Au caffé du Caveau,* 1783. In-8, cart. non rogné.

419. Le Cabinet de Lampsaque, ou Choix d'épigrammes érotiques des plus célèbres poètes françois. *Paphos,* 1784. Pet. in-12, figures (101), v. marb.

420. Momus redivivus, ou les Saturnales françaises, Biblia jovialis ad usum compagnonorum adhuc ridentium. *Lutilopolis, de l'imprimerie du libraire auteur* (Mercier de Compiègne), 2496 (1796). — La Calotine, ou la Tentation de saint Antoine, poème épi-cyni-satyri-héroy-comique et burlesque, en sept chants et en vers libres. *A Memphis,* 5800. 3 tom. en 1 vol. in-18, v. fauve.

421. Œuvres badines de Robbé de Beauveset. *Londres,* 1801. 2 vol. in-18, front. gravé, br.

422. Rome, Paris et Madrid ridicules (par Saint-Amand, Cl. Petit et Bienville), avec des remarques historiques, et un Recueil de pièces choisies, par M. de B*** (Blainville). *Paris, Pierre le Grand (Amsterdam),* 1713. In-12, front. gravé, mar. bl. non rogné. (*Thompson.*)

> Le *Paris ridicule,* de Cl. Le Petit, qui se trouve ici offre des différences considérables avec la première édition publiée sous le titre de *Chronique scandaleuse, ou Paris ridicule. Cologne, P. de la Place,* 1668. Le nouvel éditeur dit que son édition a été corrigée sur un véritable manuscrit de l'auteur, trouvé parmi ses papiers après sa mort.

423. La Défense du pet, pour le galant du carnaval, par le sieur S. And. *Paris,* 1652. In-4, de 8 pp.

> Facétie en vers.

424. L'Ovide bouffon, ou les Métamorphoses burlesques (par L. Richer). *A Paris, chez Estienne Loyson,* 1659. 5 livres en 1 vol. in-12, front. gravé, dérelié.

425. L'Ovide bouffon, ou les Métamorphoses travesties en vers burlesques (par L. Richer). *A Paris, chez Estienne Loyson,* 1662. In-12, front. gravé, vel. bl.

426. Description de la ville d'Amsterdam, en vers burlesques, selon la visite de six jours d'une semaine, par Pierre le Jolle. *A Amsterdam, chez Jacques le Curieux,* 1666. Pet. in-12, front. gravé, mar. vert, fil. dos orné, tr. dor. (*Hardy.*)

427. Le Faut-mourir et les excuses inutiles qu'on apporte à cette nécessité, le tout en vers burlesques, par M. Jacques Jacques. *A Bourdeaux, par J. Mongiron Millanges*, 1669. 2 parties en 1 vol. in-12, mar. rouge, fil. dos orné, tr. dor. (*Hardy.*)

La plus rare des éditions de ce poème burlesque.

428. Le Faut-mourir et les excuses inutiles qu'on apporte à cette nécessité, par M. Jacques Jacques, augmenté de l'Avocat nouvellement marié..... Le tout en vers burlesques. *A Lyon, chez Jacques Canier*, 1684. In-12, front. gravé, mar. vert jans. tr. dor. (*Duru.*)

429. Histoire des amours et des infortunes d'Abélard et d'Héloïse, mise en vers satiri-comi-burlesques, par M.****** (Armand). *A Cologne, chez P. Marteau*, 1724. In-12, front. gravé, mar. cit. fil. dos orné. (*Hardy-Mennil.*)

Exemplaire non rogné.

430. Cantiques nouveaux de saint Charles Borromée et de sainte Catherine d'Alexandrie, tirés d'un manuscrit. *A l'Isle Sonnante, chez Michel Couplet*, 1779. In-8, 23 pages, mar. rouge, tr. dor. (*Bozérian.*)

Ces cantiques sont en vers burlesques mêlés de prose.

431. Trois Éoliennes, par une société de gens de lettres, avec la musique du chant éolien. *Paris*, 1825. In-8, demi-rel. mar. citr. dos et coins, non rogné, tr. dor. (*Hardy.*)

432. Poésies badines. L'Art d'être heureux, ou l'Origine de la gale et l'origine de la chaufferette. *Paris, Delaunay*, 1817. In-8, fig., demi-rel. mar. v. dos orné et coins, non rogné, tête dor. (*Hardy.*)

f. Chansons

433. Le Chansonnier du bon vieux temps, ou Recueil choisi de romances et vaudevilles publiés pendant les XVe, XVIe, XVIIe siècles et une grande partie du XVIIIe. *A Paris, chez Delaunay*, 1809-10. 2 vol. in-12, front. gravé, br.

434. Chants et Chansons populaires de la France. *Paris, Delloye*, 1843. 3 vol. gr. in-8, demi-rel. mar. r. non rogné.

435. Recueil de Chansons depuis 1600 jusqu'en 1742. 2 vol. in-4, demi-rel. v. f. non rognés.

Recueil manuscrit d'une bonne écriture du milieu du xviii° siècle. Une main plus moderne y a ajouté quantité de notes historiques présentant en quelque sorte la clef de toutes ces chansons, rondeaux, etc., qui presque toutes sont satiriques, politiques ou gaillardes.

436. Poésies variées de M. de Coulanges, divisées en quatre livres. *A Paris, chez la V^{ce} Cailleau,* 1753. In-12, titre gravé d'après Eisen, mar. vert clair, fil. dos orné, tr. dor. (*Duru et Chambolle.*)

Exemplaire presque non rogné.

437. Desserts de petits soupers agréables, dérobés au chevalier du Pélican, auteur du déjeuner de la Râpée, poème gaillardi-poissardi-marino-ironi-comique (par de Lécluse ou Vadé). *De l'imprimerie de la Joye,* 1755. In-8, mar. citr. fil. dos orné, tr. dor. (*Hardy.*)

438. Recueil de Chansons nouvelles par différens autheurs, où l'on trouve un grand nombre de licences poétiques, sans préface, épître dédicatoire ni errata. *S. l.,* 1758. In-8, mar. citr. fil. dos orné, tr. dor. (*Capé.*)

Recueil curieux de chansons satiriques contre quelques personnes de la cour du roi (Louis XV).

439. Chansons joyeuses, mises au jour par un ane-onyme-onissime (Collé). *A Londres, à Paris et à Ispahan seulement, de l'imprimerie de l'Académie de Troyes,* VXL.CCD.M. (1745). In-8, br.

440. Les Intrigues de la capitale (Rec. de chansons). *Paris, Jubert, doreur, s. d.* In-24, fig. coloriées, mar. r.

441. Ésope en belle humeur, ou Fables d'Ésope en vaudevilles. *Paris, Batilliot, s. d.* In-18, mar. orange, fil. large dentelle, dos orné, tr. dor. (*David.*)

Frontispice et 60 gravures par Augustin Legrand, imprimées en rouge.

442. Chansons choisies, avec les airs notés. *Londres (Paris, Cazin),* 1783-1785. 6 vol. in-18, v. m. tr. dor.

443. Chansons madécasses, traduites en françois et suivies de poésies fugitives, par M. le chevalier de P.... (Parny). *Londres, et se trouve à Paris, chez Hardouin et Gattey,* 1787. Pet. in-12, pap. fort, mar. rouge, fil. dos orné, tr. dor. (*Capé.*)

3. *Poètes italiens, anglais et allemands.*

444. Jérusalem délivrée, poème du Tasse, nouvelle traduction. *Londres (Cazin)*, 1780. 2 vol. in-18, front. gravé, v. m. tr. dor.

445. Nouvelles galantes et critiques, par B......i (Batacchi de Livourne), traduites de l'italien par un académicien des Arcades de Rome (Louet de Chaumont, avocat). *Paris, Bertrandet, an XII* (1803). 4 vol. in-18, figures, mar. r. fil. dos orné, tr. dor. (*Hardy.*)

446. Illustrations to popular Songs, by Henry Alken. *London, Thomas M. Lean*, 1826. In-4, fig. col. demi-rel. mar. rouge, dos orné, coins, non rogné, tête dor. (*Hardy.*)

447. Divers poèmes imités de l'anglois (par madame de la Borde). — Pyrame et Thisbé, scène lyrique, par M. Delarive. *Paris, Didot l'aîné*, 1785. In-18, mar. rouge, fil. dos orné, tr. dor. (*Anc. rel.*)

448. La Mort d'Abel, poème en 5 chants, traduit de l'allemand, de M. Gessner, par M. Huber. *Londres (Cazin)*, 1785. in-18, front. gravé, v. m. tr. dor.

449. La Morte d'Abelle, poema tedesco del sig. Gessner, tradotto dal sig. Abate Mugnozzi. *In Parigi, Alessandro Jombert*, 1782. In-12, mar. rouge, fil. dos orné, tr. dor. (*Aux armes du duc de Choiseul.*)

450. Les Grâces, imitation de l'allemand, de Wieland, par d'Ussieux. *A Londres, et se trouve à Paris, chez Fetil,* 1771. In-8, mar. r. fil. dos orné, tr. dor. (*Capé.*)

451. Wilhelmine, poème héroï-comique, traduit de l'allemand, de M. de Thümmel, par M. Huber. *A Leipzig, chez les héritiers de Weidman et Reich*, 1769. Pet. in-8, demi-rel. bas.

  Frontispice, figures, vignettes et culs-de-lampe.

III. POÉSIE DRAMATIQUE

Introduction — Théâtre français ancien et moderne

452. Les Souvenirs et les Regrets du vieil amateur dramatique, ou Lettres d'un oncle à son neveu sur l'ancien

théâtre français (par A. Arnault). *Paris, Ch. Froment,*
1829. In-8, fig. color. demi-rel. mar. bl. dos orné, coins,
non rogné, tête dor. (*Hardy.*)

453. Le Vol plus haut, ou l'Espion des principaux théâtres
de la capitale, contenant une histoire abrégée des acteurs
et actrices de ces mêmes théâtres (par Dumont, comédien).
A Memphis (Paris), chez Sincère, 1784. In-8, cart.

454. Le Désœuvré, ou l'Espion du boulevard du Temple
(par Mayeur de Saint-Paul). *Londres,* 1781. In-8, cart.

455. Le Chroniqueur désœuvré, ou l'Espion du boulevard
du Temple, contenant les annales scandaleuses et véri-
diques des directeurs, acteurs et saltimbanques du boulevard (par Mayeur de Saint-Paul). *Londres,* 1782. 2 tomes
en 1 vol. in-8, cart.

456. Les Spectacles de Paris, ou Calendrier historique et
chronologique des théâtres pour l'année 1782. *Paris,*
Vve Duchesne, 1782. In-24. demi-rel. veau fauve. — Les
Spectacles de Paris, etc., pour l'année 1789. *Paris,*
Vve Duchesne, 1789. In-24, mar. rouge, fil. tr. dor. (*Anc.*
rel.)

457. Les Spectacles de Paris, ou Calendrier historique et
chronologique des théâtres pour l'année 1785. *Paris,*
Vve Duchesne. — Almanach royal, année 1785. *Paris,*
d'Houry.—Étrennes mignonnes, curieuses et utiles, pour
l'année 1785. *Paris, Crapart,* 1785. 3 part. en 1 vol. in-18,
mar. r. fil. tr. dor. (*Anc rel.*)

458. Le Rideau levé, ou Petite Revue des grands théâtres
(par M. de Sevelinges). *Paris, Maradan,* 1818. In-8, demi-
rel. mar. rouge. (*Hardy.*)

459. La Rampe et les Coulisses, esquisses biographiques
des directeurs, acteurs et actrices de tous les théâtres, par
Léonard de Géréon. *Paris,* 1832. In-8, demi-rel. mar
rouge. (*Hardy.*)

---

460. La Guerre et le Débat entre les membres et le ventre :
c'est assavoir, la langue, les yeulx, les oreilles, le nez,
les mains, les piedz, qu'ilz ne veullent plus rien bailler ne
administrer au ventre, et cessent chacun de besongner.

*On les vend à Paris en la rue neufve Nostre Dame, à l'en-
seigne Sainct-Nicolas.* In-4, cart. non rogné.

Réimpression publiée par la Société des bibliophiles français, en 1835,
et tirée à 30 exemplaires en grand papier vélin fort.

461. Le Mystère de Grisélidis, marquise de Saluces, par
personnages (au nombre de 35). *S. l. n. d.* Pet. in-4
gothique à 2 colonnes, mar. rouge, dentelle, doublé de
tabis, tr. dor. *(Bradel-Derome.)*

Copie figurée sur vélin, exécutée par F. F. Fyot, provenant de la vente
Soleinne.

462. Répertoire du Théâtre françois, ou Recueil des tragédies et comédies restées au theâtre depuis Rotrou, avec
des notices sur chaque auteur, par Petitot. *Paris, Didot
l'aîné,* 1803-1804. 23 vol. in-8, pap. vél. fig. avant la
lettre, v. marbré, tr. dor.

463. Le Matois Mary, ou la Courtizanne attrapée, comédie
en prose, imitée d'un livre espagnol (d'Al. Ger. de Salas
Barbadillo) et appropriée aux pratiques de Paris. *A Paris,
chez Pierre Billaine,* 1634. In-8, mar. r. fil. dos orné, tr.
dor. *(Duru et Chambolle.)*

464. Les Galantes vertueuses, histoire véritable et arrivée
de ce temps pendant le siège de Thurin, tragi-comédie
(en 5 actes, par des Fontaines). *En Avignon, J. Piot,* 1642.
Pet. in-12, mar. rouge, doublé de mar. vert, fil. tr. dor.
(Thouvenin.)

Charmant exemplaire d'une pièce fort rare, provenant de la bibliothèque Soleinne.

465. Recueil de comédies de (Ant. Le Metel) d'Ouville
(l'Esprit follet; les Fausses Véritez; l'Absent chez soi;
la Dame suivante; la Coiffeuse à la mode). *Paris, Toussainct Quinet,* 1642-1647. 5 pièces en 1 vol. in-4, demi-
rel. v. fauve.

Éditions originales. Exemplaires non rognés.

466. Les Œuvres de M. de Molière, nouvelle édition, augmentée d'une nouvelle Vie de l'auteur (par Bruzen de la
Martinière) et de la Princesse d'Elide (en vers). *Amsterdam, Wetstein,* 1725. 4 vol. pet. in-12, front. gravé, portrait et figures, v. br.

467. Galerie historique des portraits des comédiens de la troupe de Molière, gravés à l'eau-forte, sur des documents authentiques, par Frédéric Hillemacher, avec des détails , biographiques succincts relatifs à chacun d'eux. *Lyon, imprimerie de Louis Perrin,* 1858. In-8, mar. rouge, fil. dos orné, tr. dor. (*Hardy.*)

> Tiré à 106 exemplaires. Celui-ci porte le n° 12, et cette mention : « Offert à Monsieur Niel par l'auteur. »

468. Entretien sur les tragédies de ce temps (par l'abbé de Villiers). *Jouxte la copie à Paris, chez Estienne Michallet* (*Holl., à la Sphère*). 1676. In-12, mar. rouge jans. tr. dor. (*Hardy.*)

469. Œuvres de Regnard, nouvelle édition, revue, corrigée et conforme à la représentation. *Paris, Maradan,* 1790. 4 vol. in-8, portr., fig. de Borel et Monsiau, v. marbré, fil. tr. dor.

470. Les Souffleurs, comédie (par Chillac). *Paris, Vve Ch. Coignard,* 1694. In-12, vél. bl.

471. La Loterie de Scapin, comédie en III actes. *A Lyon, chez Antoine Briasson,* 1694. In-12, dérelié.

472. Le Théâtre de Monsieur de La Grange. *Amsterdam, Jacques Desbordes,* 1709. In-12, mar. rouge, figures, dos orné, non rogné. (*Belz-Niedrée.*)

473. La Kermesse, ou Foire d'Utrecht, comédie, par M. R*** jouée au Congrès d'Utrecht, le 23 juillet 1712. *A Utrecht, chez Nicolas Chevalier,* 1712. Pet. in-8, mar. rouge, fil. dos orné, tr. dor. (*Hardy.*)

474. La Satyre des Satyres, comédie. *Suivant la copie de Paris, à Amsterdam, chez Duvillard et Changuion,* 1721. Pet. in-12, mar. citr. fil. dos orné. (*Chambolle-Duru.*)

> Exemplaire non rogné.

475. Marie Stuart, reine d'Écosse, tragédie (par Fr. Tronchin, de Genève). *Utrecht, Étienne Neaulme,* 1735. — Sabinus et Éponine, tragédie, par M. Richer. *Utrecht, Étienne Neaulme,* 1735. 2 parties en 1 vol. in-12, vél. bl.

476. On ne s'y attendait pas, comédie-proverbe (par Laus

de Boissy). *Londres et Paris, chez Prault*, 1773. 2 vol. in-12, demi-rel. mar. noir.

477. Le Barbier de Séville, ou la Précaution inutile, comédie en quatre actes, par M. de Beaumarchais. *A Paris, chez Ruault,* 1776. In-8, br.

478. Théâtre complet de M. Mercier. *A Amsterdam, chez Barthélemy Ulam,* 1778-1784. 4 vol. in-8, mar. rouge, fil. dos orné, tr. dor. (*Capé.*)

Jolies figures gravées par Fritzschius.

479. Charles II, roi d'Angleterre, en certain lieu, comédie très-morale, en cinq actes très-courts, dédiée aux jeunes princes, etc., par un disciple de Pythagore (par Mercier). *A Venise (Paris),* 1789. In-8, cart. non rogné.

480. Le Fou raisonnable, ou l'Anglois, comédie, par un anonyme. *Paris, Bastien,* 1781. In-8, mar. rouge, fil. dos orné, tr. dor. (*Belz-Niedrée.*)

481. Jérôme Pointu, comédie en un acte et en prose (par Robineau dit de Beaunoir). *Paris, Cailleau,* 1781. In-8, mar. rouge, fil. dos orné, tr. dor. (*Belz-Niedrée.*)

482. Les Œuvres du sieur Hadoux, maistre de danse à la Haye, commentées, expliquées et rendues intelligibles (le Dragon vert, comédie; le Petit Cabaret, comédie; ariettes et chansons), enrichies du portrait de l'auteur, et autres pièces intéressantes, par André Rhiba d'Acunenga (Brahin du Cange). *A Criticopolis,* 10101 (1783). In-8, br.

483. Charlotte Corday, ou la Judith moderne, tragédie en 3 actes et en vers. *Caen, de l'imprimerie des nouveautés,* 1797. Pet. in-12, portrait, mar. rouge, fil. dos orné, tr. dor. (*Hardy.*)

484. Charlotte Corday, tragédie en cinq actes et en vers, par J.-B. Salles, député girondin, publiée pour la première fois d'après le manuscrit original, avec une lettre de Barbaroux, par M. Georges Moreau-Chaslon. *Paris, Miard,* 1864. In-4, br.

Exemplaire en grand papier.

485. Toussaint Louverture, poème dramatique, par A. de

Lamartine. *Paris, Michel Lévy,* 1850. In-8, demi-rel. mar. rouge, dos et coins, tête dor. non rogné. (*Belz-Niedrée.*)

486. Les Faux Ménages, comédie en quatre actes, en vers, par Édouard Pailleron. *Paris, Michel Lévy frères,* 1869, in-8, mar. or. dos orné, coins, tête dor. non rogné. (*Belz-Niedrée.*)

487. Séraphine, comédie en cinq actes, par Victorien Sardou. *Paris, Michel Lévy frères,* 1869. In-8, demi-rel. mar. orange, dos orné, coins, tête dor. non rogné. (*Belz-Niedrée.*)

488. (QUINAULT.) Amadis, tragédie en musique, représentée par l'Académie royale de Musique. *Paris, Christ. [Ballard,* 1684. — Armide, tragédie en musique, représentée par l'Académie royale de Musique. *Paris, Christ. Ballard,* 1686. Front. gravé, par Berin. — Roland, tragédie en musique, représentée devant Sa Majesté, à Versailles, le huitième janvier 1685. *Paris, Christ. Ballard,* 1685. Front. gravé, par Berin. — Le Temple de la Paix, ballet dansé devant Sa Majesté, à Fontainebleau, en octobre 1685. *Paris, Christ. Ballard,* 1685. Front. gravé par Berin, 4 vol. in-4, v. br.

Éditions originales.

489. Bergeries, par M. (Sylvain) Maréchal. *Paris, Gauquery,* 1770. Iu-12, mar. vert clair, fil. dos orné, tr. dor. (*Capé.*)

490. Mémoires pour servir à l'histoire des spectacles de la Foire, par un acteur forain (les frères Parfaict). *A Paris, chez Briasson,* 1743. 2 vol. in-12, front. gravé, v. marb.

491. Masques et Bouffons (comédie italienne), texte et dessins, par Maurice Sand, gravés par Manceau. *Paris, Michel Lévy,* 1860. 2 vol. in-8, fig. col. demi-rel. mar. rouge, dos orné, coins, non rognés, tête dor. (*Hardy.*)

492. La Pompe funèbre d'Arlequin (Evariste Gherardi), mort le dernier jour d'aoust 1700. *Paris, Jean Musier,* 1701. In-12 de 51 pages, mar. rouge, fil. dos orné, tr. dor. (*Capé.*)

493. Théâtre choisi de G. (Guilbert) de Pixerécourt, précédé d'une introduction par Ch. Nodier. *Paris, Tresse,* 1841. 4 vol. in-8, portr., mar. rouge, fil. dos orné, tr. dor. (*Capé.*)

494. Recueil de comédies, parades, parodies, vaudevilles, etc. 27 pièces, in-8. br.

Savoir : Agnès de Chaillot, parodie d'Inès de Castro, en un acte et en vers, par MM. Legrand et Dominique. *Dijon, Defay fils,* 1777. — L'Ambigu tragique, parodie en un acte et en vers. *Lille, D.-S. Lalau, s. d.* — Arlequin afficheur, comédie-parade, en un acte, en prose, par MM. Radet, Desfontaines et Barré. *Paris, Brunet,* 1792. — Arlequin Hulla, comédie en un acte. *Paris,* 1767. — Cadet Roussel Procida, ou la Cloche du dîner, parodie en un acte et en vers, des Vêpres siciliennes, par MM. Dupin et Carmouche. *Paris, Barba,* 1819. — Canardin, ou les Amours du quai de la Volaille, comédie du gros genre, en 2 actes, en prose, mêlée de chants et de danses, avec un divertissement. *Paris, an IX.* — Carmagnole et Guillot Gorju, tragédie pour rire, par MM. Dorvigny et Dancourt. *Amsterdam, et se trouve à Paris, Cailleau,* 1782. — Cassandre aubergiste, parade, par l'auteur de Gilles garçon peintre. *Londres,* 1765. — Cassandre huissier, comédie-parade, en un acte, mêlée de vaudevilles, par MM. Henrion et M... *Paris, Barba, an XI,* 1803. — Cassandre mécanicien, ou le Bateau volant, comédie-parade, en un acte et en vaudevilles. *Paris, Brunet,* 1783. — Cassandre tout seul, vaudeville en un acte, par J.-B. Dubois. *Paris, Fages, an IX,* 1801. — Charlatan, ou le Docteur Sacroton, comédie-parade en un acte, en prose. *La Haye, et se trouve à Paris, V° Ballard,* 1780. — Le Chirurgien anglais, parade, par M***. *Londres et Paris, V° Duchesne,* 1774. — Cri-cri, ou le Mitron de la rue de l'Oursine, folie grivoise, en un acte et en vaudevilles, par MM. Armand Gouffé et George Duval. *Paris, Barba, an XI,* 1803. — Les Deux Martines, ou le Procureur dupé, comédie-parade, en un acte et en prose, par M. D*** du M***. *Paris, Cailleau,* 1786. — Gilles ravisseur, comédie-parade. *Paris, Bastien,* 1782. — Gilles tout seul, vaudeville en un acte, par les citoyens Bizet et Simonnot. *Paris, Barba, an VII.* — La Littérature renversée, ou l'Art de faire des pièces de théâtre sans paroles, ouvrage utile aux poëtes dramatiques de nos jours. *Berne, et à Paris,* 1775. — Médard fils de Gros-Jean, parodie d'Oscar fils d'Ossian, en deux actes, prose et vaudevilles, par Armand Gouffé et Rouhier-Deschamps. *Paris, citoyenne Toubou,* 1796. — Monsieur de Croustignac, ou la Pantomime à Alger, mélo-comédie-folie, en trois actes, en prose, par MM. Hinaux et Gindre. *Paris, Fages, an XI,* 1803. — Papirius, ou les Femmes comme elles étaient, parade historique en un acte, mêlée de vaudevilles, par les CC. Gersin et Vieillard. *Paris, Barba, an IX,* 1801. — Le Parachute, comédie-parade en un acte et en prose, mêlée de vaudevilles, par Hector Chaussier et Hapdé. *Paris, Fages, an VI.* — Parchemin, ou le Greffier de Vaugirard, vaudeville burlesque en un acte, par Georges Duval. *Paris, Barba, an X,* 1802. — Le Procès du Chat, ou le Savetier arbitre, en un acte, mêlé de vaudevilles, par Messieurs D... T... *Paris, Philippe-Denis Langlois,* 1767. — Le Tremblement de terre de Lisbonne, tragédie en cinq actes, par M. André, maître perruquier. *Lisbonne, de l'imprimerie du public,* 1755. — La Veuve de Cancale, parodie de la Veuve du Malabar, en trois actes et en vers, par M. Pariseau. *Paris, Vente,* 1780. — Le Valet rusé, ou Arlequin muet, comédie-parade en un acte et en prose, par M. V. L. G. *Paris, Cailleau,* 1786.

495. Théâtre de Campagne, ou Recueil de parades les plus amusantes, propres au délassement de l'esprit, jouées sur

des théâtres bourgeois. *A Nugopolis, et se trouve à Paris, chez la Vve Duchesne,* 1767. In-8, br.

> Contenant : la Mort de Bucéphale ; le Pot de chambre cassé ; les Deux Biscuits ; Sirop au cul, ou l'Heureuse Délivrance ; Madame Engueule, ou les Accords poissards ; l'Eunuque, ou la Fidèle Infidélité ; Agathe, ou la Chaste Princesse.

496. Théâtre burlesque, choix de tragédies et de comédies facétieuses. *Paris, Langlois,* 1840, 2 vol. in-32, br.

497. Théâtre lyonnais de Guignol, publié pour la première fois avec une introduction et des notes. *Lyon, N. Scheuring,* 1865. In-8, front. gravé, br.

498. La Passion de N.-S. Jésus-Christ, tragédie en trois actes et en vaudevilles, à grand spectacle et terminée par une pluie de feu. *A Jérusalem, de l'Imprimerie des Israélites,* an.... In-18, front. gravé, mar. rouge jans. tr. dor. (*Hardy.*)

499. Les Bas-fonds de la société, par Henry Monnier. *Paris, Jules Claye,* 1862. In-8, pap. de Holl. mar. brun jans. tr. dor. (*Hardy.*)

> Tiré à 200 exemplaires, celui-ci porte le n° 116.

---

500. Il Pastor fido, tragicomedia del cavalier Giovan Battista Guarini. *Londra,* 1778. In-12, titre gravé, portrait et fig. mar. vert, fil. dos orné, tr. dor.

501. La Célestine, ou Histoire tragi-comique de Caliste et Melibée, composée en espagnol par le bachelier Fernand Rojas, et traduite de nouveau en françois. *A Rouen, chez Charles Osmont,* 1633. In-8, mar. brun jans. tr. dor. (*Hardy.*)

IV. APOLOGUES

502. Les Fables d'Ésope Phrygien, avec des réflexions morales, par J. Baudoin. *Bruxelles, François Foppens, s. d.* Pet. in-8, front. gravé, fig. sur bois, mar. or, fil. dos orné, tr. dor. (*Trautz-Bauzonnet.*)

503. Les Fables de Pilpay, philosophe indien (trad. par Ant.

Galland). *Paris, Pierre de Laulne,* 1725. In-12. mar. rouge,
fil. tr. dor. (*Derome.*)

Très-joli exemplaire.

504. Les Contes et Fables indiennes de Bidpaï et de Lokman,
traduits d'Ali Tehebeli Bensaleh, auteur turc, par M. Galland. *A Paris, chez Jacques Ribou et Cavelier,* 1724. 2 vol.
in-12, figures, mar. vert, fil. dos orné, tr. dor. (*Hardy.*)

505. Fables et Contes indiens nouvellement traduits, avec
un discours préliminaire, par L. Langlès. *Paris, Royez,*
1790. In-8, pap. de Hollande, demi-rel. veau vert, n. r.

V. ROMANS ET CONTES

Introduction

505 *bis.* Dictionnaire des romans anciens et modernes, méthode pour lire les romans (par Marc). *Paris, Marc et Pigoreau,* 1809. In-8, demi-rel. mar. rouge, n. r.

1. *Romans grecs et latins*

506. Les Amours pastorales de Daphnis et Chloé (trad. du
grec de Longus, par J. Amyot). *S. l. (Paris, Coustelier),*
1745. Pet. in-8, fig. de J. Scotin, mar. rouge, fil. tr. dor.
(*Anc. rel.*)

507. Les Amours d'Ismène et d'Isménias, suivis de ceux
d'Abrocome et d'Anthia. *Genève,* 1782. In-18, front.
gravé, v. m. tr. dor.

508. Pétrone, traduction nouvelle, avec des observations.
A Cologne, chez Pierre Marteau, 1687. Pet. in-12, mar. r.
fil. dos orné, tr. dor. (*Chambolle-Duru.*)

509. Histoire secrète de Néron, ou le Festin de Trimalcion,
traduit de Pétrone, par Lavaur. *Paris, Estienne Ganeau,*
1726. 2 tomes en 1 vol. in-12, v. br.

510. Satyre de Pétrone, (trad.) par M. de Boispréaux (du
Jardin). *La Haye, Jean Neaulme (Paris),* 1742. 2 tomes
en 1 vol. pet. in-8,, veau fauve. (*Anc. rel.*)

Exemplaire aux armes du duc de Luxembourg.

511. Satyre de Pétrone, (trad.) par M. Boispréaux (du
Jardin). *Paris, Volland, an IV.* 2 tomes en 1 vol. in-18,
demi-rel. mar. viol.

2. — *Romans français*

A. Romans de chevalerie

512. La Bibliothèque bleue, entièrement refondue et considérablement augmentée. *A Liège, chez F.-J. Desoer, 1787.* 3 vol. in-12, mar. bl. jans. tr. dor. (*Capé.*)

> Contenant: Hist. de Pierre de Provence et de la belle Maguelone; Hist. de Robert le Diable, duc de Normandie; Hist. de Richard sans Peur, son fils; Hist. de Fortunatus et celle de ses enfants; Hist. de Jean de Calais; les Quatre fils d'Aymon, hist. héroïque.

513. L'Histoire de Palanus, comte de Lyon, mise en lumière jouxte le manuscrit de la bibliothèque de l'Arsenal, par Alfred de Terrebasse. *Lyon, Louis Perrin, 1833.* In-8, grand papier de Holl., mar. rouge jans. tr. dor. (*Hardy.*)

514. Histoire des nobles prouesses et vaillances de Gallien Restauré. *Troyes, Jean Garnier, s. d.* In-4, demi-rel. mar. rouge, dos et coins. (*Petit.*)

515. Histoire de Jean de Paris, roi de France. *A Troyes, chez J.-A. Garnier, s. d.* (1738). In-8, mar. bleu jans. tr. dor. (*Belz-Niedrée.*)

516. Histoire de Tristan de Léonois et de la reine Yseult, par Tressan. *Paris, Déterville, an VII.* 2 tomes en 1 vol. gr. in-18, pap. vélin, 5 figures gravées par Godefroy, d'après Berthon, mar. vert, fil. dos orné, tr. dor. (*Hardy.*)

517. Histoire du Petit Jehan de Saintré et de la Dame des Belles Cousines, extraicte de la vieille chronique de ce nom, par M. de Tressan. *Paris, Didot jeune (P.-Fr.), 1791.* In-18, pap. vélin, fig. de Moreau, mar. r. dent. tr. dor.

518. Chroniques françoises de Jacques Gondar, publiées par F. Michel, suivies de Recherches sur le style des Chroniques françoises du moyen âge, par Ch. Nodier. *Paris, Louis Janet, s. d.* Pet. in-8, mar. r. milieu doré, dos orné, tr. dor. (*Hardy.*)

> Exemplaire unique, dont toutes les initiales ont été coloriées avec le plus grand soin d'après les manuscrits, et qui contient les quatre dessins originaux faits par Colin pour les figures exécutées dans ce petit livre.

519. Le Livre du très-chevalereux comte d'Artois et de sa femme, fille du comte de Boulogne, publié d'après les manuscrits et pour la première fois (par M. Barrois). *Paris, Techener,* 1837. In-4, fig. br.

520. Geneviève de Cornouailles et le Damoisel sans nom, roman de chevalerie, par M. de Mayer. *A Londres,* 1784. In-18, front. gravé, mar. rouge, fil. dos orné, tr. dor. (*Hardy.*)

521. Aventures et Plaisante Éducation du courtois chevalier Charles le Bon, sire d'Armagnac, par M. de Mayer. *Amsterdam, et se trouve à Paris,* 1785. 3 vol. in-18, 3 fig. de Marillier, gravées par Delvaux, v. fauve.

B. Romans ayant la forme de poèmes

522. Avantures de Télémaque, fils d'Ulysse, ou Suite du quatrième livre de l'Odyssée d'Homère, par Monseigneur François de Salignac de la Mothe Fénelon. *A la Haye, chez Adrian Moetjens,* 1711. In-12, front. gravé et figures. veau br.

523. Les Aventures de Télémaque, fils d'Ulysse, par Messire François de Salignac de la Mothe Fénelon. *Paris, Florentin Delaulne,* 1717. 2 tomes en 1 vol. in-12, portrait et figures, mar. rouge jans. tr. dor. (*Hardy.*)

Seconde édition sous cette date, dite en petites lettres.

524. Les Avantures de Télémaque, fils d'Ulysse, composées par feu Messire François de Salignac de la Mothe Fénelon. *A Rotterdam, chez Jean Hofhout,* 1717. 2 tomes en 1 vol. in-12, front. gravé et figures, v. br.

525. Les Avantures de Télémaque, fils d'Ulysse, par feu Messire Fr. de Salignac de la Mothe Fénelon. *A Leide, chez J. de Wetstein, à Amsterdam, chez L. Chatelain et fils,* 1761. In-fol. mar. r. fil. dos orné, tr. dor. (*Anc. rel.*)

Frontispice dessiné par B. Picart, gravé par Folkema; portrait de Fénelon, gravé par Drevet d'après Vivien.
Figures et vignettes dessinées par B. Picart et Du Bourg, gravées par Folkema, Surugue et autres.

526. Le Télémaque travesti, par M. de Marivaux. *Amsterdam, chés J. Ryckhoff le fils,* 1736. 2 vol. in-12, mar. bleu, fil. dos orné, tr. dor. (*Hardy.*)

527. L'Isle-de-France, ou la Nouvelle Colonie de Vénus (par

l'abbé de Marchadier). *A Cologne, chez Pierre Marteau,*
1758. Pet. in-8, front. gravé, mar. vert clair, fil. dos orné,
tr. dor. (*Hardy.*)

Espèce de poème en prose.
L'auteur feint que c'est à Vénus qu'est due la population de la province de l'Ile-de-France (Paris et ses environs).

528. Les Incas, ou la Destruction de l'empire du Pérou,
par M. Marmontel. *Paris, Lacombe,* 1777. 2 vol. in-8,
v. jaspé, tr. dor.

Figures de Moreau gravées par Simonet, Duclos, De Launay, etc.

529. Bélisaire, par M. Marmontel. *Londres (Paris, Cazin),*
1780. In-18, front. gr. et 3 fig., mar. rouge, dos orné, fil.
(*Anc. rel.*)

530. Joseph, par M. Bitaubé. *Paris, impr. de Didot l'aîné,* 1786.
2 vol. in-18, pap. vél. fig. de Marillier, mar. r. fil. tr. dor.
(*Anc. rel.*)

C. Romans de divers genres

531. Recueil de romans historiques (publ. par Lenglet du
Fresnoy). *Londres (Paris),* 1747. 8 tomes en 4 vol. pet.
in-12, v. br.

Cette collection se compose de romans qui avaient déjà paru pour la
plupart à la fin du xvii° siècle. En voici les titres avec la date de leur
première publication : Le Connétable de Bourbon (par Baudot de Juilly),
1696. — La Princesse de Portien, 1703. — La Comtesse de Montfort,
1697. — Le Comte d'Amboise (par Catherine Bernard), 1689. — Henri IV,
roi de Castille, dit l'Impuissant (par mademoiselle de la Force), 1695.
— Le Comte de Dunois, 1671. — Mém. du comte de Comminges (par
madame de Tencin), 1755. — Histoire d'Aménophis (par madame de
Fontaines), 1725. — Le Duc de Guise, dit le Balafré (par le sieur de
Brie), 1693. — Marie d'Anjou (par J. de la Chapelle), 1681. — Alix de
France, 1686. — La Princesse de Montferrat (par Bremond), 1677. —
Raimond, comte de Barcelonne, 1698. — Histoire secrète de Bourgogne
(par mademoiselle de la Force), 1694. — Frédéric de Sicile (par Cath.
Bernard), 1680. — Mérovée, fils de France, 1678. — Adélaïs de Bour-
gogne, 1680.

532. Les Amours de la belle Armide, par P. Joulet, sieur
de Chastillon, avec huict sonnets d'amour. *A Rouen, chez
Pierre Valentin, s. d.* (1597). In-12, mar. rouge, fil. dos
orné, tr. dor. (*Hardy.*)

533. Les Amours spirituels de Psiché, par P. Joulet, sieur
de Chastillon. (*Paris.*) *Chez Abel l'Angelier,* 1600. Pet.

in-12, front. gravé, mar. br. compart. dos orné, tr. dor. (*Capé.*)

534. Le Triomphe de la constance, où sont descriptes les amours de Cloridon et de Melliflore, par A. de Nervèze. *A Paris, pour Anthoine du Brueil,* 1601. Pet. in-12, mar. bl. fil. dos orné, tr. dor. (*Hardy.*)

535. Les Avantures de Lidior, où sont représentez ses faicts d'armes et ses amours, par le sieur de Nervèze. *A Lyon, par Barthélemy Ancelin,* 1612. Pet. in-12, mar. bl. fil. dos orné, tr. dor. (*Masson et Debonnnelle.*)

536. L'Hermitage de l'Isle Saincte, par le sieur de Nervèze. *A Rouen, chez Nicolas Loselet,* 1615. In-12, titre gravé et figures, v. fauve, fil.

537. Histoire ionique des vertueuses et fidèles amours de Poliphile Pyrénoise et de Damis Clazoménien, de l'invention du S. D. L. G. C. *Paris, Abel l'Angelier,* 1602. Pet. in-12, v. br.

538. Le Duel de Tithamante, histoire gasconne, par Jean d'Intras, de Bazas. *A Orléans, chez Pierre Vernoy,* 1603. In-12, mar. rouge, fil. dos orné, tr. dor. (*Trautz-Bauzonnet.*)

539. Les Véritables et heureuses Amours de Clidamaur et Marilinde, par le sieur des Escuteaus. *A Rouen, chez Adam Mallassis,* 1603. Pet. in-12, veau fauve, fil. dos orné, tr. dor. (*Simier.*)

540. Le Ravissement de Clarinde, histoire très-véritable, par le sieur des Escuteaux. *Rouen, chez Jacques Cailloué,* 1627. Pet. in-12, cart.

541. Le Philaret, divisé en deux parties, Erres et Ombre, de l'invention de Guillaume de Rebreviettes, sieur d'Escœuvre, à Monseigneur le prince d'Orange. *A Paris, de l'imprimerie de Guillaume de la Rivière,* 1611. 2 part. en 1 vol. in-8, titre gravé, mar. r. fil. dos orné, tr dor. (*Capé.*)

Roman allégorique, mystique et moral. Dans la seconde partie intitulée l'*Ombre de Philaret*, Philaret ayant péri dans un naufrage, son âme est conduite au Purgatoire où elle a un entretien avec un ange. L'ange exhorte les hommes à honorer les églises, et se récrie avec force contre les dames mondaines qui y viennent le sein nu, le visage plâtré. « No sçavez-vous pas, dit-il, que S. Augustin tient le fard presque au même rang que la paillardise, voire qu'il estime l'adultère presque plus tolérable que l'usage de la céruse, car là, dit-il, la pudicité est seulement violée, icy c'est la nature ? »

542. Les Infortunées et chastes Amours de Filerophon et de la belle de Mantoue, dédiées à Mademoiselle de la Varanne, par H. C., Chastelleraudois. *Jouxte la copie imprimée à Paris par la vefve Mamert Patisson*, 1604. Pet. in-12, veau fauve, fil. dos orné, tr. dor. (*Simier.*)

543. L'Astrée, de Messire Honoré d'Urfé (avec la 5ᵉ partie, par le sieur Baro). *Rouen, et se vend à Paris, Augustin Courbé*, 1647. 5 vol. in-8, portr. et fig. v. éc. fil. tr. dor. (*Rel. anc.*)

544. Le Timandre, de Marcassus. *A Paris, chez Pierre Rocolet* (vers 1620). In-8, mar. rouge jans. tr. dor. (*Duru et Chambolle.*)

> Titre gravé par Crispin de Pas.

545. Les Amours infidelles, par le sieur de Claireville. *A Paris, chez Anthoine de Sommaville*, 1625. Pet. in-8, mar. rouge, fil. dos orné, tr. dor. (*Chambolle-Duru.*)

546. La Princesse amoureuse, sous le nom de Palmélie, par le sieur Dubail. *A Paris, chez Rollin Baragnes*, 1628. Pet. in-8, mar. rouge, fil. dos orné, tr. dor. (*Duru et Chambolle.*)

547. Les Travaux d'Aristée et d'Amarile, dans Salamine, Histoire de ce temps, premièrement composée en grec, par Théophraste, et nouvellement traduite en françois, par Mélidor. *A Caen, de l'Imprimerie de Jacques Mangeant*, 1629. Pet. in-12, demi-rel. mar. viol. non rogné.

> C'est un roman allégorique qui n'est point traduit du grec, comme le porte le titre, et dont l'auteur, suivant Barbier, serait un nommé Cury.
> Exemplaire de La Bédoyère.

548. Histoire indienne d'Anaxandre et d'Orazie, où sont entremeslées les Avantures d'Alcidaris de Cambaye et les Amours de Pyroxène, par le sieur de Boisrobert. *Paris, François Pomeray*, 1629. Pet. in-8, front. gravé, v. fauve.

549. La Diane des bois, par le sieur de Préfontaine. *Rouen, Jacques Cailloué*, 1632. In-8, frontispice par Crispin de Pas, mar. rouge jans. tr. dor.

> Exemplaire de la vente Solar.

550. Les Nouvelles de la Cour, ou les Amours de Calistée
et d'Alistor, etc., de Pamphile et de Philoris, ensemble
leurs véritables lettres prises sur les originaux, par
le sieur de Ville. *A Paris, chez Cardin Besongne*, 1645.
In-8, mar. rouge, fil. dos orné, tr. dor. (*Duru et Chambolle.*)

551. L'Illustre Amalazonthe, dédié à Son Altesse Royale,
par le sieur Desfontaines. *A Paris, chez Ant. Robinot*,
1645. 2 vol. in-8, mar. bleu, front. gravé, fil. dos orné,
tr. dor. (*Hardy.*)

552. L'Alcide, dédié à Mgr le duc de Richelieu (par le sieur
P. A. D.). *A Paris, chez Cardin Besongne*, 1647. In-8, mar.
rouge, fil. dos orné, plats à la du Seuil, tr. dor. (*Duru et
Chambolle.*)

553. Cassandre (par La Calprenède). *Paris, Montalant*, 1731.
10 vol. in-12, mar. rouge, fil. tr. dor. (*Anc. rel.*)

554. Le Romant comique, de M. Scarron. *Suivant la copie
imprimée à Paris (Amsterdam, Wolfgank, au Quærendo)*,
1662. 2 vol. pet. in-12, front. gravé, mar. vert clair, fil.
dos orné, tr. dor. (*Duru.*)

555. Le Roman comique, par M. Scarron. *Londres (Cazin)*,
1781. 4 vol. in-18, v. m. tr. dor.

556. Le Roman comique, par Scarron, nouvelle édition
revue, annotée et précédée d'une introduction, par
M. Victor Fournel. *A Paris, chez P. Jannet*, 1857. 2 tomes
en 1 vol. in-16, mar. citr. fil. dos orné, non rogné.
(*Chambolle-Duru.*)

> Exemplaire tiré sur papier de Chine.

557. L'Astrologue amoureux. *A Paris, chez Estienne Loyson*,
1657. In-12, reglé, front. gravé, mar. citr. jans. tr. dor.
(*Hardy.*)

558. Cléante, ou Don Carlos, nouvelle. *Paris, Louis Billaine*,
1662. In-12, mar. bl. fil. dos orné, tr. dor. (*Hardy.*)

559. L'Orphelin infortuné, ou le Portrait du bon frère,
histoire comique et véritable de ce temps, par le sieur
D. P. F. (C.-Fr. Oudin de Préfontaine). *A Paris, chez*

Cardin Besongne, 1660. In-8, mar. rouge, fil. dos orné,
tr. dor. (*Duru et Chambolle.*)

Livre rare et curieux. L'auteur, qui menait une vie peu édifiante, y raconte une partie de ses aventures.
Exemplaire Cailhava.

560. Relation de ce qui s'est passé dans la nouvelle découverte du royaume de Frisquemore. *A Paris, chez Thomas Jolly,* 1662. Pet. in-12, veau fauve, fil. tr. dor.

561. Aristandre, ou Histoire interrompue, par M. H. A. d'A**
(Hédelin, abbé d'Aubignac). *Paris, Jacques du Breuil, et Pierre Collet,* 1664. Pet. in-12, mar. rouge, fil. dos orné,
tr. dor. (*Duru et Chambolle.*)

562. Macarise, ou la Reine des Iles fortunées, histoire allégorique, contenant la philosophie morale des Stoïques, sous le voile de plusieurs aventures agréables, en forme de roman, par Messire François Hédelin, abbé d'Aubignac. *A Paris, chez Jacques du Breuil et Pierre Collet,* 1664. 2 vol. in-8, frontispice et figures de Chauveau, mar. rouge, fil. dos orné, tr. dor. (*Chambolle-Duru.*)

563. L'Escole d'amour, ou les Héros docteurs, par D. L. C. *A Grenoble, chez Robert Philippes,* 1666. Pet. in-12, mar. rouge, fil. dos orné, tr. dor. (*Trautz-Bauzonnet.*)

Joli exemplaire de M. Solar.

564. Le Palais des jeux de l'amour et de la fortune, ensemble, le Royaume de la galanterie et autres pièces divertissantes. *Paris, J.-B. Loyson,* 1666. Pet. in-12, front. gravé, mar. rouge, fil. tr. dor. (*Capé.*)

565. L'Amour amant, en prose et en vers. *A Paris, chez Olivier de Varennes,* 1667. In-12, mar. citron, fil. dos orné, tr. dor. (*Hardy.*)

566. Le Roman des Lettres, dédié à S. A. R. Mademoiselle (par M. L. D. S. A. D. M.). *A Paris, chez J.-B. Loyson,* 1667. In-8, mar. bl. fil. dos orné, tr. dor. (*Capé.*)

567. Recueil de quelques lettres, ou Relations galantes, par Mlle Des Jardins. *A Paris, chez Claude Barbin,* 1668. Pet. in-12, mar. bl. jans. tr. dor. (*Chambolle-Duru.*)

568. Carmente, histoire grecque, par Mlle Des Jardins

(depuis Mme de Villedieu). *Paris, Claude Barbin,* 1668.
2 vol. in-8, mar. rouge, fil. tr. dor. (*Anc. rel.*)

Exemplaire du prince Radziwill.

569. Les Galanteries grenadines, par Mme de Villedieu.
Paris, Claude Barbin, 1673. 2 parties en 1 vol. pet. in-18,
mar. rouge jans. tr. dor. (*Hardy.*)

570. Les Amours du Comte de Dunois, par Me Des Jardins
(Mme de Villedieu). *Paris, Claude Barbin,* 1675. Pet. in-12,
mar. rouge, fil. dos orné, tr. dor. (*Hardy.*)

571. Cléonice, ou le Roman galant, nouvelle, par Mme de
Villedieu. *Paris, Claude Barbin,* 1676. Pet. in-12, mar.
bl. fil. dos orné, tr. dor. (*Hardy.*)

372. Les Désordres de l'Amour, par Mme de Villedieu. *Paris,
Claude Barbin,* 1676. 2 parties en 1 vol. pet. in-12, mar.
vert, fil. dos orné, non rogné. (*Duru.*)

573. Les Amours des grands hommes, par Mme de Villedieu.
Amsterdam, Pierre Mortier, 1688. 2 parties en 1 vol. in-12,
vél. bl.

574. Le Journal amoureux, divisé en six parties, par Mme de
Villedieu. *A Paris, chez Damien Beugnié,* 1701. 2 tomes
en 1 vol. in-12, mar. rouge, fil. dos orné, tr. dor. (*Duru.*)

575. Les Exilez de la cour d'Auguste, par Mme de Villedieu.
Suivant la copie de Paris, Leyde, Jean Sambix (à la Sphère),
1703. 6 parties en 1 vol. pet. in-12, mar. rouge, fil. dos
orné, tr. dor. (*Hardy.*)

576. La Prison sans chagrin, histoire comique du temps.
A Paris, chez Claude Barbin, 1669. In-12, mar. bl. jans.
tr. dor. (*Duru.*)

577. L'Amante imaginaire, ou la Laide amoureuse, co-
médie, par le sieur H. de D^***, genntilhomme allemand.
A Cuylenborgh, 1669. In-12, mar. br. fil. dos orné. (*Trautz-
Bauzonnet.*)

Exemplaire non rogné.

578. L'Apoticaire de qualité, nouvelle galante et véritable
(par de Villiers). *Cologne, Pierre Marteau (Holl.),* 1670.
Pet. in-12, mar. rouge, fil. dos orné, tr. dor. (*Capé.*)·

579. La Reine d'Éthiopie, historiette comique. *Paris, chez Claude Barbin,* 1670. Pet. in-12, mar. bleu jans. tr. dor. (*Hardy.*)

580. Le Comte de Dunois (attribué à la comtesse de Murat). *A Paris, chez Claude Barbin,* 1671. Pet. in-12, mar. rouge jans. tr. dor. (*Belz-Niedrée.*)

581. Araspe et Simandre, nouvelle. *Paris, Claude Barbin,* 1671-1672. 2 tom. en 1 vol. pet. in-12, v. fauve.

582. L'Amour sans faiblesse, par Mme ***. *Paris, Ch. Osmont,* 1672. Pet. in-12, mar. rouge, dos orné, tr. dor. (*Belz-Niedrée.*)

583. Histoire espagnole, ou Dom Amador de Cardone, nouvelle. *Paris, Claude Barbin,* 1672. Pet. in-12, mar. rouge jans. tr. dor. (*Hardy-Mennil.*)

584. Histoire espagnole et françoise, ou l'Amour hors de saison. *Paris, Claude Barbin,* 1672. Pet. in-12, mar. vert, fil. dos orné, tr. dor.

585. La Médaille curieuse, où sont gravez les deux principaux écueils de tous les jeunes cœurs, nouvelle manière de roman. *Paris,* 1672. In-12, mar. cit. fil. dos orné. (*Kœhler.*)

Exemplaire NON ROGNÉ, aux armes du marquis de Coislin et provenant de la vente de M. de LA BÉDOYÈRE.

586. Dom Carlos, nouvelle historique (par Saint-Réal). *Amsterdam, Commelin,* 1672. Pet. in-12, v. ant. tr. dor. (*Thouvenin.*)

587. Beralde, prince de Savoie. *A Paris, chez Claude Barbin,* 1672. 2 tomes en 1 vol. in-12, mar. rouge, fil. dos orné, tr. dor. (*Hardy.*)

588. Le Grand Miroir des reformez, sous l'histoire tragique de Dorimène. *A Genève,* 1673. Pet. in-8, figures, mar. rouge, fil. dos orné, tr. dor. (*Duru.*)

589. Marie Stuart, reyne d'Écosse, nouvelle historique (par de Boisguilbert). *Suivant la copie imprimée à Paris (Holl., à la Sphère),* 1675. 2 parties en 1 vol. in-12, mar. vert, fil. dos orné, tr. dor. (*Niedrée.*)

590. L'Imagination détrompée, ou la Phantasie débrouillée, au sujet de l'amoureux imaginaire. *A la Haye, chez Jean et Daniel Steucker*, 1675. In-12, mar. bl. fil. dos orné, tr. dor. (*Niedrée.*)

Exemplaire relié sur brochure aux armes du marquis de Coislin. Cette édition *à la Sphère* a tout le caractère d'une édition elzévirienne.
De la bibliothèque de M. de la Bédoyère.

591. Diane de France, nouvelle historique (par P. d'Ortigue de Vaumorière). *Paris, G. de Luyne*, 1675. Pet. in-12, mar. bl. jans. tr. dor. (*Hardy.*)

592. Adélaïde de Champagne (par Pierre d'Ortigue de Vaumorière). *Suivant la copie imprimée à Paris*, 1680 (*Holl., à la Sphère*). 2 parties en 1 vol. in-12, mar. rouge, fil. dos orné, tr. dor. (*Duru et Chambolle.*)

Ce sont les deux premières parties, il en faut quatre.
Exemplaire NON ROGNÉ.

593. Mademoiselle de Tournon (par d'Ortigue de Vaumorière). *A Paris, chez Charles Osmont*, 1678. 2 vol. in-12, mar. vert, fil. dos orné, tr. dor. (*Duru.*)

594. Axiamire, ou le Roman chinois. *Paris, Claude Barbin* (*Hollande, à la Sphère*), 1675. Pet. in-12, mar. br. fil. dos orné, tr. dor. (*Duru.*)

595. L'Arrière-ban amoureux (par E. Y.). *A Paris*, 1675. In-12, mar. rouge jans. tr. dor.

596. L'Amoureux africain, ou Nouvelle galanterie, composée par le sieur B. M. *Cologne, Philippe le Barbu*, 1675. Pet. in-12, front. gravé, mar. rouge jans. tr. dor. (*Duru.*)

597. Histoire des grands vizirs, Mahomet Coprogli pacha, et Achmet Coprogli pacha. *Amsterdam, Abrah. Wolfgang*, 1676. Pet. in-12, front. gravé, vél. bl.

598. L'Amante invisible, nouvelle, suivie de : A trompeur, trompeur et demy. *Paris, J.-Bapt. Loyson*, 1676. Pet. in-12, mar. rouge jans. tr. dor. (*Hardy.*)

599. Le Triomphe de l'Amour sur le Destin. *Amsterdam, Abraham Wolfgang*, 1677. Pet. in-12, cuir de Russie.

600. La Princesse de Montferrat, nouvelle, contenant son histoire et les amours du comte de Saluces (par Bremond).

Amsterdam, chez Abraham Wolfgang, 1676. Pet. in-12,
mar. bl. fil. dos orné, tr. dor. (*Hardy.*)

Bel exemplaire. Hauteur : 132 millim.

601. Le Double Cocu, histoire du temps, par le sieur
S. Brémond. *Imprimé à Paris, pour MM. Jacques Magnes
et Richard Beneley,* 1679. Pet. in-12, mar. rouge, fil. dos
orné, tr. dor. (*Hardy.*)

602. Homaïs, reyne de Tunis (par Bremond). *Amsterdam
(D. Elzevier)*, 1681. Pet. in-12, mar. bl. jans. (*Trautz-
Bauzonnet.*)

Exemplaire NON ROGNÉ.

603. Le Pèlerin, nouvelle, par le sieur S. Bre. (Bremond).
S. l. n. d. Chez Georges l'Indulgent (à la Sphère), (vers
1678). Pet. in-12, front. gravé, mar. br. jans. tr. dor.
(*Duru.*)

604. L'Heureux esclave, nouvelle (par S. Bremond). *A Cologne, chez Pierre Marteau (Holl., à la Sphère)*, 1692.
3 parties en 1 vol. pet. in-12, fig. veau fauve, fil. dos
orné, tr. dor.(*Niedrée.*)

605. L'Amant raisonnable, par M. de Bonnecorse. *Paris,
Claude Barbin,* 1676. Pet. in-12, mar. brun jans. tr. dor.
(*Duru.*)

606. L'Infidélité convaincue, ou les Avantures amoureuses
d'une dame de qualité. *Cologne, Pierre du Marteau (Holl.),*
1676. Pet. in-12, mar. cit. fil. dos orné, tr. dor. (*Chambolle-Duru.*)

Édition elzevirienne.

607. Mémoires de Pierre-François Prodez, de Beragrem,
marquis d'Almacheu, contenant ses voyages et tout ce qui
luy est arrivé de plus remarquable dans sa vie, le tout
fait par luy-même. *Amsterdam, chez Léonard le jeune
(D. Elzevier),* 1677. 2 tom. en 1 vol. pet. in-12, v. fauve,
tr. dor.

Voyage romanesque. Le volume est accompagné d'une clef manuscrite
des noms d'une fort jolie écriture.

608. Mémoires de Hollande, histoire particulière en forme
de roman, par Mme la comtesse de la Fayette, 4e édition,
revue sur l'édition originale par Parison et publiée avec

des notes, par A.-T. Barbier. *Paris, J. Techener*, 1856.
In-12, portraits de Mesdames de Sévigné et de la Fayette
gravés par Riffaut, mar. vert, fil. dos orné, tr. dor.
(*Hardy.*)

609. Almanzaïde, nouvelle (par Mlle de la Rocheguilhem).
Sur la copie imprimée à Paris, chez Claude Barbin, 1676.
Pet. in-12, mar. rouge jans. tr. dor. (*Duru.*)

610. Zingis, histoire tartare (par Mlle de la Rocheguilhem).
La Haye, Henri van Bulderen, 1691. Pet. in-12, mar. bl.
fil. dos orné, tr. dor. (*Hardy.*)

611. Le Grand Scanderbeg, nouvelle, par Mlle de la Rocheguilhem). *A la Haye, chez Jean Swart,* 1711. In-12, mar.
vert, fil. dos orné, tr. dor. (*Duru.*)

612. Histoire des Favorites, contenant ce qui s'est passé de
plus remarquable sous plusieurs règnes, par Mlle de la
Roche-Guilhem. *A Amsterdam, aux dépens de la Compagnie, s. d.* 2 parties en 1 vol. in-8, front. gravé et figures,
mar. bleu, fil. dos orné, tr. dor. (*Hardy.*)

613. Agnès, princesse de Bourgogne, nouvelle. *A Cologne
(Rouen),* 1678. Pet. in-12, mar. bl. fil. dos orné, tr. dor.
(*Hardy.*)

614. Alfrède, reyne d'Angleterre, nouvelle historique. *Sur
l'imprimé, à Paris, Estienne Loyson,* 1678. Pet. in-12, mar.
bleu, fil. dos orné, tr. dor. (*Hardy.*)

615. Le Voyage de Fontainebleau (par Préchac). *Paris, au
Palais, par la Cie des Libraires associés,* 1678. Pet. in-12,
mar. rouge, fil. dos orné, tr. dor. (*Hardy.*)

616. L'Illustre Parisienne, histoire galante et véritable, dédiée à la reyne d'Espagne et à Mme de Grancé (par Préchac).
A Paris, chez la veuve d'Olivier de Varennes, 1679. 2 parties
en 1 vol. pet. in-12, mar. vert cl. fil. dos orné, tr. dor.
(*Duru et Chambolle.*)

617. La Noble Vénitienne, ou la Bassette, histoire galante
(par Préchac). *Suivant la copie de Paris, Claude Barbin,*
1679. Pet. in-12, mar. bl. fil. dos orné, tr. dor. (*Capé.*)

618. Le Triomphe de l'Amitié, nouvelle galante (par

Préchac). *Paris, Claude Barbin,* 1679. Pet. in-12, mar.
bl. fil. dos orné, tr. dor. (*Hardy.*)

619. L'Héroïne mousquetaire, histoire véritable (par de
Préchac). *A Amsterdam, chez Jacques le jeune,* 1680. Pet.
in-12, mar. rouge, fil. dos orné, non rogné. (*Chambolle-
Duru.*)

Exemplaire non rogné.

620. L'Héroïne mousquetaire (Christine, comtesse de Meyrac), véritable Histoire, ornée de fig. taille-douce (par de
Préchac). *A Amsterdam, chez Claude Jordan,* 1713. 4 part.
en 1 vol. in-12, mar. r. fil. dos orné, tr. dor. (*Hardy.*)

Frontispice titre gravé et 12 figures la plupart remontées.

621. L'Héroïne mousquetaire, ou Histoire véritable de Mademoiselle Christine, comtesse de Meyrac (par Préchac).
A Amsterdam, chez Jean Pauli, 1723. Pet. in-12, fig. br.

622. La Valize ouverte (par de Préchac). *Lyon, Thomas
Amaulry,* 1680. Pet. in-12, mar. rouge, fil. dos orné, tr.
dor. (*Hardy.*)

623. Le Bâtard de Navarre, nouvelle historique (par Préchac). *A Paris, chez Thomas Guilain,* 1683. In-12, mar.
vert, fil. dos orné, tr. dor. (*Capé.*)

624. Le Bâtard de Navarre, nouvelle historique (par de Préchac). *Paris (Hollande, à la Sphère),* 1684. Pet. in-12, mar.
bl. fil. dos orné, tr. dor. (*Hardy.*)

625. L'Illustre Génoise, nouvelle galante (par de Préchac).
Paris, C. Blageart, 1685. In-12, mar. rouge, fil. compart.
dentelle, dos orné, tr. dor. (*Anc. rel.*)

626. L'Illustre Génoise, nouvelle galante (par Préchac). *Suivant la copie imprimée à Paris (Hollande),* 1685. Pet. in-12,
mar. rouge jans. tr. dor. (*Hardy.*)

627. Cara Mustapha, grand vizir, histoire contenant son élévation, ses amours dans le sérail, ses divers emplois, le
vray sujet qui lui a fait entreprendre le siège de Vienne,
et les particularités de sa mort (par de Préchac). *Suivant
la copie imprimée à Paris (Hollande),* 1685. Pet. in-12, mar.
rouge jans. tr. dor. (*Belz-Niedrée*).

628. La Querelle des dieux sur la grossesse de Madame la Dauphine (par Préchac). *Suivant la copie imprimée à Paris (Hollande)*, 1682. Pet. in-12, mar. bl. tr. dor. (*Duru.*)

L'auteur feint que les dieux se disputent entre eux sur le droit que chacun prétend avoir de présider à la naissance du Dauphin. Jupiter, avant de désigner le dieu sur lequel son choix tombera, envoie Momus à la cour de Louis XIV, pour savoir ce qui s'y passe. Momus y apparaît sous la figure d'une marquise.

629. Les Mémoires de la vie de Madame de Ravezan. *Sur la copie. A Paris, Claude Barbin, 1679 (Hollande, à la Sphère).* Pet. in-12, demi-rel. dos et coins de mar. vert, dos orné. (*Niedrée.*)

Exemplaire NON ROGNÉ.

630. Mérovée, fils de France, nouvelle historique (par H. F. M.). *Suivant la copie, à Paris. A la Haye, chez Abraham Trojel,* 1679. Pet. in-12, mar. r. dos orné, tr. dor. (*Duru et Chambolle.*)

631. Le Courrier d'amour (par le sieur de Beaucourt, ou plutôt par Geneviève Gomès de Vasconcelle, sa femme). *A Paris, chez Claude Barbin,* 1679. Pet. in-12, mar. rouge, fil. dos orné, tr. dor. (*Capé.*)

632. Histoire du Grand Tamerlan, tirée d'un excellent manuscrit et de quelques autres originaux, très-propre à former un grand capitaine, par le sieur de Sainctyon. *A Utrecht, chez Jean Ribbins,* 1679. In-12, mar. vert jans. (*Niedrée.*)

633. Clitie, nouvelle. *Suivant la copie imprimée à Paris, chez Claude Barbin,* 1680. Pet. in-12, mar. vert clair, fil. dos orné, tr. dor. (*Hardy.*)

634. Le Duc d'Alençon, nouvelle historique. *Paris, Fréd. du Chemin,* 1680. Pet. in-12, mar. rouge, dos orné, tr. dor. (*Belz-Niedrée.*)

635. L'Amour marié, ou la Bisarrerie de l'amour en l'estat du mariage. *A Cologne, chez Pierre Marteau (Hollande),* 1681. Pet. in-12, mar. rouge jans. tr. dor. (*Hardy.*)

636. La Défence du cœur contre les attaques d'amour, par le sieur d'Alquié. *Amsterdam, Pierre Marteau,* 1681. In-12, vél. bl.

637. Désordres de la Bassette, nouvelle galante. *Suivant la copie imprimée à Paris (Holl.)*, 1682. Pet. in-12, mar. rouge, fil. dos orné, tr. dor. (*Hardy.*)

638. La Comtesse de Salisbury, ou l'Ordre de la Jarretière, nouvelle historique (par d'Argences). *A Lyon, chez Thomas Amaulry*, 1682. 2 parties en 1 vol. pet. in-12, mar. rouge, fil. dos orné, tr. dor. (*Hardy.*)

639. L'Épouse fugitive, histoire galante, nouvelle et véritable, par le sieur Crosnier. *Amsterdam*, 1682. Pet. in-12, mar. rouge, fil. dos orné. (*Hardy.*)

Exemplaire non rogné.

640. L'Épouse fugitive, histoire galante, nouvelle et véritable, par le sieur Crosnier. *Amsterdam*, 1682. Pet. in-12, mar. rouge, jans. tr. dor. (*Duru.*)

641. La Duchesse d'Estramène, par du Plaisir. *A Lyon, chez Thomas Amaulry*, 1682. 2 parties en 1 vol. in-12, mar. rouge, fil. dos orné, tr. dor. (*Belz-Niedrée.*)

642. La Belle Hollandoise, ou la Captive affranchie, histoire galante (par de Chavigny). *A Cologne, chez Pierre Marteau*, 1680. In-12, mar. vert clair, fil. dos orné, tr. dor. (*Duru.*)

643. La Religieuse cavalier, mémoires galands, par le sieur de Chavigny. *La Haye, Adrian Moetjens*, 1682. Pet. in-12, mar. rouge jans. tr. dor. (*Hardy.*)

644. La Duchesse de Milan, dédié à Mademoiselle de Nantes. *Paris, Ch. Osmont*, 1682. In-12, mar. vert jans. tr. dor. (*Kœhler.*)

645. Ravissement de l'Hélène d'Amsterdam, contenant des accidens étranges, tant d'amour que de fortune, arrivez à une demoiselle d'Amsterdam en plusieurs endroits du monde et principalement en Turquie où elle a été esclave. *Amsterdam, Timothée ten Hoorn*, 1683. Pet. in-12, front. et figures, mar. bleu, fil. dos orné, tr. dor. (*Capé.*)

646. Marie d'Anjou, reyne de Mayorque, nouvelle historique et galante (par Jean de La Chapelle). *A Amsterdam, chez Abraham Wolfgang*, 1680-82. 2 part. en 1 vol. pet. in-12, mar. bl. fil. dos orné, tr. dor. (*Masson-Debonnelle.*)

647. Dom Sébastien, roy de Portugal, nouvelle historique. *Suivant la copie à Paris, chez Claude Barbin (Holl.)*, 1680. 3 parties en 1 vol. pet. in-12, mar. bl. fil. dos orné. (*Hardy.*)

Exemplaire non rogné.

648. La France auguste, en abrégé, dédié à Monseigneur le prince d'Ost-Frise. *Utrecht, chez Rudolphe van Zyll*, 1684. Pet. in-12, mar. bl. jans. tr. dor. (*Hardy.*)

649. La Damoyselle à cœur ouvert, ou l'Hypocrisie découverte. *A Cologne, chez Pierre Marteau (Holl.)*, 1682. 2 part. en 1 vol. pet. in-12, mar. citr fil. dos orné, tr dor. (*Capé.*)

650. L'Amour victorieux de la Fortune, ou les Aventures d'Oronce et d'Eugénie, par le sieur de la Roberdière. *A Amsterdam, chez Daniel du Fresne (à la Sphère)*, 1683. Pet. in-12, front. gravé, mar. r. fil. dos orné, tr. dor. (*Hardy.*)

Rare.

651. Le Commerce galant, ou Lettres tendres et galantes de la jeune Iris et de Timandre. *Paris, Jean Ribou*, 1682. 2 part. en 1 vol. pet. in-12, demi-rel. mar. bl.

652. Schyck Ally Beg Sanis, prince du sang de Perse, converti au christianisme ; son histoire, sa naissance, ses avantures, ses voyages et son mariage en France avec la nièce de M. Tavernier, baron d'Aubonne. *A Leide, chez Henry Drummond*, 1684. Pet. in-12 de 71 pp. mar. bleu jans. tr. dor. (*Duru.*)

Petit volume rare.

653. Ibrahim Bassa de Bude, nouvelle galante. *A Cologne, chez Pierre Marteau (Holl.)*, 1686. Pet. in-12, mar. rouge jans. tr. dor. (*Hardy.*)

654. Les Esprits, ou le Mary fourbé, nouvelle galante. *Liége, Louis Montfort*, 1686. Pet. in-12 réglé, mar. citr. fil. dos orné, tr. dor. (*Trautz-Bauzonnet.*)

« Ce petit roman est l'histoire du châtelain de Coucy et de la dame de Fayel, bourgeoisement écrite, » dit Lenglet du Fresnoy.

655. L'Heureux Page, nouvelle galante. *Cologne, Pierre*

Marteau (*Holl.*, *à la Sphère*), 1687. Pet. in-12, mar. rouge, fil. dos orné, tr. dor. (*Duru.*)

« Cet heureux page est le comte de Rabutin, général au service de la maison d'Autriche, favori de deux grandes princesses. Il épousa l'une en Allemagne; l'autre était la princesse de Condé, Clémence de Maillé. »

656. Philadelphe, nouvelle égyptienne, dédiée à Madame la Dauphine, par le sieur Girault de Sainville. *La Haye, chez Adrian Moetjens,* 1687. Pet. in-12, mar. orange, fil. dos orné, tr. dor. (*Capé.*)

657. Journal amoureux de la cour de Vienne. *Cologne, Pierre Marteau* (*Holl.*), 1689. Pet. in-12, mar. rouge, tr. dor.

658. Le Comte d'Amboise, nouvelle galante (par Mlle Bernard). *La Haye, Abraham de Hondt*, 1689. Pet. in-12. mar. rouge, fil. dos orné, tr. dor. (*Capé.*)

659. Le Prince de Sicile, nouvelle historique, par Mlle B*** (Mlle Bernard). *Paris, Thomas Guillain,* 1690. 3 tomes en 1 vol. pet. in-12, mar. rouge jans. tr. dor. (*Hardy.*)

660. Les Disgraces des amans (par le chevalier de Mailly). *A Paris, chez Gabriel Quinet,* 1690. In-12, mar. bleu, fil. dos orné, tr. dor. (*Chambolle-Duru.*)

661. Les Disgraces des amans (par le chevalier de Mailly). *Suivant la copie imprimée à Paris* (*à la Sphère*), 1690. Pet. in-12, front. gravé, mar. rouge, fil. dos orné, tr. dor. (*Hardy.*)

662. Rome galante, ou Histoire secrète sous les règnes de Jules César et d'Auguste (par le chevalier de Mailly). *A Paris, chez Jean Guignard,* 1696. 2 tomes en 1 vol. in-12, front. gravé représentant les portraits d'Auguste et de César, mar. citr. fil. dos orné. (*Trautz-Bauzonnet.*)

Exemplaire non rogné.

663. Rome amoureuse, ou la Doctrine des dames et des courtisanes romaines, traduit de l'italien en françois. *A Amsterdam, chez Jonas Peterlin,* 1690. In-12, demi-rel. mar. bl. dos et coins de mar. bl. (*Purgold.*)

Exemplaire non rogné, de la bibliothèque de M. de la Bédoyère.

664. Histoire de Jean de Bourbon, prince de Carency, par

l'auteur des Mémoires et Voyage d'Espagne (la comtesse d'Aulnoy). *A Paris, chez Adrien Moetjens,* 1692. Pet. in-12, mar. r. jans. tr. dor.

665. Histoire d'Hypolite, comte de Duglas (par Mme d'Aulnoy). *Brusselles, George de Backer,* 1713. 2 parties en 1 vol. in-12, front. gravé et figures, v. br.

666. Histoire d'Hypolite, comte de Duglas (par Mme d'Aulnoy). *Amsterdam, par la Compagnie,* 1768. 2 parties en 1 vol. in-12, 22 fig., mar. vert, fil. dos orné, tr. dor. (*Hardy.*)

667. Histoire d'Hypolite, comte de Duglas (par Mme d'Aulnoy). *Londres (Cazin),* 1782. 2 vol. in-18, v. m. tr. dor.

668. Les Galanteries amoureuses de la cour de Grèce, ou les Amours de Pindare et de Corinne. *Suivant la copie imprimée à Paris (Holl., à la Sphère),* 1692. 2 tomes en 1 vol. pet. in-12, mar. rouge, fil. tr. dor. (*Duru.*)

669. La Duchesse de Medo, nouvelle historique et galante. *Paris, Gabriel Quinet,* 1692. 2 vol. pet. in-12, mar. vert clair, dos orné, tr. dor. (*Duru.*)

670. Le Galant Nouvelliste, histoire du temps (par Mme Gillot). *La Haye, Henri van Bulderen,* 1693. Pet. in-12, mar. bl. fil. dos orné, tr. dor. (*Capé.*)

671. La Princesse Agathonice, ou les Différens Caractères de l'amour, histoire du temps. *La Haye, Abraham de Hont,* 1693. Pet. in-12, mar. rouge jans. tr. dor. (*Hardy.*)

672. Histoire amoureuse de Dom Juan d'Autriche (par Courtin). *La Haye, Abraham Troyel,* 1694. Pet. in-12 cart.

673. Les Louis d'or politique et galant. *Cologne, P. Marteau (Holl.),* 1695. Pet. in-12, mar. br.

674. Le Duc de Guise, surnommé le Balafré (roman composé par le sieur de Bryc). *A Paris, chez Michel Brunet,* 1696. In-12, mar. bl. fil. dos orné, tr. dor. (*Duru.*)

675. Le Zombi du Grand Pérou, ou la Comtesse de Cocagne (par Corneille Blessebois), précédé d'une notice sur la vie

et les ouvrages de l'auteur. *Paris, de l'imprimerie de Jouaust,* 1862. In-8 br.

676. Ildegerte, reyne de Norwège, ou l'Amour magnanime, première nouvelle historique, par M. D*** (Lenoble). *A Paris, chez Guill. de Luyne,* 1694. 2 parties en 1 vol. in-12, mar. bleu jans. tr. dor. (*Hardy.*)

677. L'Héroïne travestie, ou Mémoires de la vie de Mlle Delfosses ou le Chevalier Baltazard (attribué à Lenoble). *A Paris, chez Claude Barbin,* 1695. Pet. in-12, mar. bl. jans. tr. dor. (*Hardy.*)

678. Mylord Courtenay ou Histoire secrète des premières amours d'Élisabeth d'Angleterre (par M. Le Noble). *A Lyon, chez Philibert Drevon,* 1697. In-12, mar. rouge, fil. dos orné, tr. dor. (*Hardy.*)

679. Les Avantures provinciales ou la Fausse Comtesse d'Isamberg, avec le Voyage de Falaize (par M. Lenoble). *La Haye, Jean Swart,* 1710. 2 parties en 1 vol. pet. in-12, mar. rouge, fil. dos orné, tr. dor. (*Hardy.*)

680. Avantures secrettes, par M. de G*** (de Graaf). *Suivant la copie imprimée à Paris,* 1696 (*Holl., à la Sphère*). Pet. in-12, front. gravé, mar. vert jans. tr. dor. (*Duru-Chambolle.*)

681. L'Amour en campagne, ou les Cœurs bombardés. *A Liège, chez César de la Salle,* 1696. Pet. in-12, front. gravé, mar. bl. fil. tr. dor. (*Bauzonnet.*)

682. Galanterie d'une religieuse mariée à Dublin. *Cologne, chez les héritiers de Pierre Marteau (Holl.),* 1696. Pet in-12, front. gravé, mar. orange, fil. dos orné, tr. dor. (*Capé.*)

683. Histoire et Aventures de Kemiski Géorgienne, par Madame D*** (l'abbé de Chevremont ou Lenoble). *Brusselles, François Foppens,* 1697. Pet. in-12, front. gravé, bas. m.

684. Mémoires de Madame la comtesse de M***, avant sa retraite (par Mme la comtesse de Murat). *Paris, Claude Barbin,* 1697. 2 vol. in-12, mar. bleu, fil. dos orné, tr. dor. (*Hardy.*)

685. Les Lutins du château de Kernosy, nouvelle histo-
que, par Mme la comtesse de M*** (Murat). *Paris, Jacques
Le Febvre,* 1710. Pet. in-12, bas.

686. Le Philosophe amoureux, histoire galante contenant
une dissertation curieuse sur la vie de P. Abeilard et celle
d'Héloïse, avec les intrigues amoureuses des mêmes personnages. *Au Paraclet,* 1697. Pet. in-12, v. jas.

687. Dona Hortense, nouvelle espagnole. *Paris, Martin et
George Jouvenel,* 1698. In-12, mar. bleu jans. tr. dor.
(*Hardy.*)

> « Assez bien écrit, mais le dénouement en est trop fatal. » (*Lenglet du Fresnoy.*)

688. Granicus, ou l'Isle galante, nouvelle historique, par
François Brice. *Paris, Ve Claude Mazuel,* 1698. In-12,
mar. bl. fil. dos orné, tr. dor. (*Hardy.*)

689. La Curiosité dangereuse, nouvelle galante, historique
et morale, par Braydore (Roberday). *A Paris, chez la
Ve Claude Mazuel,* 1698. In-12, figures, mar. rouge, jans.
tr. dor. (*Hardy.*)

690. Raimond, comte de Barcelonne, nouvelle galante. *Amsterdam, Louis du Val,* 1698. Pet. in-12, mar. rouge, jans.
tr. dor. (*Anc. rel.*)

691. Cupidon dans le bain, ou les Aventures amoureuses des
personnes de qualité, par Mme D*** (Durand). *La Haye,
Meyndert Uytwerf,* 1698. Pet. in-12, front. par Schoone-
beek, mar. r. dent. tr. dor. (*Anc. rel.*)

692. La Comtesse de Mortane, par Mme*** (Durand.) *A la
Haye, chez Meyndert Uytwerf,* 1700. 2 tom. en 1 vol. pet.
in-12, mar. bl. fil. dos orné, tr. dor. (*Capé.*)

693. Les Belles Grecques, ou l'Histoire des plus fameuses
courtisanes de la Grèce (par Mme Durand). *Amsterdam,*
1755. In-12, mar. rouge, dos orné, fil. tr. dor. (*Capé.*)

694. Histoire de Catherine de France, reine d'Angleterre (par
Baudot de Juilly). *Suivant la copie de Paris, Amsterdam.
André de Hoogenhuysen,* 1697. Pet. in-12, mar. bl. jans.
tr. dor. (*Hardy.*)

695. Relation historique et galante de l'invasion de l'Espagne par les Maures (par Baudot de Juilly). *A la Haye, chez Adrian Moetjens*, 1699. 4 tomes en 1 vol. in-12, mar. cit. fil. dos orné, tr. dor. (*Capé.*)

696. Germaine de Foix, reine d'Espagne, nouvelle historique (par Baudot de Juilly). *Paris, Guillaume de Luyne,* 1701. In-12, mar. rouge, dos orné, fil. tr. dor.

697. Le Sire d'Aubigny, nouvelle historique (par Lesconvel). *Suivant la copie de Paris, à Amsterdam, chez André de Hoogenhuysen,* 1700. Pet. in-12, veau fauve, fil.

Exemplaire de Renouard, NON ROGNÉ.

698. La Nouvelle Talestris, histoire galante, par Mlle de***. *A Amsterdam, chez Paul Marret,* 1700. In-12, front. gravé, mar. bleu jans. tr. dor. (*Hardy.*)

699. Les Amours du comte de Clare. *A Amsterdam, chez Pierre Schaier,* 1700. Pet. in-12, mar. bl. fil. dos orné, tr. dor. (*Capé.*)

700. Le Télémaque moderne, ou les Intrigues d'un grand seigneur pendant son exil (par de Grandchamp). *Cologne, Ant. d'Egmont (Holl.),* 1701. Pet. in-12, demi-rel. mar. r. non rogné.

Exemplaire de Pixerécourt et de la Bédoyère.

701. Les Rivales, ou le Mari dupé, avantures galantes (par F. Nodot). *Paris, V^c Claude Barbin,* 1700. In-12, mar. bl. dos orné, fil. tr. dor. (*Hardy.*)

Une autre édition porte sur le titre que ces aventures sont arrivées au camp de Compiègne. Un camp de manœuvre avait été établi près de Compiègne en 1698, pour l'instruction militaire du duc de Bourgogne.

702. Le Cocu content, ou le Véritable Miroir des amoureux, histoire nouvelle et galante. (Attribué à Brémond.) *Sur l'imprimé, à Amsterdam, Jean Wijnk,* 1702. Petit in-12, front. gravé, mar. cit. fil. dos orné, tr. dor. (*Hardy.*)

Cet ouvrage avait paru sous le titre de *le Double Cocu*, en 1678.

703. Mémoires de Madame la marquise de Fresne (par Sandras de Courtilz). *A Amsterdam, chez Jean Malherbe,* 1702. In-12, mar. r. fil. dos orné, tr. dor. (*Hardy.*)

Portraits du marquis et de la marquise de Fresne et 28 figures.

704. Anecdote galante, ou Histoire secrette de Catherine de Bourbon, duchesse de Bar et sœur de Henry le Grand, Roy de France et de Navarre (par Mlle de Caumont de la Force). *A Nancy*, 1703. In-12, mar. bl. jans. tr. dor. (*Hardy.*)

705. Histoire secrète de Bourgogne (par Mlle de Caumont de La Force). *Amsterdam, Élie-Jacob Ledet*, 1729. 2 tomes en 1 vol. in-12, v. br.

706. Venda, reine de Pologne, ou l'histoire galante et curieuse de ce qui s'est passé de plus mémorable en ce tems-là. *A la Haye, chez Abrah. Troyel*, 1705. Pet. in-12, mar. bl. fil. dos orné, tr. dor. (*Hardy.*)

707. Le Démon et la Démone mariez, ou le Malheur des hommes qui épousent de mauvaises femmes; avec leurs caractères vicieux. Nouvelles tirées des Annales de Florence par le fameux Machiavel. *Rotterdam*, 1705. Pet. in-12, fig., mar. orange, fil. dos orné, tr. dor. (*Duru.*)

708. Les Amours de Cornélie et d'Alphonse d'Est, duc de Ferrare, nouvelle historique. *A Liège, chez J.-F. Broncart*, 1706. Pet. in-12, front. gravé, mar. vert. fil. dos orné, tr. dor. (*Belz-Niedrée.*)

    Exemplaire non rogné.

709. L'Égyptienne, ou les Amours de don Juan de Carcame et de dona Constance d'Azevedo, nouvelle historique. *Bruxelles, Jean de Smedt*, 1706. Pet. in-12, mar. rouge, fil. dos orné, tr. dor. (*Capé.*)

710. Les Chevaliers errans et le Génie familier, par Mme la comtesse D*** (d'Auneuil.) *Amsterdam, Estienne Roger*, 1709. Pet. in-12, front. gravé et figures, mar. vert, fil. dos orné, tr. dor. (*Capé.*)

711. Les Amans cloîtrez, ou l'Heureuse Inconstance. *Brusselles, George de Backer*, 1706. Petit in-12, front. gravé par Harrewyn, mar. br. jans. tr. dor. (*Hardy.*)

712. Les Amours d'Eumène et de Flora, ou Histoire véritable des intrigues amoureuses d'une grande princesse de notre siècle. *Cologne, Guillaume le Sincère* (*Holl.*), 1706. Pet. in-12, mar. rouge, fil. dos orné, tr. dor. (*Hardy.*)

713. Le Moine sécularisé, augmenté de nouveau de la Vie des
moines. *Suivant l'original, à Villefranche, chez Jean le
Grand.* 1 vol. pet. in-12, v. br. tr. dor.

714. Le Jésuite défroqué, ou les Ruses de la Société. *Rome,
aux dép. de la Société (Holl.), s. d.* Pet. in-12, front. gravé,
mar. rouge, fil. tr. dor. (*Anc. rel.*)

715. Le Comte de Soissons, nouvelle galante (par Isaac
Claude). *A Cologne, chez Pierre le Jeune,* 1706. Pet. in-12,
front. gravé, mar. rouge, fil. dos orné, tr. dor. (*Capé.*)

716. L'Amour à la mode, satyre historique (par Mme de
Pringy). *Paris, Ve Coignard,* 1706. Pet. in-12, front.
gravé par Harrewyn, mar. rouge, jans. tr. dor. (*Hardy.*)

717. Les Funestes Effets de l'amour, et les Désordres de cette
passion. *Luxembourg, André Chevalier,* 1707. 2 tomes en
1 vol. pet. in-12, mar. vert jans. tr. dor. (*Hardy.*)

718. L'Abbé à sa toilette, nouvelle galante. *Londres, Claude
Bricquet,* 1707. Pet. in-12, front. gravé, mar. br. fil. dos
orné, tr. dor. (*Hardy.*)

719. Le Diable boiteux, par Le Sage. *A Amsterdam, chez
Henri Desbordes,* 1708. Pet. in-12, front. gravé, mar. rouge
jans. tr. dor. (*Hardy.*)

720. Le Diable boiteux, par M. Le Sage, nouvelle édition,
augmentée d'une Journée des Parques, avec les Entretiens
sérieux et comiques des cheminées de Madrid (du même)
et les Béquilles du Diable boiteux (par Bordelon). *Paris,
Damonneville,* 1756. 3 vol. pet. in-12, figures, mar. violet,
tr. dor. (*Duru-Chambolle.*)

721. Le Diable boiteux, par Le Sage, illustré par Tony
Johannot, précédé d'une notice sur Le Sage par Jules
Janin. *Paris, Ernest Bourdin,* 1842. Gr. in-8, front. et fig.
sur bois, mar. rouge, fil. dos orné, tr. dor. (*Hardy.*)

Exemplaire tiré sur papier de Chine.

722. Histoire de Gil Blas de Santillane, par Le Sage. *Paris,
Didot jeune, an III.* 4 vol. in-8, fig. de Bornet, demi-rel.
mar. bl. dos orné. (*Hardy.*)

On a ajouté à la suite de Bornet une autre suite qui est à peu près
du même temps.

723. La Promenade de Saint-Cloud, par M. Le Sage. *La Haye,*
1738. 2 vol. pet. in-12, mar. vert clair, jans. tr. dor.
(*Duru et Chambolle.*)

724. Histoire d'Estevanille Gonzalez, surnommé le Garçon
de bonne humeur, tirée de l'espagnol, par M. Le Sage.
Paris, Prault père, 1741. 2 vol. in-12, mar. br. fil. dos orné.
tr. dor. (*Duru.*)

725. Histoire d'Estevanille Gonzalez, surnommé le Garçon
de bonne humeur, par Le Sage. *Paris, Imbert,* 1797. 3 tomes
en 1 vol. pet. in-12, fig. v. m. tr. dor.

726. La Valise trouvée, par M. Le Sage. *A Amsterdam,* 1755.
2 parties en 1 vol. in-12, mar. rouge, dos orné, tr. dor. (*Belz-
Niedrée.*)

727. Mital, ou Aventures incroyables, et toutefois, et cætera
(par l'abbé Bordelon). *A Paris, chez Charles Leclerc,* 1708.
In-12, mar. rouge, fil. dos orné, tr. dor. (*Hardy.*)

728. L'Amour dégagé, ou les Avantures de don Fremal et
de D. Garcie, gentilhommes natifs de Valence, par le
S^r D*** V***. *Cologne, Pierre Marteau,* 1708 (*Holl.*). Pet.
in-12, front. gravé, mar. orange, fil. dos orné, tr. dor.
(*Hardy.*)

729. Le Diable bossu (par l'abbé Bruslé de Montpleinchamp).
A Nancy, chez Dominique Gaydon (Bruxelles), 1708. Pet.
in-12, front. gravé, mar. rouge, jans. tr. dor. (*Hardy.*)

730. L'Heureux Chanoine de Rome, nouvelle galante, ou
la Résurrection prédestinée (par C. M. D. R.). *S. l.* 1708.
In-12, mar. orange, fil. dos orné, tr. dor. (*Hardy.*)

C'est un recueil de diverses aventures, intrigues amoureuses et facétieuses arrivées du temps du surintendant Fouquet, et dans lesquelles il
se trouve mêlé.

731. La Flandre galante, contenant les conquêtes amoureuses
de plusieurs officiers, et les aventures qui leur sont arrivées. *A Cologne, chez les héritiers de Pierre Marteau,* 1709.
2 part. en 1 vol. pet. in-12, front. gravé, mar. rouge, fil.
dos orné, tr. dor. (*Hardy.*)

Rare.

732. L'Écureuil de la Cour, ou les Veillées divertissantes.

A Leyde, chez Jean le Raconteur, 1709. In-8, mar. rouge,
jans. tr. dor. (*Hardy.*)

Raccommodage au dernier feuillet.

733. L'Infortuné Napolitain, ou les Aventures du seigneur
Rozelli (par l'abbé Olivier). *Amsterdam, Henri Desbordes,*
1709. 2 vol. in-12, front. gravé et figures, veau br.

734. Le Diable procureur et le Diable financier, par M***.
Lyon, 1710. In-12, mar. bleu jans. tr. dor. (*Hardy.*)

Dialogues en prose et en vers. Aventure galante.

735. Les Libertins en campagne, mémoires tirés du Père
de la Joie, ancien aumônier de la Reine d'Yvetot. *Imprimé*
au Quartier royal, 1710. Pet. in-12, front. gravé, mar. cit.
fil. tr. dor. (*Trautz-Bauzonnet.*)

736. L'Écueil des Amans ou les Amours de Don Pedro Gon-
salve de Mendosse et de dona Juana de Cisneros, nouvelle espagnole, historique et galante, par le chevalier
B***. *A Brusselles, chez Georges de Backer,* 1710. Petit
in-12, front. gravé, mar. br. fil. dos orné, tr. dor. (*Duru.*)

737. Le Diable babillard ou indiscret (par de Campan). *A Co-*
logne, chez Pierre Marteau, 1711. In-12, mar. rouge, fil.
dos orné, tr. dor. (*Hardy.*)

738. Le Billet perdu, ou l'Intrigue découverte. Histoire galante, dédiée à Mlle D. M. Q. S. *A Cologne, chez Pierre*
Marteau le fils, 1711. Pet. in-12, front. gravé, mar. rouge
jans. tr. dor. (*Hardy.*)

739 Alix de France. Nouvelle historique (par Louis Montfort). *Amsterdam, Estienne Roger,* 1712. Pet. in-12, v.
fauve.

740. Mémoires du comte de Grammont, par Ant. Hamilton.
Paris, Ménard et Desenne fils, 1819. 2 vol. in-12, fig. de
Choquet, mar. olive, fil. à fr. dos orné, tr. dor.

741. La Promenade du Luxembourg, par M. L***. *Paris,*
Cl. Jombert, 1713. In-12, front. grav. — Histoire du chevalier de Rohan. In-12 (manque le titre). 2 part. en 1 vol.
in-12, mar. rouge, fil. tr. dor.

Aux armes de Mme de Verrue.

742. La Nouvelle Astrée, dédiée à S. A. R. Madame (attribuée à l'abbé de Choisy). *A Amsterdam, chez Pierre Humbert,* 1713. Pet. in-12, vél. bl.

743. La Femme foible, où l'on représente aux femmes les dangers auxquels elles s'exposent par un commerce fréquent et assidu avec les hommes, à quoi on a joint quelques avis touchant leur conduite, par Mme de S*** (Jean-Baptiste Drouet de Maupertuy). *Nancy, Nicolas Chenois,* 1714. Pet. in-12, mar. bleu, fil. dos orné, tr. dor. (*Hardy.*)

744. Amanzolide, nouvelle historique et galante qui contient les avantures secrètes de Mehemed Riza Beg, ambassadeur de Perse à la cour de Louis le Grand, en 1715. *A la Haye, chez Adrian Moetjens,* 1716. Pet. in-12, fig. mar. rouge jans. tr. dor. (*Hardy.*)

745. Le Désespoir amoureux avec les Nouvelles Visions de Don Quichotte, histoire espagnole. *A Amsterdam, chez Josué Steenhouwer et Hermanus Uytwerf,* 1715. In-12, front. et fig., mar. vert clair, fil. dos orné, tr. dor.

746. L'Illustre Mousquetaire, nouvelle galante. *A la Haye, chez Henri Dusauzet,* 1716. Pet. in-12, mar. rouge, jans. tr. dor. (*Belz-Niedrée.*)

747. L'Amour à la mode, ou le Duc du Maine, nouvelle galante, par Mme D***. *Cologne, Pierre Marteau (Holl.),* 1716. In-12, vél. bl.

748. Le Czar Démétrius, histoire moscovite, par M. de la Rochelle. *A la Haye, chez les frères van Dole,* 1716. 2 tomes en 1 vol. in-12, front. gravé, mar. rouge jans. tr. dor. (*Hardy.*)

749. Le Tendre Ollivarius, nouvelle galante, par M. B*** de B*** (Brunet de Brou). *A Amsterdam, chez Henry Desbordes,* 1717. In-12, fig. mar. orange. fil. dos orné, tr. dor. (*Hardy.*)

750. Les Aventures de Zéloïde et d'Amanzarifdine, contes indiens (par Paradis de Moncrif). *A Paris, et se vend à Bruxelles, Joseph T'serstevens,* 1717. Pet. in-12, front. gr. mar. vert jans. tr. dor. (*Hardy.*)

751. La Vie de Pedrille del Campo, roman comique dans le
goût espagnol (par **M.** Thibault). *A Paris, chez Pierre
Prault,* 1718. In-12, mar. rouge, fil. dos orné, tr. dor.
(*Chambolle-Duru.*)

> Édition en gros caractères. Frontispice et figures dessinés par A. de
> Lestre, gravées par L. Crépy.

752. La Vie de Pedrille del Campo, roman comique, dans
le goût espagnol, par **M.** T*** G. D. T. (Thibault), avec
les Cantates et autres Poésies du même auteur. *Amster-*
dam, Pierre Humbert, 1721. In-12, mar. rouge jans. tr.
dor. (*Belz-Niedrée.*)

753. Avantures et Lettres galantes, avec la Promenade des
Tuileries, contenant plusieurs histoires et plusieurs particularités très-agréables. *Amsterdam, N.-Etienne Lucas,*
1718. 2 tom. en 1 vol. pet. in-12, 2 front. gr., mar. rouge,
dos orné, fil. tr. dor. (*Anc. rel.*)

> Exemplaire de Méon.

754. Les Amours d'Antiocus, prince de Syrie, et de la reine
Stratonique, par **M.** Le Febvre. *A Cologne, chez Pierre*
Marteau, 1718. In-12, mar. rouge, fil. petite dentelle, dos
orné, tr. dor. (*Hardy.*)

755. Avantures de la comtesse de Strasbourg et de sa fille,
par l'auteur des Mémoires du C. D. R. (comte de Rochefort, Sandraz de Courtilz). *Amsterdam, Steenhouwer et*
Uytwerf, 1718. In-12, mar. bleu, fil. dos orné, non rog.
(*Hardy.*)

756. La Comtesse de Vergy, nouvelle historique, galante
et tragique, par **M.** L. C. D. V. (le comte de Vignacourt).
Paris, Jean-Ant. Robinot, 1722. 2 parties en 1 vol. in-12,
mar. bleu, fil. dos orné, tr. dor. (*Hardy.*)

757. Adélaïde de Messine, nouvelle historique, galante et
tragique. *Amsterdam, l'Honoré,* 1722. 2 tomes en 1 vol.
pet. in-12, fig., demi-rel. v. fauve.

758. Le Passe-Partout galant, par M***, chevalier de l'Ordre
de l'Industrie et de la Gibecière. *Constantinople, à l'impr.*
de Sa Hautesse, 1722. Pet. in-12, mar. rouge, front. grav.
fil. dos orné, tr. dor. (*Hardy.*)

> Recueil d'histoires satiriques, dirigées la plupart contre le clergé.

759. Les Promenades de M. de Clairenvile, où l'on trouve une vive peinture des passions des hommes avec des histoires curieuses et véritables sur chaque sujet, par M. D***. *Cologne*, 1723. Pet. in-12, front. gravé et figures demi-rel. bas. non rog.

760. Aventures singulières de M. C*** (Ciangulo), contenant le récit abrégé des désordres qui se commettent dans les couvents, et de ce qu'il a éprouvé de la cruauté de l'Inquisition. 1re et 2me parties, trad. de l'italien. *A Utrecht, chez Pierre Muntendam*, 1724. Pet. in-8, front. grav. mar. br. fil. dos orné, tr. dor. (*Hardy.*)

761. Les Avantures du voyageur aérien, histoire espagnole, avec les Paniers ou la Vieille prétieuse, comédie par M*** (Le Grand). *Paris, André Cailleau*, 1724. In-8, br.

762. Les Jésuites de la maison professe de Paris en belle humeur. *A Cologne, chez Pierre Marteau*, 1725. Pet. in-12, mar. rouge, fil. dos orné, tr. dor. (*Capé.*)

> Suite d'aventures plus que galantes.

763. Amusement plaisant et récréatif, nouvelle traduction par M. de... *A Cologne, chez Pierre Marteau (Holl.)*, 1726. In-12, front. gravé, demi-rel. mar. rouge, dos et coins, tête dor. non rog.

> Recueil de contes plaisants.

764. Les Amours d'Horace (par de Solignac). *Cologne, Pierre Marteau*, 1728. In-12, front. gravé, mar. bl. jans. tr. dor. (*Hardy.*)

765. Les Avantures du jeune comte de Lancastel, nouvelle du tems (attribué à d'Auvigny, par l'abbé Lenglet). *Paris, chez Alexis Mesnier*, 1728. In-12, mar. bleu jans. tr. dor. (*Hardy.*)

766. Les Amours de Sainfroid, jésuite, et d'Eulalie, fille dévote, histoire véritable, suivie de quelques Nouvelles nouvelles. *La Haye, Isaac van der Kloot*, 1729. Pet. in-12, front. gravé, mar. rouge, fil. dos orné, tr. dor. (*Hardy.*)

767. Hyacinthe, ou le Marquis de Celtas Dirorgo, nouvelle espagnole. *Amsterdam, Jacques Desbordes*, 1731. 2 vol. pet. in-12, fig., mar. bleu, fil. dos orné, tr. dor. (*Hardy.*)

768. Les Aventures d'Aristée et de Télasie, histoire galante
et héroïque (par **Du Castre d'Auvigny**). *A Amsterdam,
chez François l'Honoré,* 1732. 2 vol. in-12, fig. br.

769. Le Journaliste amusant, ou le Monde sérieux et comique. *Amsterdam, François l'Honoré,* 1732. Pet. in-12,
front. gravé, mar. rouge, fil. dos orné, tr. dor. (*Hardy.*)

770. Les Victoires de l'Amour, ou Histoires de Zaïde, de
Léonor et de la marquise de Vico. *Utrecht, chez Jean Brœ-
delet,* 1733. In-12, frontispice et 15 figures gravées par
G. Quineau, mar. rouge, fil. dos orné, tr. dor. (*Hardy.*)

771. La Folette, ou le Rhume, histoire bourgeoise (par
M. l'Affichard). *Paris, Mesnier,* 1733. In-12, mar. cit. fil.
dos orné, tr. dor. (*Belz-Niedrée.*)

772. La Voiture embourbée, ou le Roman naturel (par **M. de
Marivaux**). *Amsterdam,* 1715. Pet. in-12, figures, mar.
rouge, fil. dos orné, non rog. (*Hardy.*)

773. La Vie de Marianne, ou les Aventures de Mme la
comtesse de... (par **M.** de Marivaux). *Londres (Paris,
Cazin),* 1782. 4 vol. in-18, fig. v. m.

774. Histoire de Manon Lescaut et du chevalier Des Grieux,
(par l'abbé Prévost), édition illustrée par Tony Johannot,
précédée d'une notice historique sur l'auteur par Jules
Janin. *Paris, Ernest Bourdin, s. d.* Gr. in-8, portrait et fig.
mar. rouge, fil. dos orné, tr. dor. (*Hardy-Mennil.*)

> Exemplaire tiré sur papier de Chine.

775. Mémoires pour servir à l'histoire de Malte, ou Histoire
de la jeunesse du commandeur de ***, par l'auteur des
Mémoires d'un homme de qualité (l'abbé Prévost).
Utrecht, Étienne Neaulme, 1742. 2 parties en 1 vol. pet.
in-12, mar. vert fil. dos orné, tr. dor. (*Capé.*)

776. Mémoires pour servir à l'histoire de la vertu, extraits
du Journal d'une jeune dame (par l'abbé Prévost).
Cologne (Paris), 1762. 4 vol. in-12, mar. rouge, fil. tr
dor. doublé de tabis. (*Anc. rel.*)

777. Histoire de Marguerite d'Anjou, reine d'Angleterre,
par **M.** l'abbé Prévost. *Amsterdam, François Desbordes,*
1740. 4 vol. in-12, v. m.

778. L'Abbé en belle humeur (par Macé). *Cologne, P. Marteau (Holl.)*, 1734. Pet. in-12, mar. bleu jans. tr. dor. (*Chambolle-Duru.*)

779. Les Mémoires du chevalier de… (par Mme Meheust). *Amsterdam, François l'Honoré*, 1734. In-12, mar. rouge, fil. dos orné, tr. dor. (*Hardy.*)

780. Le Chevalier des Essars et la Comtesse de Berci, histoire remplie d'événemens intéressans (par Guillot de Chassaigne). *A Amsterdam, chez Wetstein et Smith*, 1735. 2 vol. in-12, mar. rouge, fil. dos orné. (*Hardy.*)

781. Voyage merveilleux du prince Fanferedin dans la Romancie (par le père Bougeant, jésuite). *Paris, P.-G. Le Mercier*, 1735. Pet. in-8, v. m.

782. La Retraite de la Marquise de Gozanne, contenant diverses histoires galantes et véritables. *Amsterdam, 1735.* 2 tomes en 1 vol. pet. in-12, demi-rel. mar. vert, dos orné, coins, non rog. (*Petit.*)

783. Les Avantures de Zelim et de Damasine, histoire africaine (par M. Le Givre de Richebourg). *A Amsterdam, aux dépens de la Compagnie*, 1735. 2 tom. en 1 vol. pet. in-12, mar. rouge, fil. dos orné. (*Hardy.*)

Exemplaire non rogné.

784. Le Phénix conjugal, nouvelle du temps. *Amsterdam, Wetstein et Smith*, 1735. Pet. in-12, demi-rel. mar. rouge.

Exemplaire non rogné. De la bibliothèque de M. de la Bédoyère.

785. Anecdotes galantes et tragiques de la cour de Néron (par du Castre d'Auvigny). *A Paris, chez Rollin fils*, 1735. In-12, mar. rouge jans. tr. dor. (*Hardy.*)

786. Histoire d'Alburcide, nouvelle arabe. *A la Haye, chez Pierre de Hondt*, 1737. Pet. in-12. mar. rouge, fil. dos orné. (*Hardy.*)

Exemplaire non rogné.

787. Les Amours de Cartouche, ou aventures singulières et galantes de cet homme. *A Londres, s. d.* In-18, demi-rel. mar. vert, tête dor. non rog.

788. Les Femmes militaires, relation historique d'une isle

nouvellement découverte, par le C. D*** (de Saint-Jory). *Amsterdam, aux dépens de la Compagnie,* 1736. Pet. in-12, fig. br.

789. Les Enchaînemens de l'Amour et de la Fortune, ou les Mémoires du marquis de Vaudreville, par M. le marquis d'Argens. *A la Haye, chez Benjamin Gibert,* 1736. 2 parties en 1 vol. in-12, mar. bl. fil. dos orné. *(Belz-Niedrée.)*

>   Exemplaire non rogné.

790. Le Fortuné Florentin, ou les Mémoires du comte della Valle, par le marquis d'Argens. *A la Haye, chez Jean Gallois,* 1737. Pet. in-12, cart. non rog.

791. Les Caprices de l'Amour et de la Fortune, ou les Avantures de la signora Rosalina, par M. le marquis d'Argens. *La Haye, Pierre Paupie,* 1737. Pet. in-12, mar. rouge, fil. dos orné, tr. dor. *(Hardy.)*

792. Mémoires du chevalier de ***, par M. le marquis d'Argens. *Londres (Hollande),* 1745. 2 parties en 1 vol. pet. in-12, vignettes, mar. rouge, fil. dos orné, tr. dor. *(Hardy.)*

793. Mémoires du comte de Vaxère, ou le Faux Rabin, par l'auteur des Lettres juives (le marquis d'Argens). *Amsterdam,* 1737. 2 parties en 1 vol. pet. in-12, front. gravé, mar. bl. fil. dos orné, tr. dor. *(Hardy.)*

794. Les Nones galantes, ou l'Amour embéguiné (par le marquis d'Argens). *A la Haye, Jean Van Es.,* 1740. Pet. in-12, mar. orange, fil. dos orné, tr. dor. *(Hardy.)*

795. Mémoires de la comtesse de Mirol, ou les Funestes Effets de l'amour et de la jalousie, histoire piémontoise, par le marquis d'Argens. *A la Haye, chez Adrien Moetjens,* 1736. 2 parties en 1 vol. in-12, mar. rouge, fil. dos orné, tr. dor. *(Hardy.)*

>   Voir le n° 859.

796. Les Saturnales françoises, roman comique intéressant par la diversité, par M*** (l'abbé de la Baume), et par quelques pièces de théâtre qui n'ont jamais paru (par Th. Croquet). *Paris, Prault,* 1736. 2 tomes en 1 vol. in-12, v. jas.

797. Histoire de Madame la comtesse des Barres (par l'ab-

bé de Choisy). *A Bruxelles, chez François Foppens*, 1736. In-12, mar. rouge, fil. dos orné, non rog. (*Hardy.*)

Exemplaire non rogné.

798. La Nouvelle Marianne, ou les Mémoires de la baronne de ***, écrits par elle-même (par l'abbé Lambert). *La Haye, Pierre de Hondt,* 1740. 10 parties en 2 vol. in-8 bas.

799. Avantures de trois coquettes, ou les Promenades des Thuilleries, par l'auteur de la nouvelle Marianne (l'abbé Lambert). *A Haarlem, chez Jean van Lee*, 1740. Pet. in-8, front. gravé, mar. bl. fil. dos orné, tr. dor. (*Hardy.*)

Rare.

800. Le Nouveau Protée, ou le Moine aventurier, mémoires curieux écrits par l'auteur de la Nouvelle Marianne (l'abbé Lambert). *Haarlem, chez Jean van Lee,* 1740. Pet. in-8, front. gravé, bas.

Voir le n° 900.

801. Académie galante, contenant diverses histoires très-curieuses. *A Amsterdam, Estienne Roger,* 1740. 2 parties en 1 vol. pet. in-12, front. gravé, mar. br. fil. dos orné, tr. dor. (*Duru.*)

Raccommodage au frontispice.

802. Histoire des Amours de Valérie et du noble Vénitien Barbarigo, par M. J. Galbi de Bibiena. *A Lausanne et à Genève, chez Marc-Michel Bousquet et C*^ie, 1741. In-12, mar. bl. fil. dos orné, tr. dor. (*Hardy.*)

803. Histoire du roi de Campanie et de la princesse Parfaite. *Amsterdam, J. Wetstein et G. Smith,* 1736. Pet. in-12, mar. rouge jans. tr. dor. (*Hardy.*)

804. Histoire des deux Aspasies, femmes illustres de la Grèce, avec des remarques historiques et critiques, par M. Lecoute de Bièvre. *Amsterdam, J. Wetstein et G. Smith,* 1737. Pet. in-12, front. gravé, mar. bl. fil. dos orné, tr. dor. (*Hardy.*)

805. La Promenade de Versailles, ou Entretiens de six coquettes. *La Haye, Corneille de Ruyt,* 1737. In-12, mar. rouge, dos orné, fil. tr. dor. (*Hardy.*)

806. Les Amazones révoltées, roman moderne en forme de

parodie sur l'histoire universelle et la fable, par don
Louis le Maingre de Boucicault. *A Rotterdam, aux dé-
pens de l'auteur,* 1737. In-12, mar. rouge jans. tr. dor.
(*Hardy.*)

807. Histoire du comte d'Oxfort et de milady d'Herby et
d'Eustache de Saint-Pierre et de Béatrix de Guines au
siège de Calais, sous le règne de Philippe de Valois, roi
de France (par Mme de Gomez). *A Paris, chez David,* 1737.
In-12, mar. cit. fil. dos orné. (*Hardy.*)

> Exemplaire non rogné.

808. Mémoires et Avantures du baron de Puineuf, écrits
par lui-même). *La Haye,* 1737, 2 parties en 1 vol. pet.
in-12, mar. vert jans. tr. dor. (*Hardy.*)

809. Mémoires de Mlle de Bonneval, écrits par M***
(Gervaise), avec l'Art d'allonger un livre sans le rendre
ennuyeux. *Amsterdam (Paris), Jacques Desbordes,* 1738.
In-12, mar. bl. jans. tr. dor. (*Hardy.*)

810. Le Docteur Gélaon, ou les Ridiculités anciennes et
modernes, avec plusieurs poésies de MM. de Voltaire et
de Grécourt. *A Londres, chez Inns et Tonson,* 1738. In-12,
mar. brun jans. tr. dor. (*Duru.*)

811. Le Paysan gentilhomme, ou Avantures de M. Ransav,
avec son voyage aux isles jumelles, par M. de Catalde.
Paris, Pierre Prault, 1738. 2 parties en 1 vol. in-8, demi-
rel. mar. bl. dos orné, coins, non rog. tête dor. (*Hardy.*)

812. Mémoires de Mademoiselle Bontemps ou de la comtesse de Marlou, rédigés par M. Gueulette. *A Amsterdam,
chez Jean Catuffe,* 1738. In-12, front. gravé, mar. rouge,
fil. dos orné, tr. dor. (*Hardy.*)

813. Histoire du comte de ***. — Histoire de Julie. — Histoire de la comtesse de ***. *La Haye, Paul Vraitour,* 1739.
3 parties en 1 vol. in-12, mar. rouge, fil. dos orné, tr.
dor. (*Hardy.*)

814. Intrigues du Sérail, histoire turque, par M. Mal-
lebranche. *A la Haye, aux dépens de la Compagnie,* 1739.
Pet. in-12, mar. orange, fil. dos orné, tr. dor. (*Hardy.*)

815. L'Infortunée Hollandoise, ou les Mémoires de Mme de

Belfont. *A la Haye, chez Jean Gallois*, 1739. 2 vol. pet. in-12, mar. rouge, jans. tr. dor. (*Hardy.*)

816. Lettres à Madame ***, contenant deux histoires françoises. *La Haye, aux dépens de la Compagnie*, 1739. Pet. in-12, v. br.

817. Amusemens des bains de Bade, en Suisse, de Schintznach et de Pfeffers (par David Fr. de Merveilleux). *Londres, Samuel Harding*, 1739. In-12, cartes et fig. v. m.

818. Memoires d'Anne-Marie de Moras, comtesse de Courbon, écrits par elle-même ; adressés à Mlle d'Au***, pensionnaire au couvent de Cherche-Midi (par le chevalier de Mouhy). *La Haye, Pierre de Hondt*, 1739. 4 parties en 1 vol. in-12, mar. rouge, fil. tr. dor. (*Anc. rel.*)

De la bibliothèque de M. le baron J. P***.

819. Mémoires d'Anne-Marie de Moras, comtesse de Courbon, écrits par elle-même et adressés à Mlle de ***, pensionnaire au couvent du Cherche-Midi (par de Mouhy). *La Haye, Pierre de Hondt*, 1740. 4 parties en 1 vol. in-12, v. m.

820. Les Mémoires de Madame la Marquise de Villenemours, écrits par elle-même et rédigés par M. de Mouhy. *La Haye, Antoine van Dole*, 1747. 4 parties en 2 vol. pet. in-12, mar. bl. fil. dos orné, tr. dor. (*Hardy.*)

821. La Paysanne parvenue, ou les Mémoires de Madame la Marquise de L. V. par M. le chevalier de Mouhy. *A Amsterdam, aux dépens de la Compagnie*, 1766. 2 vol. in-12, mar. br. fil. dos orné, tr. dor. (*Hardy.*)

822. Le Masque de fer, ou les Aventures admirables du père et du fils (par de Mouhy). *Paris, Louis, l'an II de la R.* 2 vol. pet. in-12, figures, v. m. tr. dor.

823. Histoire de Gogo. *La Haye, Benjamin Gilbert*, 1739. 2 parties en 1 vol. in-12, v. m.

824. Tanzaï et Néadarné, histoire japonaise (par M. de Crébillon fils). *Pékin, Lou-chou-chu-la*, 1740. 2 vol. pet. in-12, fig. v. fauve.

Édition originale.

825. Lettres de la duchesse de *** au duc de *** (par Crébillon fils). *Paris, Merlin,* 1769. 2 vol. pet. in-12, v. m.

826. Lettres de Babet, avec les Lettres d'une dame de qualité à son amant (par Crébillon fils). *A Jene, chez Félix Fickelfcherr,* 1764. Pet. in-8°, mar. bl. fil. dos orné, tr. dor. (*Belz-Niedrée.*)

827. L'Heureux Imposteur, ou Avantures du baron de Janzac, histoire véritable, par M. de Mirone. *A Utrecht, chez Etienne Neaulme,* 1740. 2 parties en 1 vol, in-12, mar. bl. fil. dos orné, tr. dor. (*David.*)

828. Relation du voyage mystérieux de l'isle de la Vertu, à Oronte. *A Mons, chez Gaspard Migeot,* 1740. In-12, mar. vert. fil. dos orné, tr. dor. (*Duru.*)

829. Mémoire du chevalier de Ravannes, page de S. A. le duc régent et mousquetaire. *Liége,* 1740. 2 vol. pet. in-8, v. jas.

830. Le Prétendu Enfant supposé, ou Mémoires de la jeunesse du comte de Létaneuf, par M. D... de Vaubreton. *La Haye,* 1740. Pet. in-12, mar. rouge jans. tr. dor. (*Hardy.*)

831. Le Diable hermite, ou Avantures d'Astaroth banni des enfers, ouvrage de fantaisie, par M. de M*** (de Saumery). *Amsterdam, François Joly,* 1741. 2 vol. pet. in-12, front. gr. mar. rouge, fil. non rog. (*Hardy.*)

Exemplaire NON ROGNÉ.

832. Le Diable hermite, etc. (par M. de Saumery). *Amsterd.,* 1741. 2 part. en 1 vol. pet. in-12, front. gr. mar. vert, fil. dos orné, tr. dor. (*Capé.*)

833. Histoire abrégée et très-mémorable du chevalier de la Plume-Noire. *Amsterdam, N.-G. Löhner,* 1744. In-12, mar. bl. dos orné, fil. tr. dor. (*Capé.*)

834. Les Trois voluptés. *S. L.,* 1746. In-12, mar. rouge, jans. tr. dor. (*Hardy.*)

835. Cléodamis et Lélex, ou l'Illustre Esclave (par Menin). *La Haye, chez Pierre Paupie,* 1746. In-12, mar. cit. fil. dos orné, tr. dor. (*Hardy.*)

836. Histoire de Madame de Luz, anecdote du règne de Henri IV (par Duclos). *La Haye, Pierre de Hondt,* 1744. 2 parties en 1 vol. pet. in-12, demi-rel. mar. bl.

837. La Vie d'Olympe, ou les Avantures de Mme la marquise de ***, histoire véritable. *A Utrecht, chez Etienne Neaulme,* 1741. 5 parties en 1 vol. in-12, veau fauve, tr. dor. (*Niedrée.*)

838. Les Avantures de Don Antonio de Riga, comte de Saint-Vincent. *Amsterdam, Maynard Uytwerf,* 1744. Pet. in-12, demi-rel. bas.

839. L'Écueil de la vie, ou les Amours du chevalier de ***, enrichi de plusieurs contes, épigrammes et épitaphes nouvelles et galantes. *A Francfort, chez Paul l'Enclume,* 1744. 2 tomes en 1 vol. in-8, mar. rouge, fil. dos orné, tr. dor. (*Hardy.*)

840. Zulmis et Zelmaïde, conte (par l'abbé de Voisenon). *Amsterdam (Paris,)* 1745. Pet. in-8, mar. rouge, fil. dos orné, tr. dor. (*Hardy.*)

841. Les Faveurs du Sommeil, histoire (prétendue) traduite d'un fragment grec d'Aristénète (composée par François Turben). *Londres (Paris), Hierosme Printall,* 1746. In-12, mar. brun jans. tr. dor. (*Hardy.*)

842. Le Petit Toutou, par M. de Bibiena. *Amsterdam (Paris),* 1746. 2 parties en 1 vol. in-8, vign. sur le titre, mar. vert, fil. dos orné. (*Capé.*)

843. Les Mémoires et Avantures de Mlle de Butler, remplis d'évènemens très-intéressans, par M. de ***. *Londres,* 1747. 2 parties en 1 vol. in-12, front. gravé, mar. bl.

844. La Vallée de Tempé (par Watelet). *A la Haye, chez Jean Neaulme, suivant la copie imprimée à Toulouse, chez Branard,* 1747. In-12, front gravé, mar. vert, fil. dos orné, tr. dor. (*Capé.*)

845. Néraïr et Melhoé, conte ou histoire (par de Blanes). *Imprimé à ***. S. l. n. d.* (1747). 2 vol. in-12, v. f. (*Aux armes du duc de Luynes*).

846. Mémoires de M. le marquis de Saint-***, ou les Amours

fugitifs du cloître. *Amsterdam,* 1747. 2 tom. en 1 vol.
in-12, v. m. fil. (*Armes de Montmorency-Luxembourg.*)

847. Les Malheurs de l'Amour (par la marquise de Tencin et
Pont-de-Vesle). *Amsterdam (Paris),* 1747. 2 vol. in-12, br.

848. Annales galantes de la cour de Henri second (par Mademoiselle de Lussan. *Amsterdam, Jacques Desbordes,* 1749.
2 vol. in-12, v. fauve.

849. Histoire des princesses de Bohême, par Madame *** (par
Deslandes). *La Haye, Jean Neaulme,* 1749. 2 parties en
1 vol. in-12, demi-rel. mar. rouge, dos orné, non rog. tête
dor. (*Hardy.*)

850. Histoire de la princesse de Montferrat (par Deslandes).
Londres, 1749. In-12, front gravé, mar. vert clair, fil. dos
orné, tr. dor. (*Hardy.*)

851. Mirza Nadir, ou Mémoires et Aventures du marquis
de Saint-T*** (par le chevalier de la Morlière). *A la Haye
(Paris),* 1749. 4 vol. in-12, mar. vert clair, fil. dos orné.
(*Belz-Niedrée.*)

Exemplaire non rogné.

852. Les Confessions d'un fat, par le chevalier de la B***
(Bastide). *Paris,* 1749. 2 parties en 1 vol. in-12, v. fauve
(*Aux armes de Mirabeau.*)

853. L'Anti-Thérèse, ou Juliette philosophe, nouvelle mes-
sine véritable, par M. de T***. *La Haye, Étienne-Louis
Saurel,* 1750. Pet. in-8, mar. cit. fil. dos orné, non rogné.
(*Hardy.*)

Volume rare.

854. Exemple singulier de la vengeance d'une femme, conte
moral ; ouvrage posthume de Diderot. *Londres,* 1793.
In-12, demi-rel. mar. r. dos orné, coins, non rog. tête
dor. (*Belz-Niedrée.*)

855. Le Chartreux, par Diderot. *Paris,* 1797. 3 parties en
1 vol. in-18, fig. demi-rel. mar. rouge, dos orné et coins,
tr. dor. (*Vve Niedrée.*)

856. Le Masque, ou Anecdotes particulières du chevalier
de*** (par le marquis du Terrail). *A Amsterdam, Pierre*

Mortier, 1750. In-12, mar. vert, fil. tr. dor. dos orné. (*Hardy.*)

857. Lettres de Nedim Coggia. — Les Veuves, comédie. *Amsterdam, Pierre Mortier,* 1750.—Nazziraddolé et Zélica, ou la Constance aisée. *Amsterdam,* 1746. 3 part. en 1 vol. in 12, front. grav. v. marb.

858. Les Sonnettes, ou Mémoires du marquis D*** (par Guiard de Servigné). *Berg op zom (Londres), chez F. de Richebourg,* 1751. 2 parties en 1 vol. pet. in-12, fig. mar. orange jans. tr. dor. (*Duru.*)

859. Aventures de Bella et de dom M***, nouvelle espagnole ; et le Comte de R***, nouvelle françoise, par M. le marquis d'Argens. *La Haye, Moetjens,* 1751. 2 parties en 1 vol. pet. in-8, v. br.

860. Mémoires de Versorand (par La Solle). *Amsterdam, aux dépens de la Compagnie,* 1751. 6 parties en 3 vol. in-12, mar. bleu, tr. dor. (*Hardy.*)

861. Mémoires de Versorand (par La Solle). *Amsterdam,* 1751. 6 parties en 3 vol. in-18, v. jaspé.

862. Les Filles femmes, et les Femmes filles, ou le Monde changé, conte qui n'en est pas un, par M. Simien ; les Quinze Minutes, ou le Temps bien employé, conte d'un quart d'heure. *Au Parnasse, par les libraires associés,* 1751. In-12, demi-rel. mar. rouge.

Très-rare.

863. Zec-Zec-Zeb, anecdotes indostanes. *A la Haye,* 1751. 4 parties en 1 vol. in-12, front. gravé, mar. bl. fil. dos orné, tr. dor. (*Hardy.*)

Rare.

864. Le Mot et la Chose (par Campan). *S. l.* 1752. In-12, v. marb.

865. Angélina, ou Histoire de D. Mathéo, trad. de l'italien (par Callon). *Milan, Reyeends et Colomb,* 1752. 2 parties en 1 vol. pet. in-8, mar. bl. fil. dos orné tr. dor. (*Hardy.*)

866. La Double Marotte, l'Antipathie couronnée par l'Hymen, nouvelle des plus nouvelles. *A la Haye, chez Pierre*

van Cleef, 1752. Pet. in-12. mar. orange, fil. dos orné, tr. dor. (*Hardy.*)

867. La Vie et les Aventures du petit Pompé, histoire critique, traduite de l'anglois par M. Toussaint. *Londres*, 1752. 2 vol. pet. in-12, veau fauve, fil. dos orné, tr. dor. (*Duru.*)

868. Voyages dans les espaces (par d'Abbes de Cabreroles). *A Londres*, 1758. In-12, non relié.

869. Le Voyage de Mantes, ou les Vacances de 17... (par G. de Bonneval). *Amsterdam*, 1753. Pet. in-12, fig. mar. rouge, fil. dos orné tr. dor. (*Capé.*)

870. La Vie de Don Alphonse Blas de Lirias, fils de Gil Blas de Santillane. *Amsterdam, Meynard Uytwerf*, 1754. In-12, fig. mar. bl. fil. dos orné, tr. dor. (*Belz-Niedrée.*)

871. La Trentaine de Cythère (par Bastide). *Londres* (*Paris*), 1753. In-12, demi-rel. mar. vert clair, dos et coins, tête dor. non rog. (*Hardy.*)

872. L'École des Filles, ou les Mémoires de Constance. *Londres*, 1753. 4 parties en 2 vol. in-12, v. marb.

873. Le Soldat parvenu, ou Mémoires et Aventures de M. de Verval, dit Bellerose, par M. de M. (Mauvillon). *Dresde, George Conrad Walther*, 1753. 2 tomes en 1 vol. in-12, fig. v. marb.

874. Mémoires de Gaudence de Luques, prisonnier de l'Inquisition (trad. de l'anglais de G. Bekerley), augmentés (par Dupuy-Demportes) des cahiers qui avoient été perdus à la douane de Marseille. *Amsterdam* (*Paris*), 1754. 4 parties en 1 vol. in-12, fig., mar. rouge, tr. dor. (*Hardy.*)

875. Les Sotises du temps, ou Mémoires pour servir à l'histoire générale et particulière du genre humain (attribué à P. Clément de Genève). *La Haye, Nicolas van Daalen*, 1754. 2 tomes en 1 vol. in-12, v. f.

876. La Double Beauté, roman étranger (par Dujardin et Sellius). *Cantorbéry*, 1754. In-12, mar. rouge jans. tr. dor. (*Hardy.*)

877. Le Palais du Silence, conte philosophique, traduit du grec de Cadmus de Milet, ou plutôt composé par le cheva-

lier d'Arcq. *A Amsterdam, chez E. van Harrevelt,* 1755. 2 parties en 1 vol. in-12, front. gravé, mar. br. jans. tr. dor. (*Belz-Niedrée.*)

878. Le Faux Ravisseur, ou Caravanes galantes du chevalier d'Abbeville, par M. L. Le M***. *A Hambourg, aux dépens de la Société,* 1755. 2 tomes en 1 vol. in-12, mar. bl. jans. tr. dor. (*Masson et Debonnelle.*)

> Exemplaire non rogné.

879. L'Infortuné Provençal, ou Mémoires du chevalier de Bélicourt, écrits par lui-même. *A Avignon,* 1755. Petit in-8, mar. bleu jans. (*Hardy.*)

> Exemplaire non rogné.

880. Nine, par M. D. B. (Des Bies). *Amsterdam, et se trouve à Paris chez Hochereau,* 1756. 2 parties en 1 vol. in-12, demi-rel. mar. rouge, dos orné, coins, non rog. tête dor. (*Hardy.*)

881. Les Petits Soupers de l'esté, ou Avantures galantes. *La Haye,* 1757. 2 vol. pet. in-8, v. fauve.

882. Histoire de D. Ranucio d'Alétès, écrite par lui-même (par Ch. Gabr. Porée). *Venise,* 1758. 2 vol. in-12, fig. demi-rel. mar. vert, dos et coins. non rog. tête dor. (*Petit.*)

883. Le Livre d'Airain, histoire indienne (par de la Dixmerie). *S. l.,* 1759. Pet. in-12, mar. bl. jans. non rog. (*Hardy.*)

884. L'Isle taciturne et l'Isle enjouée, ou Voyage du génie Alaciel dans ces deux isles (par de la Dixmerie). *Amsterdam (Paris), Arkstée et Merkus,* 1759. Pet. in-12, mar. rouge, fil. dos orné, tr. dor. (*Capé.*)

885. Les Jésuites démasqués, ou Annales historiques de la Société (par Roussel). *Cologne,* 1759. Pet. in-12, mar. brun jans. tr. dor. (*Belz-Niedrée.*)

886. La Nouvelle Paysanne parvenue, ou l'Histoire de Jeannette, par M. G*** de la Bataille. *A la Haye, chez Henri Scheurleer,* 1759. 4 parties en 1 vol. in-12, mar. br. fil. dos orné, tr. dor. (*Hardy.*)

887. La Champenoise, ou Mémoires de Mme la marquise de***, écrits par elle-même. *Amsterdam*, 1759. In-12, mar. rouge, fil. tr. dor. gardes de pap. dor. (*Anc. rel.*)

888. Grigri, histoire véritable, traduite du japonnois en portugais par Didaque Hadeczuca, et du portugais en françois, par l'abbé de*** (composée par de Cahusac). *A Nangazaki, l'an du monde* 59749 (1759). 2 parties en 1 vol. in-12, mar. bl. fil. dos orné, tr. dor. (*Capé.*)

889. Tant pis pour elles, tant pis pour eux, et tant mieux pour eux, tant mieux pour elles, ou le Voyage impromptu, bagatelle nouvelle. *A Saint-Cloud, chez un brave homme.* 1760. In-12 br.

890. La Nouvelle Héloïse, ou Lettres de deux amans habitans d'une petite ville au pied des Alpes, par J.-J. Rousseau. *Londres (Paris, Cazin)*, 1781, 6 parties en 7 vol. in-24, mar. rouge, tr. dor. (*Rel. anc.*)

891. Mémoires de Lucile, par M. le baron de V. S. (Vareilles). *A Paris, chez les libraires associés,* 1761. 3 parties en 1 vol. in-12, mar. bl. fil. dos orné, tr. dor. (*Hardy.*)

892. Testament histori-morali-politique de M. R.., (Ramponneau, fameux cabaretier), écrit et publié par lui-même (par Marchand, avocat). *A la Courtille (Paris)*, 1760. In-12, demi-rel. dos et coins, mar. bl. non rog. (*Hardy.*)

893. Les Capucins sans barbe, histoire napolitaine. *Amsterdam, aux dépens de la Compagnie*, 1762. In-12, demi-rel. mar. br. dos et coins, tr. dor. (*Hardy.*)

894. Lettres galantes de deux dames de notre temps.—Lettres de Minette, baronne de M***, écrites à son mari, et quelques Lettres écrites en 1743 et 1744 par une jeune veuve. *A Liège, aux dépens de la Compagnie*, 1762. In-8, mar. bl. jans. tr. dor. (*Hardy.*)

895. Le Danger des liaisons, ou Mémoires de la baronne de Blémon, par Mme la M... de S. A. (la marquise de St-Aubin, plus tard baronne d'Andlau). *Genève*, 1763. 3 vol. in-12, mar. vert, fil. tr. dor. (*Anc. rel.*)

896. Histoire des diables modernes, par M. A***. *Londres,*

aux dépens de la Société grégorienne. 1763. Pet. in-8, mar. rouge, jans. non rog. (*Hardy.*)

Cadre satirique rempli d'anecdotes scandaleuses. Barbier ne donne pas le nom de l'auteur ; mais, dans une autre édition de ce livre (*Clèves*, 1771), il est appelé *Adolphus*, juif anglais.

897. Mémoires d'Adélaïde, *S. d.* (1764). 2 parties en 1 vol. pet. in-12, v. jas.

898. Tant pis pour luy, ou les Spectacles nocturnes. *S. l.* (*Paris*) 1764. In-12, front. gravé. — Lettres d'elle et de lui, par une dame de la cour et qui n'est pas d'une académie. *Londres,* 1772. 2 parties en 1 vol. in-12, mar. vert, fil. dos orné, tr. dor.

Exemplaire de Mérard-Saint-Just, et à ses armes.

899. La Constance couronnée, ou les Époux unis par l'Amour, histoire nouvelle. *Londres, et se trouve à Paris chez Duchesne,* 1764. 2 vol. in-12, mar. cit. fil. tr. dor. (*Anc. rel.*)

Aux armes de la duchesse de Grammont-Choiseul.

900. Mémoires et Avantures de dom Inigo de Pascarilla, par l'auteur de la Nouvelle Marianne (l'abbé Lambert). *En Espagne, et à Paris, chez Duchesne,* 1764. 2 parties en 1 vol. in-12, front. gravé, demi-rel. v. marb.

901. Histoire de Mlle Laure, ou la Fille devenue raisonnable. *Amsterdam, Pierre Mortier,* 1764. 2 tomes en 1 vol. in-12, v. marb.

902. Le Bâtard parvenu, ou l'Histoire du chevalier du Plaisir. *Paris, Ve Lamesle,* 1764. Pet. in-8, mar. citron, fil. dos orné, tr. dor. (*Hardy.*)

903. Les Aventures d'un jeune homme, pour servir de supplément à l'Histoire de l'Amour (par l'abbé de Longchamps). *Londres, et se trouve à Paris, chez Jacques-Fr. Quillau,* 1765. 2 parties en 1 vol. in-12, mar. vert olive, dos orné, fil. tr. dor. (*Hardy.*)

904. Le Nouvel Enfant trouvé, ou le Fortuné Hollandois, mémoires écrits par lui-même. *A Londres, chez H. Scheurleer* (*Holl.*) 1766. In-12, figures, mar. rouge, fil. dos orné, tr. dor. (*Hardy.*)

905. L'Homme, ou le Tableau de la Vie; histoire des passions, des vertus, des événemens de tous les ages, trouvée dans les papiers de feu l'abbé P*** (composée par Barrett). *A Francfort, chez Jean Gottlieb Garbe*, 1765. 6 parties en 1 vol. pet. in-8, figures, mar. br. jans. tr. dor. (*Hardy*).

906. Sanfrein, ou mon Dernier Séjour à la campagne (par Tiphaine). *Amsterdam (Paris)*, 1765. In-12 cart.

907. La Capucinade, histoire sans vraisemblance, par frère P.-J. Discret N*** (Nougaret). *Partout*, 1765. In-12, mar. cit. fil. dos orné, tr. dor. (*Chambolle-Duru*.)

908. Les Amours de Paliris et de Dirphé. *Paris, Panckoucke*, 1766. In-12, 2 figures ajoutées, v. m.

909. L'Amitié scythe, ou Histoire secrette de la conjuration de Thèbes. *Issedon, et se trouve à Paris chez Vente*, 1767. In-12, front. gravé, mar. rouge, fil. dos orné, tr. dor. (*Hardy*).

910. Histoire de Sophie de Francourt, par Monsieur*** (le Mis de La Salle). *Paris, Merlin*, 1768. 2 vol. in-12, gr. par Masquelier, 4 fig. de Gravelot, v. m.

911. Histoire d'Amande, écrite par une jeune femme. *Londres, chez Vente*, 1768. 2 parties en 1 vol. in-12, cart.

912. Histoire de Mme de Bellerive, ou Principes sur l'amour et sur l'amitié, par M. le chevalier D***. *Londres et se vend à Paris, chez Segault*, 1768. In-12, mar. rouge, fil. tr. dor. (*Hardy*.)

913. L'Infortuné, ou Mémoires de M. de***. *Amsterdam, et se trouve à Paris, chez J.-B. Gogué*, 1768. Pet. in-12, v. jaspé.

914. Chinki, histoire cochinchinoise, qui peut servir à d'autres pays (par l'abbé Gabr.-Fr. Coyer). *Londres (Paris)*, 1768. In-8, mar. rouge, fil. tr. dor. (*Rel. anc.*)

915. Les Amans illustres, ou la Nouvelle Cléopâtre, par Mme D*** (Le Bret, censeur royal) *Amsterdam, Arkstée et Merkus*, 1769. 3 vol. in-12, v. marb.

916. La Jolie Femme, ou la Femme du jour (par Barthe). *A*

Lyon, chez Deville, 1769. 2 parties en 1 vol. in-12, mar. vert, fil. dos orné, tr. dor. (*Hardy.*)

917. Les Avantures du beau cordonnier, ou les Amours d'Isidore, né marquis D***, et de la vertueuse Agathe, veuve du marquis d'Olfonte, tableau intéressant de la sympathie des cœurs nobles, par Mme Benoist. *A la Haye et Francfort, chez Van Duren*, 1769. 2 parties en 1 vol. in-8, figures, mar. rouge, fil. dos orné, tr. dor. (*Hardy.*)

918. Le Cousin de Mahomet, ou la Folie salutaire, ouvrage moral (par Fromaget). *Constantinople (Paris)* 1770. 2 tomes en 1 vol. pet. in-12, front. grav. mar. br. fil. dos orné, tr. dor. (*Hardy.*)

919. L'Ingénue, ou l'Encensoir des dames, par la nièce à mon oncle. *Genève, et se trouve à Paris, chez Des Ventes de La Doué*, 1770. In-12, v. marb.

920. Le Mendiant boiteux, ou les Aventures d'Ambroise Gwinett, balayeur du pavé de Spring-Garden, par M. L. Castilhon. *Bouillon, Société typographique*, 1770. 2 parties en 1 vol. in-8, v. m.

921. Les Sacrifices de l'Amour, ou Lettres de la vicomtesse de Senanges et du chevalier de Versenay (par Dorat). *A Amsterdam, et se trouve à Paris chez Delalain*, 1771. 2 parties en 1 vol. in-8, fig. de Marillier, cart.

922. Les Malheurs de l'Inconstance, ou Lettres de la marquise de Syrcé et du comte de Mirbelle (par Dorat). *Amsterdam, et se trouve à Paris chez Delalain*, 1772. 2 parties en 1 vol. in-8, fig. de Queverdo, gravées par de Longueil, demi-rel. bas.

923. Honny soit qui mal y pense, ou Histoire des filles célèbres du xviiie siècle (par Desboulmiers). *A Londres*, 1771. 6 parties en 1 vol. in-12, mar. vert, fil. dos orné, tr. dor. (*Hardy.*)

924. Les Journées mogoles, opuscule décent d'un docteur chinois (attribué à Butel-Dumont). *Imprimé à Dely et se trouve à Paris, chez J.-P. Costard*, 1772. 2 parties en 1 vol. in-12, demi-rel. bas.

925. Lydia, ou Mémoires de Milord D***, par M. de la Place.

Londres, et se trouve à Bruxelles, J.-L. de Boubers, 1772.
4 parties en 2 vol. in-12, fig. demi-rel. mar. vert clair,
dos orné, non rog. tête dor. (*Hardy.*)

926. Odazir, ou le jeune Syrien, roman philosophique, com-
posé d'après les Mémoires d'un Turc, par M*** (Carra).
La Haye (Bouillon), 1772. Pet. in-8, mar. or. fil. dos orné.
(*Hardy.*)

> Exemplaire non rogné.

927. Œuvres complètes de Mme de Riccoboni, nouvelle édition, revue et augmentée par l'auteur. *Paris, Volland,*
1786. 8 vol. in-8, 24 fig. v. marb.

928. Histoire de Laïs (par Legoux de Gerland), courtisane
grecque, avec des anecdotes sur quelques philosophes de
son temps. *Corinthe, et se trouve à Paris chez J.-Fr. Bastien,* 1774. 2 parties en 1 vol. in-12, v. marb.

929. La Belle Allemande, ou les Galanteries de Thérèse (par
Villaret). *A Paris, aux dépens de la Compagnie,* 1774.
2 parties en 1 vol. in-12, mar. rouge, fil. dos orné, tr. dor.
(*Capé.*)

930. Le Pied de Fanchette, ou l'Orfeline françoise, histoire
intéressante et morale (par Restif de la Bretonne). *Imprimé
à la Haye, et se trouve à Paris chez Humblot,* 1769. 3 parties en 1 vol. pet. in-12.

> Rare.

931. Lucile, ou les Progrès de la Vertu, par un mousque-
taire (Restif de la Bretonne). *La Haye, et Francfort, J.-G.
Eslinger,* 1769. Pet. in-12, mar. rouge, dos orné, tr. dor.
(*Hardy.*)

932. La Fille naturelle (par Restif de la Bretonne). *La Haye
et Paris, Humblot,* 1769. 2 parties en 1 vol. in-12, demi-
rel.

933. Lettres d'une fille à son père, ou Adèle de Comm***
(Comminge). *En France,* 1772. 4 vol. in-12, demi-rel. mar.
rouge. (*Hardy.*)

> Un des plus rares ouvrages de Restif. Il n'a pas été réimprimé. Il faut
> 5 parties, la 5me manque souvent.

934. Lettres d'une fille à son père (ou Adèle de Comm***),

par Restif de la Bretonne. *En France (Paris)*, 1772. 5 parties en 4 vol. in 12, demi-rel.

> La cinquième partie, dont la publication ne fut autorisée que très-tard, est très-rare ; elle contient *la Cigale et la Fourmi*, fable dramatique, le *Jugement de Páris*, comédie-ballet, et des réflexions sur l'Ambigu Comique, qui contiennent des détails curieux sur le Théâtre enfantin, dirigé par Audinot, qu'on chercherait vainement ailleurs.

935. Le Ménage parisien, ou Déliée et Sotentout (par Restif de la Bretonne). *La Haye*, 1773. 2 vol. in-12, mar. rouge, dos orné, fil. tr. dor. (*Hardy.*)

> Cet ouvrage est fort rare, car il n'a jamais été réimprimé par l'auteur, ni contrefait,

936. Les Nouveaux Mémoires d'un homme de qualité, par M. le M*** de Br*** (Restif de la Bretonne). *La Haye, et se trouve à Paris chez la veuve Duchesne*, 1774. 2 parties en 1 vol. in-12, demi-rel. mar. rouge. (*Hardy.*)

> Ouvrage fait en collaboration avec J.-H. Marchand, censeur royal.

937. L'École des Pères, par N. Restif de la Bretonne. *En France*, 1776. 3 vol. in-8, demi-rel. mar. rouge. (*Hardy.*)

938. Le Quadragénaire, ou l'Homme de quarante ans (par Restif de la Bretonne). *Genève et Paris, chez la veuve Duchesne*, 1777. 2 vol. in-12, mar. rouge, dos orné, fil. tr. dor. (*Hardy.*)

939. Le Nouvel Abeilard, ou Lettres de deux amans qui ne se sont jamais vus, par Restif de la Bretonne. *Neuchâtel et Paris, veuve Duchesne*, 1778. 4 vol. in-12, 10 jolies estampes, demi-rel. mar. rouge, dos orné et coins, tr. dor. (*Hardy.*)

940. Les Contemporaines, ou Aventures des plus jolies femmes de l'âge présent (par Restif de la Bretonne). *Leipsick, et se trouve à Paris chés la veuve Duchesne*, 1781-1785. 42 vol. in-12, fig. demi-rel. mar. rouge, dos orné, coins, non rog. tête dor. (*Hardy.*)

> Ce recueil contient 283 gravures, dessinées par Binet et autres, sous la direction de Restif. (Voir la *Bibliographie des ouvrages de Restif*, par M. Paul Lacroix.)

941. La Vie de mon père (par Restif de la Bretonne). *Neufchâtel et à Paris, chez Humblot*, 1779. 2 parties en 1 vol. in-12, fig. mar. rouge, fil. tr. dor. (*Hardy.*)

942. La Malédiction paternelle (par Restif de la Bretonne). *Leipsick, et se trouve à Paris chés la veuve Duchesne, 1780.* 3 vol. in-12, 3 fig. de Binet, mar. rouge, dos orné, coins, non rog. tête dor. (*Hardy.*)

> « Les plus jolis dessins que Binet ait faits se trouvent dans ce roman... Ce sont aussi les figures les mieux gravées que l'on doive au burin de Berthet. » (*Bibliographie des ouvrages de Restif.*)

943. La Découverte australe, ou les Antipodes par un homme volant, ou le Dédale français; nouvelle très-philosophique, suivie... de la lettre d'un singe, par Restif de la Bretonne. *Leipsick et Paris,* 1781. 4 vol. in-12, fig., mar. rouge, dos orné, fil. tr. dor. (*Hardy.*)

944. La Dernière Aventure d'un homme de quarante-cinq ans (par Rétif de la Bretonne). *Genève et Paris, Regnault,* 1783. 2 tomes en 1 vol in-12, fig. mar. rouge, dos orné, fil. tr. dor. (*Hardy.*)

945. La Prévention nationale, action adaptée à la scène, par Restif de la Bretonne. *La Haye et Paris, Regnault,* 1784. 3 vol. in-12, 10 fig., demi-rel. mar. rouge. (*Hardy.*)

946. Les Veillées du Marais, ou Histoire du grand prince Oribeau et de la vertueuse princesse Oribelle, traduite par (Restif de la Bretonne). *Paris, Petit,* 1785. 4 tomes en 2 vol. in-12, demi-rel.

947. Le Pied de Fanchette, ou le Soulier couleur de rose (par Restif de la Bretonne). *Imprimé à la Haie,* 1786. 2 parties en 1 vol. in-12, fig., demi-rel. mar. rouge, dos orné, coins, non rog. tête dor. (*Hardy.*)

948. Les Françaises, ou XXXIV Exemples choisis dans les mœurs actuelles, par Restif de la Bretonne. *Paris, chés Guillot,* 1786. 4 vol. in-12, 34 fig. avant la lettre, veau viol. (*Hering.*)

949. La Femme infidèle (Agnès Lebègue, femme de Restif de la Bretonne) par Maribert Courtenay. *Neufchâtel, et se trouve à Paris,* 1786. 4 parties en 2 vol. in-12, demi-rel. mar. rouge. (*Hardy.*)

> L'auteur annonce en commençant qu'il a balancé entre ces trois titres : la Femme infidèle, ou la Femme lettrée, ou la Femme monstre. « La *Femme infidèle* est l'ouvrage le plus rare de Restif de la Bretonne.» (*Bibliographie des ouvrages de Restif.*)

950. Les Parisiennes, ou XL Caractères généraux pris dans les mœurs actuelles, par Restif de la Bretonne. *Paris, chés Guillot,* 1787. 4 vol. in-12, 20 fig. avant la lettre, veau viol. (*Hering.*)

951. La Paysane pervertie, ou les Dangers de la ville, histoire d'Ursule R***, sœur d'Edmond le paysan (par Restif de la Bretonne). *La Haye, et se trouve à Paris chez la veuve Duchesne,* 1786. 4 vol. in-12, fig. br.

952. Les Nuits de Paris, ou le Spectateur nocturne (par Restif de la Bretonne). *Londres, et se trouve à Paris,* 1788-1794. 16 vol. in-12, 18 fig. demi-rel. mar. rouge, non rog.

La 16me partie est très-rare.

953. Ingénue Saxancour, ou la Femme séparée ; histoire propre à démontrer combien il est dangereux pour les filles de se marier par entêtement et avec précipitation, malgré leurs parents. *Lièye et Paris, chez Maradan,* 1789. 3 vol. in-12, demi-rel. dos et coins mar. rouge, tr dor. (*Hardy.*)

C'est l'histoire de la fille ainée de Restif, Agnès, racontée par elle-même.

954. Ingénue Saxancour, ou la Femme séparée (par Restif de la Bretonne). *A Liège, et se trouve à Paris, chés Maradan,* 1789. 3 vol. in-12, br.

Manque le titre de la 3me partie.

955. La Semaine nocturne, ou Sept nuits de Paris, qui peuvent servir de suite aux 380 déjà publiées, ouvrage servant à l'histoire du Jardin du Palais-Royal (par Restif de la Bretonne). *Paris, Guillot,* 1790. In-12, mar. rouge, fil. tr. dorée. (*Hardy.*)

C'est la 15me partie des *Nuits de Paris.*

956. L'Année des dames nationales, ou Histoire jour par jour d'une femme de France, par Restif de la Bretonne. *Genève, et se trouve à Paris,* 1791-1794. 12 vol. in-12, fig. demi-rel. mar. rouge, dos orné, coins, non rog. tête dor. (*Hardy.*)

957. Monsieur Nicolas, ou le Cœur humain dévoilé, publié par lui-même (par Restif de la Bretonne). *Imprimé à la maison et se trouve à Paris chès la veuve Marion-Restif,*

1794-1797. 16 vol. in-12, demi-rel. mar. rouge, dos orné,
coins, non rog. tête dor. (*Hardy.*)

Un des ouvrages les plus recherchés de Restif. En tête de chaque volume se trouve l'indication de sujets d'estampes qui n'ont jamais été gravées.

958. Le Drame de la Vie contenant un homme tout entier,
par Restif de la Bretonne. *Paris, veuve Duchesne et Mérigot jeune,* 1793. 5 vol. in-12, demi-rel. mar. rouge, dos
orné, coins, non rog. tête dor. (*Hardy.*)

Le Drame de la vie complète et commente M. Nicolas... Ce livre, que
Restif imprima *lui-même à la maison,* ne parut que quatre ans après avoir
été achevé, parce qu'il n'osait le présenter à la censure... Publié en 1793,
l'ouvrage ne se vendit pas... On mit à la rame une partie de l'édition...
C'est là ce qui explique sa rareté. (*Bibliogr. de Restif de la Bretonne.*)

959. Zoé, ou les Mœurs de Paris, par F. P. A. Malençon
(Restif de la Bretonne). *Paris, Leroux, an VI.* 2 parties en
1 vol. in-12, fig. mar. rouge, fil. tr. dorée. (*Hardy.*)

Deux figures ornent ce livre qui est la reproduction de *Lucile* (nº 931).

960. Les Posthumes, ou Lettres reçues après la mort du
mari, par sa femme qui le croyait à Florence, par feu Cazotte (Restif de la Bretonne). *Paris, Duchêne,* 1802. 4 vol.
in-12, fig. mar. rouge, dos orné, fil. tr. dor. (*Hardy.*)

961. Les Nouvelles contemporaines, ou Histoires de quelques femmes du jour, par Restif de la Bretonne. *Paris, imprimerie de la Société typographique,* 1802. 2 vol. in-12,
demi-rel. mar. rouge. (*Hardy.*)

962. Épisodes de la vie d'une jolie femme, ou Histoire des
compagnes de Maria (ouvrage posthume de Restif de la
Bretonne). *Paris, Guillaume,* 1811. 3 vol. in-12, demi-
rel. mar. rouge. (*Hardy.*)

Le premier volume contient l'histoire de R. de la Bretonne, par Cubières-
Palmezeaux.

963. Les Roses et les Épines du Mariage, par R. de la B.
(Restif de La Bretonne). *Paris,* 1846. In-18, demi-rel.
dos orné, coins, mar. citron, tête dor., non rog. (*Hardy.*)

964. Les Confidences d'une jolie femme (par Mlle d'Albert).
Amsterdam et Paris, Ve Duchesne, 1775. 2 vol. in-12,
demi-rel. mar. vert clair, dos orné, coins, non rog. tête
dor. (*Hardy.*)

965. Le Canapé couleur de feu, histoire galante, par

M. D*** (Fougeret de Monbron). *Paris,* 1775. In-12, demi-rel mar. rouge, dos et coins, tr. dor. (*Hardy.*)

966. La Puissance de l'Amour, ou Histoire du comte de Clare et de la marquise de Nerville. *Londres, de Lorme,* 1776. Pet. in-8, demi-rel. mar. br. dos orné et coins, non r. tête dor. (*Hardy.*)

967. Les Avantures trop amoureuses, ou Elisabeth Chudleigh ex-duchesse de Kingston, et la marquise de la Touche, sur la scène du monde. *Londres, aux dépens des intéressez,* 1776. Pet. in-8, mar. rouge, fil. dos orné, tr. dor. (*Capé.*)

968. Mémoires turcs, par un auteur turc (Godard d'Aucourt). *Amsterdam, par la Société,* 1776. 2 parties en 1 vol. in-12, frontisp. et 4 fig. de Jollain gr. par Henriquez, v. f. fil. tr. dor. (*Rel. anc.*)

Cette édition contient une dédicace à la fameuse courtisane Duthé.

969. L'Académie militaire, ou les Héros subalternes (par Godard d'Aucourt). *Amsterdam,* 1777. 2 vol. in-12, pap. de Hollande, fig. v. m.

970. Thémidore (par Godart d'Aucourt). *A la Haye, aux dépens de la Compagnie,* 1776. 2 parties en 1 vol. in-12, mar. rouge, fil. dos orné, tr. dor. (*Hardy.*)

971. Les Dernières Aventures du jeune d'Olban, fragment des Amours alsaciennes (par Ramond). *Yverdon, de l'imp. de la Société litt. et typ.,* 1777. In-8, mar. rouge, jans. tr. dor. (*Hardy.*)

972. Le Libertin devenu vertueux, ou Mémoires du comte D*** (rédigés par Domairon). *Londres et Liège, chez F.-J. Desoer,* 1777. 2 vol. in-12, demi-rel. bas.

973. Suzette et Pierrin, ou les Dangers du libertinage (par Nougaret). *Londres, et se trouve à Paris, chez J.-Fr. Bastien,* 1778. 2 parties en 1 vol. in-12, bas. m.

974. La Folle de Paris, ou les Extravagances de l'Amour et de la Crédulité, par Nougaret. *Londres et Paris, Bastien,* 1787. 2 parties en 1 vol. in-12, demi-rel. mar. bleu, dos orné, coins, non rog. tête dor. (*Hardy.*)

Voir les n. 1021 et 1047.

975. Lettres de Stéphanie, ou l'Héroïsme du sentiment, roman historique par Mme la comtesse de Beauharnais. *A Liège, chez Denis de Boubers,* 1779. 2 vol. in-12, br.

976. La Confidence enlevée, ou les Aveux de miss Feli Wilson. *Londres,* 1780. In-12, front. gravé, mar. orange, dos orné, fil. tr. dor. (*Hardy-Mennil.*)

977. Mémoires de Clarence Welldone, ou le Pouvoir de la vertu, histoire anglaise par Mme de Malarme. *Londres, et se trouve à Paris, chez Cailleau,* 1780. 2 vol. pet. in-12, mar. vert, fil. tr. dor. (*Anc rel. avec armoiries.*)

978. Le Grelot ou les ***, ouvrage dédié à moi (par P. Baret). *Londres (Paris, Cazin),* 1781. In-18, fig. demi-rel. mar. citr. non r. doré en tête.

979. Le Soupé, ouvrage moral (par Cailhava). *Londres (Cazin),* 1782. 2 parties en 1 vol. pet. in-12, demi-rel. v. br.

980. La Courtisane convertie, ou l'Age d'or à Bamboul, par un Talapoin (Napolitain). *A Londres,* 1782. In-8, br.

981. Les Équipées de l'Amour, ou les Aventures d'Abar-Tucdoc, histoire très-morale et de tous les temps. *Cosmopolis, et se trouve à Paris, chez Guillot,* 1783. In-8, demi-rel. mar. rouge, dos orné, coins, non rog. tête dor. (*Hardy.*)

982. Rosalie, ou le Triomphe de l'Inconstance. *S. l.,* 1783. In-12, demi-rel. mar. vert clair, dos et coins. non rog. tête dor. (*Hardy.*)

983. Le Vicomte de Barjac, ou Mémoires pour servir à l'histoire de ce siècle (par le marquis de Luchet). *A Dublin, de l'imprimerie de Wilson,* 1784. 2 vol. pet. in-12, br.

984. Olinde, par l'auteur du Vicomte de Barjac (le marquis de Luchet). *Londres (Paris), Cazin,* 1784. 2 tom. en 1 vol. in-24, mar. rouge, fil. tr. dor. (*Anc. rel.*)

985. Miss Mac Réa, roman historique, par M. Hilliard d'Auberteuil. *Philadelphie,* 1784. In-18, demi-rel. mar. rouge, dos orné et coins, tr. dor. (*Hardy.*)

986. La Dernière Héloïse, ou Lettres de Junie Salisbury,

recueillies et publiées par M. Dauphin. *Paris,* 1784. 2 parties en 1 vol. in-8, fig. de Queverdo v. mar.

987. Mémoires de M. de Berval, par (Fyot de la Marche). *Paris, Volland,* 1784. Pet. in-12, bas.

988. Jezennemours, ou Histoire d'une jeune luthérienne, par Mercier. *A Buckingham, s. d.* 3 vol. in-12, fig. bas. tr. dor.

989. Les Confessions d'une courtisane devenue philosophe. *Londres et Bruxelles, chez Le Francq,* 1784. In-12, mar. rouge, jans. tr. dor. (*Hardy.*)

990. La Belle Captive, ou l'Histoire du naufrage et de la captivité de mademoiselle Adeline, comtesse de Saint-Fargel. *Paris, Remy,* 1785. In-12, fig. demi-rel. bas.

991. Kerfolin, ou l'Étoile, histoire véritable. *Amsterdam et Paris, Guillot,* 1785. In-18, demi-rel. dos et coins de mar. bleu, non rog. tête dor. (*Hardy.*)

992. L'Année galante, ou les Intrigues secrètes du marquis de L*** (de l'Étuvière, officier aux gardes). *A Londres, et se trouve à Paris,* 1786. In-12, mar. bleu, fil. dos orné, tr. dor. (*Capé.*)

> Il est souvent question de lui dans *Paris, Versailles et les provinces.*

993. Confessions du chevalier de*** pour servir à l'histoire secrette de deux époux malheureux de la ville de Marseille (par Nouvel). *S. l.,* 1786. 2 parties en 1 vol. in-12, demi-rel. mar. bleu.

994. Le Vice et la Faiblesse, ou Mémoires de deux provinciales, rédigés par l'auteur de la Quinzaine anglaise (le chevalier de Rutledge). *Lausanne et Paris, Regnault,* 1786. 2 tomes en 1 vol. in-12, demi-rel. mar. bl. dos orné, coins non rog. tête dor. (*Hardy.*)

995. Les Soirées de quelques religieuses de l'abbaye de ***. *Genève, Léonard Pillet,* 1786. In-8, demi-rel. mar. br. dos et coins, non rog. tête dor. (*Hardy.*)

996. Choix de petits romans, par M. L. M. D. P. (M. le marquis de Paulmy). *Paris, Cazin,* 1786. 2 vol. in-18, fig., mar. viol. tr. dor.

> L'histoire du Juif errant occupe le premier volume presque en entier.

997. Exercices de dévotion de M. Henri Roch, avec Mme la duchesse C*** (Condor), par feu l'abbé de Voisenon (nom supposé). *Vaucluse,* 1786. Pet. in-12, demi-rel. dos et coins de mar. citr. tête dor. non rog. (*Petit.*)

Relié sur brochure.

998. La Courtisane vertueuse, histoire véritable. *A Lyon,* 1786. In-12, mar. bleu, jans. tr. dor. (*Hardy.*)

999. Vie, Faiblesses et Repentir d'une femme. *S. l.,* 1786, 3 parties en 1 vol. in-12, demi-rel. bas.

1000. Les Confessions de Monsieur Émanuel Figaro, écrites par lui-même. — Journée champêtre, ou Promenade au bois de Sauvabelin, près de Lausanne, par deux amans ennemis de l'art et très-souvent dupes de la nature. *Londres,* 1786. In-12, mar. vert, fil. dos orné non rog. (*Hardy.*)

1001. Zilia et Agathide, ou la Volupté et le Bonheur, par M***. *A Madrid (Paris),* 1787. In-12, front. gravé, mar. bl. fil. dos orné, tr. dor. (*Hardy.*)

1002. Mémoires de Madame la duchesse de Morsheim, par l'auteur des Liaisons dangereuses (Choderlos de Laclos). *S. l.,* 1787. 2 vol. in-12, br.

1003. Le Printemps d'une jolie femme. *Londres et Paris,* 1788. 2 parties en 1 vol. in-18, demi-rel. mar. bl. dos orné et coins, tête dor. (*Hardy.*)

1004. La Femme vertueuse, ou le Débauché converti par l'amour, lettres dans le genre des Liaisons dangereuses, par M. l'A. D. L. G. *A Amsterdam, et se trouve à Paris, chez Lefèvre,* 1788. 2 tom. en 1 vol. in-12, mar. orange, fil. dos orné, tr. dor. (*Belz-Niedrée*).

1005. Les Dangers de la coquetterie. *Paris, et Liège, J. Desoer,* 1788. In-18, demi-rel., dos orné et coins, mar. vert, tête dor. non rog. (*Hardy.*)

1006. Blançay, par l'auteur du Nouveau Voyage sentimental (Gorgy). *A Londres et à Paris, chez Guillot.* 1788. 2 parties en 1 vol. in-12, fig. mar. bl. fil. tr. dor.

1007. Blançay, par l'auteur du Nouveau Voyage sentimental (Gorgy). *Paris, chez Louis,* 1792. 2 parties en 1 vol. pet. in-12, fig. mar. bl. jans. non rog. (*Hardy.*)

Exemplaire non rogné.

1008. Lidorie, ancienne chronique allusive, publiée par l'auteur de Blançay (Gorgy). *Paris, Guillot,* 1790. 2 parties en 1 vol. pet. in-12, fig., v. marb. tr. dor.

1009. Lidorie, ancienne chronique allusive, publiée par l'auteur de Blançay (Gorgy). *Paris, Guillot,* 1791. 2 parties en 1 vol. pet. in-12, front. gravé, mar. bleu, fil. dos orné, tr. dor. (*Belz-Niedréc.*)

1010. Miss Anysie ou le Triomphe des mœurs et des vertus, par Mme de Fumelh. *Bruxelles, Ch. Dujardin, et à Paris, Defer de Maisonneuve,* 1788. In-12, fig., demi-rel. mar. r. dos orné, non rog. tr. dor. (*Hardy.*)

1011. L'Elève du plaisir, ou les Maximes pernicieuses, par M. Prat. *Amsterdam, chez Changuion, et se trouve à Paris, chez Théoph. Barrois le jeune,* 1788. 2 parties en 1 vol. in-12, demi-rel. mar. vert clair, dos orné, coins, non rog. tête dor. (*Hardy.*)

1012. Le Crime, ou Lettres originales contenant les Aventures de César de Perlencour, par l'auteur de l'Aventurier françois et du Philosophe parvenu (Le Suire). *Bruxelles, du Jardin, et à Paris, Defer de Maisonneuve,* 1789. 4 vol. in-12, demi-rel. mar. citr. dos et coins, non rog. tête dor. (*Hardy.*)

1013. Zilia, roman pastoral, par Mme la comtesse de *** (J. de Beaufort). *Toulouse,* 1789. In-12, pap. vélin, demi-rel. bas.

1014. Les Nœuds enchantés, ou la Bizarrerie des destinées (attribué à la comtesse Fanny de Beauharnais). *Rome, de l'imprimerie papale (Paris),* 1789. 2 parties en 1 vol. in-12, mar. vert, fil. dos orné, tr. dor. (*Hardy.*)

1015. La Retraite, les Tentations et les Confessions de Mme la marquise de Montcornillon, histoire morale, ouvrage posthume de feu M. de Saint-Leu, colonel au service de Pologne (ou plutôt composé par l'abbé Duvernet). *S. l.,* 1790. — Les Dévotions ne Mme de Bethzamooth et les

Pieuses Facéties de M. de Saint-Oignon (par l'abbé Duvernet). *S. l.*, 1789. 2 parties en 1 vol. in-8, front. gravé, mar. bl. (*Duru.*)

1016. La Femme jalouse (par M. le comte de Ségur). *Paris, Henry*, 1790. In-8, mar. vert, fil. dos orné, non rog. (*Hardy.*)

Roman en forme de lettres.

1017. Une Année de la vie du chevalier de Faublas, 5 vol. — Six Semaines de la vie du chevalier de Faublas, 2 vol. — La Fin des amours du chevalier de Faublas, 6 vol. (par M. Louvet de Couvray). *A Londres, et se trouve à Paris, chez Bailly*, 1790. 13 tomes en 7 vol. pet. in-12, demi-rel. bas.

Première édition.

1018. Les Aveux d'une femme galante (par la baronne de Vassé). *Londres*, 1791. In-12. demi-rel. mar. citron, dos orné, coins, non rog. tête dor. (*Hardy.*)

1019. L'Amour et l'Amitié à l'épreuve, ou les Amours comme il y en a peu, histoire véritable de Dorimond et de Marie Blingx. *Bruxelles, M.-J.-G. Simon*, 1792. In-12, demi-rel. dos et coins de mar. bl. tête dor. non rog. (*Hardy.*)

1020. Paulin, ou les Aventures du comte de Walter. *Paris, Desenne*, 1792. 2 vol. in-12, fig. mar. rouge.

1021. Les Dangers de la mauvaise compagnie, ou les Nouvelles Liaisons dangereuses (par Nougaret). *Paris, Huet, an IX*. In-18, mar. br. tête dor., non rog. (*Hardy.*)

1022. Les Égaremens de l'Amour, ou Lettres de Faneli et de Milfort, par M. Imbert. *Londres (Paris)*, 1793. 3 parties en 1 vol. in-18, 3 figures, demi-rel. dos orné et coins de mar. r., tête dor. non rog. (*Hardy.*)

1023. Vancenza, ou les Dangers de la crédulité (par Marie Robinson). *Paris, Denné*, 1793. 2 vol. front. gravé. — La Mère coupable, ou les Dangers de la passion du jeu, histoire de la baronne d'Alvigny. *Paris, Leprieur*, 1794. 1 vol. front. gravé. 3 parties en 1 vol. pet. in-12, v. m. tr. dor.

1024. Aline et Valcourt ou le Roman philosophique écrit à la Bastille un an avant la révolution de France (par le marquis de Sade). *A Paris, chez la veuve Girouard,* 1795. 8 parties en 4 vol. in-18, figures, demi-rel. veau rose.

1025. Les Amours d'Hipparchie et Cratès, philosophes cyniques, histoire grecque (édit. par Mercier de Compiègne). *A Athènes, et se trouve à Paris (chez Mercier),* 1795. Pet. in-12 de 108 pp. mar. cit., fil. dos orné, tr. dor. (*Hardy.*)

1026. Rosalie et Gerblois, nouvelle historique, par C. Mercier de Compiègne. *A Paris, chez Louis,* 1796. In-18, front. gravé, cart. non rog.

1027. Gérard de Velsen, nouvelle historique, par Mercier de Compiègne, *Paris, chez l'auteur,* 1797. In-18, demi-rel. mar. citr. dos et coins, tr. dor. (*Hardy.*)

1028. Mon Journal d'un an, ou Mémoires de Mlle de Rozadelle Saint-Ophelle, suivis de poésies fugitives, d'une anecdocte cachemirienne et d'un conte pastoral (par Mérard de Saint-Just). *A Parme et à Paris, pour tous les temps.* In-18, demi-rel. mar. bl. dos et coins, non rog. (*Bauzonnet.*)

Tiré à petit nombre. De la bibliothèque de M. de la Bédoyère.

1029. La Corbeille de fleurs, contenant: Démence, de Mme de Panor, en son nom Rozadelle Saint-Ophèle.—Histoire de Girouette Premier, dit le Dupe.—L'Empire de Vénus rétabli par l'Espérance. — Rosine et Colette, conte pastoral, par l'auteur de l'Histoire de la baronne d'Alvigny (Mme Mérard de Saint-Just, née d'Ormoy). *Paris, de l'imprimerie de Marchant,* 1796. In-18, v. fauve, fil. non rog.

Tiré à 25 exemplaires sur papier vélin.

1030. Antoine Bernard et Rosalie, ou le Petit Candide, conte moral. *A Paris, chez Ancelle,* 1796. Pet. in-12, front. gravé, br.

1031. Le Sérail, ou Histoire des intrigues secrettes et amoureuses des femmes du Grand Seigneur. — Amours du fameux comte de Bonneval, pacha à deux queues, connu sous le nom d'Osman, par Grasset de Saint-Sauveur.

Paris, Deroy, an VI, 1796. 3 part. en 2 vol. pet. in-12, figures, v. m. tr. dor.

1032. Amours du comte de Bonneval, pacha à deux queues, par J. Grasset de Saint-Sauveur. *Paris, Deroy, an IV,* 1796. In-18, 4 fig. demi-rel. mar. v. dos et coins, tr. dor. (*Hardy.*)

1033. Confession naïve de Victorine tendant à la réforme du sexe, par l'auteur des Caractères de l'amitié (Caraccioli). *Paris, V⁰ Girouard, s. d.* (1796). In-18, fig. demi-rel. mar. r. dos et coins, tête dor. (*Hardy.*)

1034. Les Confessions d'un solitaire. *Genève,* 1796. 2 parties en 1 vol. pet. in-12, fig. demi-rel. bas.

1035. L'Enfant du Carnaval, histoire remarquable et surtout véritable, par Pigault-Lebrun. *Paris, Barba,* 1797. 4 parties en 2 vol. pet. in-12, fig., bas. m. tr. dor.

1036. La Belle sans chemise. *Londres (Paris),* 1797. In-18, fig., demi-rel. dos et coins de mar. citr. tête dor. (*Hardy.*)

Dans son avis au lecteur, l'éditeur dit de l'ouvrage que c'est un ancien roman où il n'a rien mis du sien.

1037. Révélations d'amour, par Henrion. *Paris, Desenne, an V.* In-18, fig. demi-rel. dos et coins de mar. or. non r. tête dor. (*Hardy.*)

1038. Les Amours et Aventures galantes d'Alexandre avec la sultane Amazille, première femme du bacha de Tunis. *Paris, Pigoreau, an V,* 1797. 2 parties en 1 vol. pet. in-12, fig. bas.

1039. Aventures de Milord Johnson, ou les Plaisirs de Paris (par le chevalier de Rutledge). *Paris, Jouanaux, an VI.* 2 parties en 1 vol. in-12, figures, bas. m.

1040. Le Nouveau Faublas, ou les Aventures de Florbelle, pour faire suite au Faublas de Louvet, par J.-F. Mimault. *A Paris, chez Lepetit, an VII.* 4 tomes en 2 vol. pet. in-12, fig. et musique, cart. non rog.

1041. Praxile, par J. Girard. *Paris, imprimerie de Rabaut le jeune, an VII.* Pet. in-12, front. gravé, br.

1042. Le Tableau comique, ou l'Intérieur d'une troupe de

comédiens formant suite à l'Optique du jour, par Joseph R...y, (Rosny.) *Paris, Marchand. an VII.* Pet. in-12, figures, mar. rouge, fil. dos orné, tr. dor. (*Hardy.*)

1043. Isidore et Juliette, anecdote du xve siècle, par A.-J. Rosny. *Paris, Didot jeune, an VII.*1798. In-18, demi-rel. mar. rouge, dos orné, coins, non rog. (*Hardy.*)

1044. Santeuil victime de l'Amour, et Histoire de Clare, nouvelles galantes, où se trouvent les intrigues de la belle cordonnière avec un chanoine. *Paris, an VI.* In-18, fig. demi-rel. mar. vert clair, dos et coins, n. rog. tr. dor. (*Hardy.*)

1045. Le Canapé. *A Cythère*, 1797. In-12, mar. rouge, jans. non rogné (*Chambolle.*)

1046. Confessions de Clément Marot, publiées et mises en français moderne par l'auteur de l'Aventurier français (Lesuire). *Paris, chez l'auteur, an VII* (1798). In-18, demi-rel. mar. bl. non rogn. tête dor.

1047. Les Dangers de la séduction et les Faux-Pas de la beauté, ou les Aventures d'une villageoise et de son amant, par P.-J.-B. Nougaret. *Paris, an VII.* 2 tomes en 1 vol. in-12, demi-rel. mar. cit. dos orné, coins, n. rogn. tête dor. (*Hardy.*)

1048. Ma Vie de garçon, ou Aventures d'un officier de dragons. *Paris, Cretté, an VII.* In-12, fig. demi-rel. bas.

1049. Nanette, ou la Jolie Écosseuse, écrite par elle-même. *Paris, Vincent, an VII.* In-18, figure, demi-rel. dos orné et coins de mar. vert clair, tête dor. non rog. (*Hardy.*)

1050. Édouard et Arabelle, ou l'Élève de l'Infortune et de l'Amour, par Desforges. *Paris, Chaignieau aîné, an VII.* 2 tomes en 1 vol. pet. in-8, fig. bas. mar.

1051. Eugène et Eugénie, ou la Méprise conjugale, par Desforges. *Paris, Chaignieau aîné, an VII.* 4 tomes en 2 vol. in-12, figures, v. m.

1052. Le Poète, ou Mémoires d'un homme de lettres écrits par lui-même (par Desforges). *Hambourg (Paris)*, 1799. 8 vol. in-12, figures, demi-rel. v. fauve.

1053. Les Comédiens ambulans, par L***. *Paris, André, an VII*, 2 vol. in-18, bas. m.

1054. La Jardinière de Vincennes. par Mme de V*** (Villeneuve *Paris, an VII*. 3 tomes en 1 vol. pet. in-12, figures bas. jas.

1055. Pauliska, ou la Perversité moderne; mémoires récens d'une Polonaise (par Reverony Saint-Cyr). *Paris, Lemierre, an VII*, 2 tomes en 1 vol. pet. in-12, fig. v. jas.

1056. Gasparin, ou le Héros provençal, roman éroti-comique, par le C. Gosse. *Paris, André, an VII*. 2 tomes en 1 vol. in-18, demi-rel. mar. citr. dos orné et coins, tr. dor. (*Hardy*.)

1057. Amélie de Saint-Far, ou la Fatale Erreur, par Mme de C*** (Madame de Choiseul-Meuse, ou M^mc Guyot). *A Hambourg et à Paris, chez les marchands de nouveautés. s. d.* 2 tomes. en 1 vol. in-12, mar. bl. fil. dos orné, tr. dor. (*Hardy*.)

1058. Mes Premières Étourderies, ou Quelques Chapitres de ma vie en attendant mieux (par M. Perthusier). *Paris. Marchand, an VII*. 3 tomes en 1 vol. in-18, fig. demi-rel. mar. cit. dos et coins, tr. dor. (*Hardy*.)

1059. Loveson, ou les Folies d'amour. *Paris, Vatar-Jouannet, an IX* 1801. 2 parties en 1 vol. in-12, fig. demi-rel. mar. vert, dos orné, coins, non rog. tête dor. (*Hardy*.)

1061. Les Forges mystérieuses, ou l'Amour alchymiste, par M. Guénard de Faverolles (M^mc Guénard). *Paris, l'auteur, an IX*. 4 tomes en 2 vol. in-12, fig. demi-rel. mar. br. dos orné, coins, non rogn. tête dor. (*Hardy*.)

1062. Le Talisman de la Volupté, ou la Relique de Sainte Thérèse, par ***. *Paris, Pilardeau, an VIII*. In-12, fig. demi-rel. mar. vert clair, dos orné, non rogné, tête dor. (*Hardy*.)

1063. Voyage dans le boudoir de Pauline, par L. F. B. L. (Belin de la Libordière). *Paris, Maradan, an IX*, 1800. In-12, fig. demi-rel. mar. bleu clair, dos et coins, non rogné, tête dorée. (*Hardy*.)

1064. Fanny de Varicourt, ou le Danger des soupçons. *Paris, Renard*, 1802. In-12, front. gravé, mar. bleu jans. tr. dor. (*Hardy.*)

1065. La Jeunesse de Rosette. *Paris, Tiger, s. d.* 2 tomes en 1 vol. in-18, fig. demi-rel. mar. vert. tr. dor. (*Hardy.*)

1066. Le Sylphe galant et observateur, contes antimoraux, par F. G***. *Paris, Tiger, an IX.* In-18, fig. demi-rel. mar. vert, dos orné et coins, tr. dor. (*Hardy.*)

1067. Le Cousin de Faublas, ou Les plus courtes folies sont les meilleures. *Paris, Lemarchand, an IX* (1801). 2 vol. pet. in-12, fig. mar. bleu, dos orné, tr. dor. (*Belz-Niedrée.*)

1068. La Roulette, ou le Joueur. *Paris, Mareschal, an IX*, 1801. In-12, fig. demi-rel. dos et coins de mar. r. non rog. tête dorée. (*Hardy.*)

1069. La Prusse galante, ou Voyage d'un jeune Français à Berlin, trad. de l'allemand par le docteur Akerlino. *Berlin et Paris*, 1801. In-12, demi-rel. mar. vert, dos et coins, non rogné, tête dor. (*Hardy.*)

1070. Les Aventures de Jésus cadet, par lui. *Paris, Lemarchand, an X.* 1802. In-12. fig. demi-rel. mar. bl. dos et coins, non rogné, tête dor. (*Hardy.*)

1071. Le Prêtre, par un docteur de Sorbonne (par Belin de Ballu). *Paris, Locard fils, an X,* 1802. In-12, demi-rel. mar. bl. dos orné et coins. (*Hardy.*)

1072. Fiorella, ou l'Influence du cotillon, faisant suite aux Trois Gil-Blas, par J.-H.-F. la Martelière. *Paris, imprimerie de Chaignieau,* 1802. 4 tomes en 2 vol. pet. in-8, mar. vert clair, fil. dos orné, tr. dor. (*Hardy.*)

1073. L'Enfant du Mardi-Gras, roman rempli d'utiles vérités, par un menteur (Baillot). *Paris, Locard fils, an X* (1802). In-12, fig. demi-rel. mar. r. dos et coins non rogné, tête dor. (*Hardy.*)

1074. Le Savetier enrichi, ou les Trois Mois de Niperc (Crépin) par Mme L. V. (Vildé). *Paris, Mme Masson, an X,* 1802. In-12, fig. demi-rel. mar. br. dos et coins, non rogné, tête dor. (*Hardy.*)

1075. Pauline de Ferrière, ou Histoire de vingt jeunes filles enlevées de chez leurs parens, sous le règne de Louis XV, par M. Guénard de Faverolle. *Paris, Dujardin, an X-1802.* 2 tomes en 1 vol. in-12, fig. demi-rel. mar. rouge, dos et coins, non rogné, tête dor. (*Hardy.*)

1076. Les Rencontres au foyer Montansier. *Paris, Marchand, an X*, 1802. In-18, fig. de Bertet, demi-rel. dos et coins de veau fauve, tête dor. non rogné. (*Niedrée.*)

1077. Antonin, ou le Fils du capucin, par un religieux de l'ordre. *Paris, Simon, an X,* 1801. In-18, jolie figure, demi-rel. dos et coins de veau fauve, tête dor. non rog. (*Niedrée.*)

1078. Armand, ou les Tourmens de l'Imagination et de l'Amour, histoire véritable traduite du provençal. *Paris, Capelle, an X*, 1802. In-12, fig. demi-rel. mar. rouge, dos et coins, non rogné, tête dor. (*Hardy.*)

1079. La Prostituée devenue honnête femme, roman moral et philosophique. *Paris,* 1802. In-18, demi-rel. dos et coins mar. v. non rogné, dor. en tête. (*Hardy.*)

1080. Le Chevalier de Blamon, ou Quelques Folies de ma jeunesse (par Mme Guénard). *Paris, Durosier, an XI.* 3 tomes en 2 vol. in-12, portr. et fig., demi-rel. bas.

1081. Le Roman pris par la queue, par un officier de dragons. *Paris, André,* 1803. 2 tomes en 1 vol. in-12, demi-rel. mar. r. non rogné, tête dor. (*Hardy.*)

1082. Félix, ou le Jeune Amant et le Vieux Libertin, suivi de l'Assassin par amour (anecdote historique par Mme Laugier). *Paris, Chemin, an XI*, 1803. In-12, fig. demi-rel. mar. rouge, dos orné, coins, non rogné, tête dor. (*Hardy.*)

1083. Sémélion, histoire véritable (donnée par Chardon la Rochette). *Imprimé à Constantinople cette année présente (Holl.).* In-12, mar. rouge jans. tr. dor. (*Hardy.*)

1084. La Comiphonie, ou les Femmes dans le délire, par F.-L. Miséthos. *Paris, Debray, an XI*, 1803. In-12, fig. demi-rel. mar. br. dos et coins, non rogné, tête dor. (*Hardy.*)

1085. Et une de plus, histoire véritable, par un officier de marine. *Paris, Levrault, an XII*, 1803. In-18, demi-rel. mar. br. dos et coins, tête dor. non rogné. (*Hardy.*)

1086. Atala, suivi de René, par Fr.-Aug. de Chateaubriand. *Paris, Le Normant,* 1805. In-12, 6 fig. de Choffard avant la lettre, mar. bl. jans. tr. dor. (*Bozérian jeune.*)

Première édition des deux ouvrages réunis.

1087. La Vie et les Opinions d'un bijou, ouvrage posthume, écrit par lui-même. *Paris, Michelet,* 1804. 2 tomes en 1 vol. in-18, fig., demi-rel. mar. vert, dos orné, tr. dor. (*Hardy.*)

1088. Rose et Dorsinval, ou Salut à messieurs les maris, par l'auteur de la Rentière (Mme de Colleville). *Paris, Borniche*, 1806. In-12, demi-mar. vert, dos orné, coins, non rogné, tête dor. (*Hardy.*)

1089. Églai, ou Amour et Plaisir, par l'auteur de l'Infidèle par circonstance (Legay). *Paris, Chaumerot*, 1807. 2 vol. in-12, demi-rel. bas.

1090. Les Trois Femmes, par Mme de Charrière. *Paris, Nepveu,* 1809. 2 parties en 1 vol. pet. in-8, 6 fig. de Choffard et Couché, d'après les dessins de Legrand, demi-rel. bas.

1091. Marie, ou les Peines de l'Amour. *S. l.*, 1812. 2 vol. in-8, br.

1092. Les Archives du scandale, recueil d'aventures galantes, escroqueries célèbres, procès scandaleux, viols, enlèvements, bigamies, par M. R***. *Paris, Plancher,* 1819. In-8. mar. rouge, fil. dos orné, non rogné. (*Hardy.*)

1094. Les Trois Animaux philosophes, ou les Voyages de l'ours de Saint-Corbinian, suivis des Aventures du chat de Gabrielle, et de l'Histoire philosophique du pou voyageur ; précédés d'une Apologie des animaux ; ouvrage assuré contre la griffe des épiciers, translaté des manuscrits originaux, par le R. P. Jean-Gilles-Loup-Boniface Croquelardon, et publié par J.-S.-C. de Saint-Albin (J.-A. Simon

Collin de Plancy. *Paris, Mongie*, 1819. In-12, demi-rel.
mar. br. dos et coins, non rog. tête dor. (*Hardy.*)

1095. Clémentine orpheline et androgyne, ou les Caprices
de la Nature et de la Fortune, par P. Cuisin. *A Paris, chez
Davi et Locard,* 1820. 2 tomes en 1 vol. in-12, figures,
mar. vert, fil. dos orné, tr. dor. (*Hardy.*)

1096. Histoire amoureuse de la cour d'Angleterre, par l'auteur des Mémoires d'Olivier Cromwell. *Paris, Delaunay,*
1820. 2 tomes en 1 vol. in-12, demi-rel. mar. bl. dos et
coins, non rogné, tête dor. (*Hardy.*)

1097. Le Visir, ou Histoire du premier ministre favori du
roi de Kaboul (le duc Decazes), par J.... K..t. P. R. *Bas-
sora, Ouzoun Harou (Paris)*, 1820. In-8, mar. rouge, fil.
dos orné, tr. dor. (*Belz-Niedrée.*)

1098. Les Perfidies assassines, crimes et escroqueries d'un
bambocheur du grand ton, ou l'Amour et l'Hymen qui la
gobent. *Paris*, 1820. In-18, demi-rel. mar. bl. dos et coins,
tête dor. non rogné. (*Hardy.*)

1099. Les Trois Moines, par M. de Favrolles. *Paris, Masson,*
1821. 2 tomes en 1 vol. in-18, 2 fig. coloriées, demi-rel.
mar. br. dos et coins, non rogné, tête dor. (*David.*)

1100. Lettres de Sosthène à Sophie, par Ch. Pougens. *Paris,
Th. Desoer,* 1821. In-18, br.

1101. L'Amour et ses caprices, suivi de la Jalousie, ses fu-
reurs et ses crimes, recueil d'aventures et anecdotes historiques, etc., par C. D. (Cousin d'Avalon). *Paris, Locard
et Davi,* 1822. In-12, front. gravé, demi-rel. v. bl. tr.
marbr.

1102. Œuvres complètes de H. de Balzac. *Paris, A. Hous-
siaux,* 1855. 20 vol. in-8, demi-rel. mar. br. dos orné,
coins, non rog. tête dor. (*Hardy.*)

1103. La Peau de chagrin, roman philosophique, par M. de
Balzac. *Paris, Ch. Gosselin,* 1831. 2 vol. in-8, figures sur
bois de T. Johannot, gravées par Porret, demi-rel. v.
fauve, tr. dor.

Édition originale.   . *II*

1104. Notre-Dame de Paris, par Victor Hugo, édition illustrée d'après les dessins de L. Boulanger, Daubigny, T. Johannot, etc. *Paris, Perrotin,* 1844. Gr. in-8, fig. demi-rel. v. viol.

1105. Les Misérables, par Victor Hugo, *Bruxelles, Lacroix, Verboeckoven et C*^{ie}, 1862. 10 vol. gr. in-8, pap. vélin, demi-rel. mar. olive, dos et coins, non rog. tête dor. (*Hardy.*)

1106. Job, ou les Pastoureaux, 1251. Audefroi le Bâtard, 1272. Mœurs du moyen âge, par Francisque Michel, *Paris, Vimont,* 1832. In-8, fig., pap. de Hollande.

1107. Stello, par le comte Alfred de Vigny (première consultation du Docteur noir). *Paris, librairie nouvelle,* 1856. In-8, demi-rel. mar. vert, dos et coins, tête dor. non rog. (*Belz-Niedrée.*)

1108. Les Jeunes-France, romans goguenards, par Théophile Gautier. *Sur l'imprimé de Paris,* 1833. *Amsterdam, à l'enseigne du Coq,* 1866. In-12, pap. de Hollande, front. dessiné et gravé par F. Rops, demi-rel. mar. bl. dos orné, coins, tête dor. non rog. (*Belz-Niedrée.*)

1109. Un Seigneur du Beaujolais, histoire de 1827, par Charles Polycarpe. *Paris, Dentu,* 1833. In-8, fig. demi-rel. mar. bl. dos et coins, non rog. tête dor. (*Hardy.*)

1110. Amours et Intrigues des prêtres français depuis le xiiie siècle jusqu'à nos jours, ou Désordres, Malheurs, Crimes qui sont le fruit du célibat des prêtres, par E. Masse. *Paris,* 1837. In-18, figure, demi-rel. dos et coins de mar. bl. tête dor. non rog. (*Hardy.*)

1111. Marianna, par Jules Sandeau, *Paris, Gosselin,* 1839. 2 vol. in-8, demi-rel. mar. br. (*Hardy.*)

1112. Les Fastes de l'Amour et de la Volupté, par le baron de Saint-Eldme. *Paris,* 1839. 2 vol. in-8, demi-rel. mar. rouge, dos et coins, non rog. tête dor. (*Hardy.*)

1113. Moustache, par Ch.-Paul de Kock. *Paris, Gustave Barba,* 1838. 2 tom. en 1 vol. in-8, demi-rel. veau bl.

1114. Jérôme Paturot à la recherche d'une position sociale,

par Louis Reybaud, édition illustrée par J.-J. Grandville. *Paris, Dubochet et C^{ic},* 1846. Gr. in-8, fig., demi-rel. veau.

1115. La Belle Cauchoise, ou les Aventures d'une paysanne pervertie. *Paris,* 1846. In-18, figure, demi-rel. mar. citr dos orné, tête dor. (*Hardy.*)

1116. Le Chevalier de Saint-Georges, par Roger de Beauvoir. *Paris, Dumont,* 1840. 4 tomes en 2 vol. in-8, demi-rel. veau vert.

> Taches d'huile aux 50 premiers feuillets du tome II.

1117. L'Ane mort, par Jules Janin ; édition illustrée par Tony Johannot. *Paris, Bourdin,* 1842. Gr. in-8, portr. et fig. cart. non rog.

> Exemplaire tiré sur papier de Chine.

1118. L'Ane mort, par Jules Janin; édition illustrée par Tony Johannot. *Paris, E. Bourdin,* 1842. Gr. in-8, portr. et fig., demi-rel. mar. bl. dos orné, coins, non rog. tête dor. (*Hardy.*)

1119. La Confession, par l'auteur de l'Ane mort et la Femme guillotinée (Jules Janin). *Paris, Alex. Mesnier,* 1830. 2 tomes en 1 vol. in-12, front. dessiné et gravé par Alf. Johannot, mar. bl. fil. dos orné, tr. dor. (*Belz-Niedrée.*)

1120. La Religieuse de Toulouse, par Jules Janin. *Paris, Michel Lévy,* 1850. 2 vol. in-8, demi-rel. mar. rouge, dos et coins, non rog. tête dor. (*Niedrée.*)

> Un des quelques exemplaires tirés sur papier de Hollande.

1121. Les Amours du chevalier de Fosseuse, par Jules Janin. *Paris, Miard,* 1867. In-12, pap. fort, demi-rel. mar. orange, dos orné, coins, tête dor. non rog. (*Belz-Niedrée.*)

1122. Latréaumont, par Eugène Sue. *Paris, Charles Gosselin,* 1838. 2 tomes en 1 vol. in-8, figures sur bois gravées par Porret d'après Marckl, demi-rel. veau brun, tr. jas.

> Édition originale.

1123. Les Mystères de Paris, par Eugène Sue; édition illustrée. *Paris, Ch. Gosselin,* 1843-44. 4 parties en 2 vol. gr. in-8, demi-rel. veau fauve.

1124. Chroniques secrètes et galantes de l'Opéra, 1667-1844, par Touchard-Lafosse. *Paris, Ch. Lachapelle,* 1844. 4 vol. in-8, demi-rel. mar. vert, non rog. tête dor. (*Hardy.*)

1125. Les Mystères du collège, par d'Albanez, illustrés par Eustache Lorsay. *Paris, G. Havard,* 1845. In-8, demi-rel. mar. vert.

1126. Les Mystères du Palais-Royal ou les Confessions de Pied-de-fer. *Paris,* 1847. 2 vol. in-12, figures sur bois, demi-rel. veau viol. (*Petit.*)

1127. Deux Couvens au moyen âge, ou l'Abbaye de Saint-Gildas et le Paraclet au temps d'Abélard et d'Héloïse, par Paul Tiby. *Paris, Techener,* 1851. In-12, br.

1128. Six Mois de la vie d'un jeune homme (1797), par Viollet-le-Duc. *Paris, Jannet,* 1853. In-16, mar. vert, fil. à froid, tr. dor. (*Capé.*)

Exemplaire en papier de Hollande.

1129. Les Mémoires du Diable, par Frédéric Soulié. *Paris, Société générale de librairie,* 1855. 2 vol. in-8, demi-rel. mar. rouge. (*Dumergue.*)

1130. Confession générale, par Frédéric Soulié. *Paris,* 1857. 2 vol. in-8, demi-rel. mar. rouge. (*Dumergue.*)

1131. Olympia, anecdote grecque, publiée par Louis Saglier. *Paris, E. Dentu,* 1854. In-18, pap. vél. fort, demi-rel. dos et coins de mar. bleu, tête dor. non rog. (*Hardy.*)

1132. Madame Bovary, mœurs de province, par Gustave Flaubert. *Paris, Michel Lévy,* 1857. In-12, papier vélin, demi-rel. mar. orange, dos orné, coins, non rog. tête dor. (*Hardy.*)

1133. Salammbô, par Gustave Flaubert. *Paris, Michel Lévy,* 1863. In-8, demi-rel. mar. bleu, dos orné, coins, non rog. tête dor. (*Belz-Niedrée.*)

1134. Salammbô, par Gustave Flaubert. *Paris, Michel Lévy,* 1863. In-8, demi-rel. mar. brun, dos orné, coins, tête dor. non rog. (*Belz-Niedrée.*)

1135. L'Éducation sentimentale, histoire d'un jeune homme,

par Gustave Flaubert. *Paris, Michel Lévy frères,* 1870.
2 vol. in-8, demi-rel. mar. brun, dos orné, coins, tête dor.
non rog. (*Belz-Niedrée.*)

1136. Le Prêtre marié, épisode de la Révolution française,
par le comte de Poligny, précédé d'une introduction par
Charles Nodier. *Paris, J. Techener,* 1863. In-12, br.

1137. Les Mariages de province, par Edmond About. *Paris,
Hachette,* 1868. In-8, demi-rel. mar. bleu, dos orné,
coins, tête dor. non rog. (*Belz-Niedrée.*)

1138. Le Marquis de Lanrose, par Edmond About. *Paris,
Hachette et Cie,* 1866. In-8, demi-rel. mar. bleu, dos orné,
coins, tête dor. non rog. (*Belz-Niedrée.*)
    Voir le n° 1236.

1139. Le Foyer breton, traditions populaires, par Émile
Souvestre. *Paris, W. Coquebert, s. d.* Gr. in-8, fig. demi-
rel. mar. bleu.

1140. Mademoiselle Cléopâtre, histoire parisienne, par Arsène Houssaye. *Paris, Michel Lévy,* 1864. In-8, fig., demi-
rel. mar. rouge, dos orné, coins, non rog. tête dor. (*Belz-
Niedrée.*)

1141. Le Roman de la duchesse, histoire parisienne, par
Arsène Houssaye. *Paris, Dentu,* 1865. In-8, fig. demi-rel.
mar. bleu, dos orné, coins, non rog. tête dor. (*Belz-Niedrée.*)

1142. Les Grandes Dames, par A. Houssaye. *Paris, Dentu,*
1868. 4 tomes en 2 vol. in-8, portraits, demi-rel. mar.
orange, dos orné, coins, tête dor. non rog. (*Belz-Niedrée.*)

1143. Les Parisiennes, par Arsène Houssaye. *Paris, Dentu,*
1869. 4 tomes en 2 vol. in-8, portraits, demi-rel. mar.
orange, dos orné, coins, tête dor. non rog. (*Belz-Niedrée.*)

1144. Les Courtisanes du monde, par Arsène Houssaye. *Paris, Dentu,* 1870. 2 tomes en 1 vol. in-8, portraits, demi-
rel. mar. orange, dos orné, coins, tête dor. non rog. (*Belz-
Niedrée.*)

1145. Le Chien perdu et la Femme fusillée, par Arsène
Houssaye. *Paris, Dentu,* 1872. 2 vol. in-8, fig. demi-rel.
mar. orange, dos orné, coins, tête dor. non rog. (*Belz-
Niedrée.*)

1146. Le Chevalier Beau-Temps, par Quatrelles, préface par Alexandre Dumas fils, vignettes de Gustave Doré. *Paris, typographie de A. Pougin,* 1870. In-8, demi-rel. mar. bleu, dos et coins, tête dor. non rog. (*Belz-Niedrée.*)

1147. Le Docteur Ox. — Maître Zacharias. — Un Hivernage dans les glaces. — Un Drame dans les airs, par Jules Verne. Illustr. par Bertrand, Frœlich, Bayard, etc. *Paris, Hetzel, s. d.* Gr. in-8, demi-rel. mar. bleu, dos orné, coins, tête dor. non rog. (*Belz-Niedrée.*)

D. Romans historico-satiriques, relatifs aux amours
de plusieurs grands personnages.

1148. Les Intrigues amoureuses des rois de France, depuis Charlemagne jusqu'à Henri IV. *Paris,* 1790. In-24, demirel. dos et coins mar. citr. non rog. (*Hardy.*)

1149. Histoire des amours de Henri IV, avec diverses lettres écrites à ses maîtresses, et autres pièces curieuses (par Louise de Lorraine, princesse de Conti). *A Leyde, chez Jean Sambix (Bruxelles, Fr. Foppens),* 1664. Pet. in-12, mar. vert, dent. tr. dor. (*Simier.*)

Exemplaire de Pixerécourt.

1150. Les Amours de Henri IV, roy de France, avec ses lettres galantes et les réponses de ses maîtresses. *Cologne, chez*** (Holl.),* 1695. In-12, front. gravé, mar. bleu, dos et plats fleurdelisés, tr. dor. (*Duru.*)

1151. Histoire amoureuse des Gaules, suivie de la France galante, par le comte de Bussy-Rabutin. *Paris, Delahays,* 1857. 2 vol. in-12, demi-rel. mar. bleu, dos et coins, non rog. tête dor. (*Hardy.*)

1152. Histoire des amours du mareschal duc de Luxembourg. *A Cologne, chez Pierre Batanard,* 1695. Pet. in-12, front. gravé, veau marb.

1153. Annales de la cour et de Paris (par Sandraz de Courtilz). *A Cologne, chez Pierre Marteau (Holl.),* 1711. 2 vol. pet. in-12, mar. bleu jans. tr. dor. (*Hardy.*)

1154. Les Amours de Mme d'Elbeuf, nouvelle historique,

contenant plusieurs anecdotes du cardinal de Richelieu. *Amsterdam, Wetstein et Smith,* 1739. Pet. in-8, bas. jans.

1155. Les Amours de M. avec L. C. D. L., et les Mémoires de M. L. D. M. (Amours de Mademoiselle avec le comte de Lauzun, et les Mémoires de Mme la duchesse de Mazarin). *Cologne, Pierre Marteau,* 1676. 2 parties en 1 vol. pet. in-12, mar. bleu, fil. dos orné, tr. dor. (*Hardy.*)

1156. Lupanie, histoire amoureuse de ce temps (attribuée à Corneille Blessebois). *S. l.* (*Holl., à la Sphère*), 1668. Pet. in-12, mar. rouge jans. tr. dor. (*Hardy.*)

1157. Les Galanteries de la cour de Saint-Germain, nouvelles véritables. *Londres, Jacques Vaillant,* 1729. Pet. in-12, front. gravé, mar. bl. fil. dos orné, tr. dor. (*Capé.*)

1158. Description galante de la ville de Soissons, avec un recueil de pièces fugitives, dédiée aux Dames. *A la Haye, chez Jacques van den Kieboord,* 1729. In-8, mar. orange, fil. dos orné. (*Belz-Niedrée.*)

Exemplaire non rogné.

1159. Amours et Aventures du vicomte de Barras, avec Mmes Josép. (Joséphine) de B*** (Bonaparte), Tallien, etc., par M. le baron de B***. *Paris, Germain Mathiot,* 1816. 3 vol. in-12, demi-rel. mar. brun, non rog.

1160. Amours secrettes de Napoléon Buonaparte, par M. le baron de B***. *Paris, Germain Mathiot,* 1815. 4 vol. in-12, fig. demi-rel. mar. vert, dos orné, coins, n. rog. tête dor. (*David.*)

1161. Amours de Napoléon, des princes et princesses de sa famille. *Paris, Renaud,* 1835. 2 vol. in-12, fig. demi-rel. dos et coins de veau viol. (*Petit.*)

1162. Anecdotes galans, ou Histoire des amours de Grégoire VII, du cardinal de Richelieu, de la princesse de Condé et de la marquise d'Urfé, par Mlle D*** (Durand de Bedacier). *Cologne, ch. Pierre le jeune* (*Holl.*), 1702. Pet. in-12. front. gravé, mar. br. jans. tr. dor. (*Hardy.*)

1163. Anecdotes galans, ou Histoire des amours de Grégoire VII, du cardinal de Richelieu, de la princesse de Condé et de la marquise d'Urfé. par Mlle D***. (Durand).

Cologne, Pierre le Jeune, 1702. Pet. in-12, front. gravé, v. f. tr. dor.

1164. Histoire du prince Charles (de Lorraine) et de l'impératrice douairière. *A Cologne, chez Pierre Ravell*, 1676. Pet. in-12, mar. rouge jans. tr. dor. (*Belz-Niedrée.*)

1165. Histoire secrète des amours de Henri IV, roi de Castille, surnommé l'Impuissant (par Mlle de la Force). *A la Haye, chez Mathieu Roguet, l'année courante* (vers 1695). In-12, mar. bleu jans. tr. dorée. (*Hardy.*)

1166. Histoire politique et amoureuse du cardinal Louis Portocarrero, archevêque de Tolède; nouvelle édition, augmentée et continuée jusqu'à la mort de ce fameux cardinal. *Imprimé chez Jeune le Sincère*, 1710. Pet. in-12, portrait, veau fauve, fil. non rog.

Seconde édition; la première, qui est de 1704, porte sur son titre : « Mise au jour pour la satisfaction des personnes galantes. »

1167. Vie politique de Marie-Louise de Parme, reine d'Espagne, contenant ses intrigues amoureuses avec le duc d'Alcudia et autres amans, et sa jalousie contre la duchesse d'Alve. *A la cour d'Espagne, et se trouve à Paris, chez tous les libraires*, 1793. Pet. in-12, portrait et figures, mar. rouge, fil. dos orné, tr. dor. (*Hardy.*)

1168. La Vie et les Amours de Charles-Louis, électeur palatin. *Cologne, Jérémie Plantie (Holl.)*, 1692. In-12, portrait, mar. bl. fil. dos orné, tr. dor. (*Hardy.*)

1169. Histoire amoureuse et badine du congrès et de la ville d'Utrecht, (par Casimir Freschot). *Liège, Jacob Ledoux, s. d.* Pet. in-12. front. gravé, mar. rouge, fil. dos orné, tr. dor. (*Hardy.*)

1170. Histoire amoureuse et badine du congrès et de la ville d'Utrecht (par Casimir Freschot). *A Liège, chez Jacob le Doux, s. d.* Pet. in-12, front. gravé, mar. cit. fil. dos orné. (*Trautz-Bauzonnet.*)

Exemplaire avec la clef, et non rogné.

1171. La Saxe galante, ou Histoire des amours d'Auguste Ier, roi de Pologne (par le baron de Poellnitz). *Amsterdam, aux dépens de la Compagnie*, 1736. In-12, mar. rouge, fil. dos orné, tr. dor. (*Capé.*)

1172. Histoire secrète de la reine Zarah et des Zaraziens, ou
la Duchesse de Marlborough démasquée, avec la clef pour
l'intelligence de cette histoire, nouvelle édition où l'on a
joint la suite (traduite de l'anglois du docteur Sacheve-
rell). *Imprimé dans le royaume d'Albigion*, 1712. 3 parties
en 1 vol, pet. in-12, mar. r. fil. dos orné, non rogné.
(*Thompson.*)

E. Contes et nouvelles.

1173. Les Contes, ou les Nouvelles Récréations et Joyeux
Devis de Bonaventure des Periers, avec un choix des anciennes notes de Bernard de la Monnoye et de Saint-Hyacinthe, revues et augmentées par P. L. Jacob, bibliophile
(P. Lacroix), et une notice littéraire par Ch. Nodier. *Paris*,
Techener, 1841. In-12, demi-rel. mar. vert, dos et coins,
non rog.
> Un des 25 exemplaires tirés sur papier de Hollande.

1174. Les Contes et Discours d'Eutrapel, par Noel du Fail,
seigneur de la Hérissaye, gentilhomme breton. *S. l. (Paris)*,
1732. — Discours d'aucuns propos rustiques, facécieux
et de singulière récréation ou les Ruses et Finesses de Ragot, capitaine des Gueux, par Léon Ladulfi (Noel du Fail).
S. l. (Paris), 1732. 3 vol. in-12, veau fauve, fil. dos orné,
tr. dor. (*Petit.*)

1175. Les Contes et Discours d'Eutrapel, par Noel du Fail,
seigneur de la Hérissaye. — Discours d'aucuns propos
rustiques facécieux et de singulière récréation, ou les Ruses
et Finesses de Ragot, capitaine des Gueux, par Léon Ladulfi (Noel du Fail). *S. l. Paris* 1732. 3 vol. pet. in-12, br.

1176. Les Amours diverses divisées en sept histoires, par le
sieur de Nervèze. *A Lyon, par Barthélemy Ancelin*, 1615.
Pet. in-12, mar. rouge, fil. tr. dor. dos orné. (*Capé.*

1177, Les Heures perdues d'un cavalier françois, reveues,
corrigées et augmentées par l'auteur, dans lequel les esprits mélancoliques trouveront des remèdes propres pour
dissiper cette fâcheuse humeur. *A Paris, chez Estienne*
Maucroix, 1662. Pet. in-12, mar. bl. fil. à fr. tr. dor.
(*Capé.*)

1178. Nouvelles amoureuses et galantes. *Paris, G. Quinet,* 1679. — Les Heures perdues d'un cavalier françois. *Paris, Jean d'Houry,* 1662. 2 ouvrages en 1 vol. pet. in-12, mar. rouge, fil. dos orné, tr. dor. (*Anc. rel.*)

Exemplaire aux armes de la comtesse de Verrue. Les coins d'en bas du second volume sont en partie tachés.

1179. Nouvelles amoureuses et galantes, contenant: I. l'Amant emprisonné ; II. le Mort ressuscité ; III. le Mari confident avec sa femme; IV. l'Amoureux estrillé. *Paris. G. Quinet,* 1679. Pet. in-12, mar. cit. fil. dos orné, tr. dor. (*Capé.*)

1180. Recueil des histoires galantes. *A Cologne, chez Jean Le Blanc (Holl.), s. d.* Pet. in-12, 420 pages, mar. cit. fil. dos orné, tr. dor. (*Niedrée.*)

Ce recueil, rare et peu connu, renferme divers ouvrages satiriques, où les noms sont imprimés en toutes lettres.

1181. Les Fleurs des nouvelles galantes, contenans : l'Amour travesti, le Festin des nopces, l'Amour escroc, Récit à la suisse, la Loterie facétieuse, l'Amour vengé, l'Amour ingénieux, l'Amour folet, l'Amour furieux. le Carrousel gothique, le Mariage de la Nature, l'Amour mal satisfait, le tout en prose et en vers. *A Paris, chez Estienne Loyson,* 1668. In-12, mar. cit. fil. dos orné, tr. dor. (*Trautz-Bauzonnet.*)

1182. Recueil de contes galans. (Constance sous le nom de Constantin, le Palais de la Magnificence, la Princesse délivrée, Blanche.) *Paris, M. Brunet,* 1699. In-12, demi-rel. mar. br. dos et coins. (*Petit.*)

1183. Arlequin, comédien aux champs Élysées ; nouvelle historique, allégorique et comique (par Bordelon). *Suivant la copie, à Paris, chez Claude Barbin,* 1696. Pet. in-12, front. et figures, mar. rouge jans. tr. dor. (*Hardy.*)

1184. Le Siècle d'or de Cupidon, ou les Heureuses Aventures d'amour. *A Coloigne, chez Pierre Marteau, s. d. (Holl., à la Sphère).* Pet. in-12, front. gravé, mar. rouge, fil. tr. dor. (*Capé.*)

Recueil de nouvelles fort galantes.

1185. La Tour ténébreuse et les Jours lumineux, contes

anglois, accompagnez d'historiettes (par Mlle l'Héritier).
Amsterdam, Jaques des Bordes, 1706. 2 parties en 1 vol.
pet. in-12, front. gravé, mar. vert. fil. dos orné, tr. dor.
(*Hardy.*)

1186. Les Partisans démasquez, nouvelle plus que galante
divisée en quatre parties. *A Cologne, chez Adrien l'En-*
clume, 1707. Pet. in-12, front. gravé, mar. br. jans. tr.
dor. (*Duru.*)

> C'est une histoire satirique des financiers du temps.

1187. Les Tours industrieux, subtils et gaillards de la Maltote, nouvelles galantes. *A Paris, chez Michel le Pla-*
giaire, 1708. Pet. in-12, mar. rouge jans. tr. dor.
(*Hardy.*)

1188. Pluton maltotier, nouvelle galante divisée en six par-
ties. *A Cologne, chez Adrien l'Enclume, gendre de Pierre*
Marteau, 1708. In-12, mar. rouge, fil. dos orné, tr. dor.
(*Capé.*)

> Satire piquante contre les financiers de l'époque.

1189. L'Art de plumer la poule sans crier. *A Cologne, chez*
Robert le Turc, 1710. Pet. in-12, front. gravé, mar. bleu,
fil. dos orné, tr. dor. (*Hardy.*)

> « Recueil de 21 histoires de courtisanes, de fripons et de partisans.
> Anecdotes de mœurs, dont la plus grande partie est fort piquante. »

1190. La Foire de Beaucaire, nouvelle historique et galante
(suivie d'autres nouvelles). *A Amsterdam, chez Paul Mar-*
ret, 1708. Pet. in-12, front. gravé, mar. rouge, fil. dos
orné, tr. dor. (*Capé.*)

1191. Histoire de la princesse Estime. *A Amsterdam, chez*
Claude Jordan, 1709. Pet. in-12, mar. rouge, fil. dos orné.
tr. dor. (*Belz-Niedrée.*)

1192. Nouvelles toutes nouvelles, par M. D. L. O. (le chevalier de Mailly). *Amsterdam, Estienne Roger*, 1710. Pet.
in-12, mar. rouge, fil. tr. dor. (*Hardy.*)

1193. L'Ambigu d'Auteuil, ou Véritez historiques, composées du Joueur, de l'Inconnu, du Nouvelliste, du Sincère,
du Financier. du Subtil, du Critique, de l'Hypocrite et de
plusieurs autres personnages de différens caractères
Paris, Ve de Courbe, 1709. In-12, v. br.

1194. Histoires galantes de diverses personnes qui se sont rendues illustres par leur savoir et par leur bravoure. *Amsterdam, Estienne Roger,* 1709. Pet. in-12, front. gravé, mar. brun jans. tr. dor. (*Duru et Chambolle.*)

1195. Histoires françoises, galantes et comiques (attribuées à R. Challes). *A Amsterdam, chez Estienne Roger,* 1710. In-12, figures, mar. rouge, fil. dos orné, tr. dor. (*Duru.*)

1196. Œuvres diverses de Mlle de La R. G. (Rocheguilhem), contenant Attila roi des Huns, histoire d'Ariane, Sigismond prince de Pologne, la Pradonnade ou la Guerre des sonnets, Dialogues entre Jupiter, Mercure, etc. *Amsterdam, Jean-Frédéric Bernard,* 1711. Pet. in-12. v. fauve.

1197. Recueil d'histoires et de contes contenant : le Petit Chaperon rouge, Orphise ou l'Enfant du malheur, les Enfants égarés dans les bois, Chrysippe ou les Nouveaux Parvenus, les Trois Souhaits, le Petit Poucet, le Maître Chat ou le Chat botté, la Belle au bois dormant, la Belle et la Bête, le Prince Charmant, etc., etc. *Paris, Ve Bouquet Quillau, s. d.* In-18, fig. demi-rel. mar. br. dos et coins, tr. dor. (*Hardy.*)

1198. Les Morts ressuscitez, nouvelle galante et véritable. *A Cologne, chez Pierre Marteau (Holl.),* 1712. Pet. in-12, mar. citr. fil. dos orné. (*Hardy.*)

Exemplaire non rogné.

1199. L'Amour en fureur, ou les Excès de la jalousie italienne, nouvelle curieuse. *Cologne, Pierre Marteau (Holl.),* 1715. Pet. in-12, mar. rouge, fil. dos orné, tr. dor. (*Duru.*)

1200. Histoires tragiques et galantes. *A Amsterdam, chez Claude Jordan (Paris),* 1715. 2 vol. in-12, figures, mar. bl. fil. dos orné, tr. dor. (*Duru.*)

Exemplaire bien conservé et avec toutes les figures en bonnes épreuves.

1201. Le Gage touché, histoires galantes et comiques (attribué à Le Noble). *Amsterdam, François Changuion,* 1724. 2 tomes en 1 vol. in-12, figures, mar. rouge, fil. dos orné, tr. dor. (*Capé.*)

1202. Histoire du prince Titi (par Th. de Saint-Hyacinthe).

Paris, Ve Pissot, 1736. In-12, mar. orange, fil. dos orné,
tr. dor. (*Hardy.*)

1203. Contes, Aventures et Faits singuliers recueillis de
M. l'abbé Prévost. *S. l.,* 1789. 3 vol. in-12, mar. vert, fil.
dos orné, tr. dor. (*Hardy.*)

1204. Les Sultanes de Gazarate, ou les Songes des hommes
éveillés, contes mogols, par M. Gueullette. *Utrecht, Étienne
Neaulme,* 1736. 2 vol. pet. in-12, mar. rouge, fil. dos orné,
tr. dor. (*Hardy.*)

1205. Intrigues monastiques, ou l'Amour encapuchonné,
nouvelles espagnoles, italiennes et françoises. *A la Haye,
chez Jean van den Bergh,* 1739. Pet in-12, mar. rouge, fil.
dos orné, tr. dor. (*Hardy.*)

1206. Le Prince des Aigues-Marines et le Prince Invisible,
contes (par Mme Lévêque). *A Paris, chez Coustelier,* 1744.
In-12, figures de Cochin fils, gravées par Duflos, mar.
vert clair, fil. dos orné. (*Capé.*)

Exemplaire non rogné.

1207. Histoire du prince Soly, surnommé Prenany, et de la
princesse Feslée, par M. de C***, le fils (Crébillon fils).
Amsterdam, François Changuion, 1746. 2 parties en 1 vol.
pet. in-12, v. jas.

1208. Recueil de plusieurs histoires secrettes et Aventures
du temps, par Messieurs ***. *La Haye,* 1746. 2 parties en
1 vol. in-12, mar. rouge, fil. dos orné, tr. dor. (*Hardy.*)

1209. Les Mille et une Fadaises, contes à dormir debout,
ouvrage dans un goût très-moderne (par Cazotte). *A Bail-
lons, chez l'Endormy, à l'image du Ronfleur,* 1742. In-12,
mar. rouge, jans. tr. dor. (*Hardy.*)

1210. Amusemens de la campagne, ou Récréations historiques avec quelques anecdotes secrètes et galantes (recueil de nouvelles par Le Noble et autres). *Paris,* 1749.
7 vol. in-12, v. marb.

1211. Histoire de quelques courtisanes grecques, précédée
du Point de vue de l'Opéra ; et suivie de quelques contes,
par M. de Querlon. *À Magdebourg, et se trouve à Paris,*

chez les marchands de nouveautés, s. d. In-12, mar. citr.
fil. dos orné, non rog. (*Hardy.*)

1212. Les Soirées du Palais-Royal, ou les Veillées d'une
jolie femme, avec la Conversation des chaises du Palais-
Royal. *Sous l'arbre de Cracovie*, 1762. In-12, demi-rel.
mar. rouge, dos orné, coins, non rog. tête dor. (*Hardy.*)

1213. Trapue, reine des Topinamboux, ou la Maîtresse
femme, conte (par Desboulmiers). *A Amsterdam, et se
trouve à Paris, chez Lejay*, 1771. In-12, v. fauve, fil. tr.
dor. (*Derome.*)

1214. Les Matinées du Palais-Royal. *Paris, Bastien*, 1772.
2 parties en 1 vol. pet. in-12, demi-rel. mar. vert.

1215. Contes des fées, nouvelles, etc., etc., le tout dédié à
la Volupté, par M. de V*** de G***. *Amsterdam*, 1776.
2 parties en 1 vol. in-12, mar. citr. fil. dos orné, tr. dor.
(*Hardy.*)

1216. Contes moraux, par M. Marmontel. *Londres (Paris,
Cazin)*, 1780. 3 vol in-24, fig. d'après Gravelot, v. éc. fil.
tr. dor.

1217. Les Confidences réciproques, ou Anecdotes de la société de Mme la comtesse de B*** (par le comte de Caylus).
Londres, 1774. 3 parties en 1 vol. in-12, demi-rel. mar. bl.

1218. Nouveaux Contes orientaux, par M. le comte de Caylus. *Amsterdam, Ve Merkus, et à Paris, chez Mérigot le
jeune*, 1780. 2 vol. pet. in-8, pap. de Holl. 8 fig. avant la
lettre, v. m.

1219. Nouvelles monacales, ou les Avantures divertissantes
de Frère Maurice, par le sieur D***. *A Cologne, chez Pierre
Marteau Junior*, 1763. Pet. in-8, mar. br. dos orné, tr.
dor. (*Hardy.*)

1220. Amusemens du beau sexe, ou Nouvelles historiques
et Avantures galantes, tragiques et comiques. *A Amsterdam, chez Jean Schreuder*, 1773-74. 8 tom. en 4 vol. Pet.
in-12, mar. bl. jans. tr. dor. (*Hardy.*)

1221. Bibliothèque amusante, ou Recueil choisi de jolis
romans, anecdotes intéressantes et contes moraux, pré-

sentée au beau sexe. *Paris, Grangé,* 1776. 2 parties en 1 vol. in-12, mar. rouge, fil. tr. dor. (*Duru.*)

1222. Les Matinées liégeoises, ou l'Art de prendre le thé en s'amusant. *A Liége, chez Denis de Boubers,* 1778. 2 parties en 1 vol. in-8, br. — Les Soirées liégeoises, ou l'Art de prendre le thé en s'amusant. *Liége, D. de Boubers,* 1778. 2 parties en 1 vol. in-8, br.

Recueil de contes et de nouvelles.

1223. Contes et Proverbes, suivis d'une Notice sur les troubadours, par M. de Cambry. *Amsterdam,* 1784. — Le Bon Curé Jeannot et sa servante (par M. de Cambry). *Londres,* 1784. 2 parties en 1 vol. pet. in-12, mar. bl. fil. dos orné, tr. dor. (*Hardy.*)

1224. Les Contes de mon bisaïeul, tirés des Annales secrètes de la cour de Thémis. *A Lausanne, et se trouve à Paris, chez Maradan,* 1788. 2 vol. in-12, mar. bl. fil. dos orné, tr. dor. (*Capé.*)

1225. Les Trois Nouvelles, de M. Mercier. *Paris, de l'imprimerie de J. Girouard,* 1792. In-18, front. gravé, mar. rouge, fil. dos orné, tr. dor. (*Belz-Niedrée.*)

1226. La Sorcière de Verberie, nouvelle française, suivie d'historiettes intéressantes (par Mercier de Compiègne). *Paris, an VII.* In-18, fig. demi-rel. mar. vert, dos orné et coins, non rog. tête dor. (*Hardy.*)

1227. Ismaël et Christine, nouvelle historique, par C. Mercier de Compiègne. *Paris, Louis, l'an III* (1795). In-18, demi-rel. mar. vert, dos orné et coins, non rog. tête dor. (*Hardy.*)

1228. Les Nuits d'hiver, variétés philosophiques et sentimentales, contes et nouvelles en prose et en vers recueillis par Mercier de Compiègne. *A Paris, chez Mercier, an III.* In-18, front. gravé, veau fauve, fil. dos orné, tr. dor. (*Trautz-Bauzonnet.*)

Exemplaire de M. Cigongne.

1229. Les Charmes de l'Enfance et les Plaisirs de l'Amour maternel (idylles et contes en prose), par S.-F. Jauffret. *Paris, Perlet,* 1793. Pet. in-12, portrait et figures de Queverdo gravés par Gaucher, v. m. tr. dor.

1230. La Galerie des femmes, collection incomplète de huit tableaux recueillis par un amateur (par Est. de Jouy). *A Hambourg (Paris)*, 1799. 2 tomes en 1 vol. in-12, mar. vert, fil. dos orné, tr. dor. (*Capé.*)

Recueil de nouvelles qui n'ont pas été reproduites dans la grande édition des œuvres de l'auteur.

1231. Les Mille et un Souvenirs, ou les Veillées conjugales, recueil d'anecdotes véritables, galantes, sérieuses, bouffonnes, etc. *Hambourg*, 1799. 4 tomes en 2 vol. pet. in-8, fig. bas.

1232. Point de lendemain, conte (par Vivant Denon). *Strasbourg, de l'imprimerie de V⁰ Berger-Levrault*, 1861. In-12, mar. bl. fil. dos orné, tr. dor. (*Belz-Niedrée.*)

Réimpression tirée à très-petit nombre.

1233. Histoire morale et profitable du prince Tôt ou Tard. *S. l.*, 1802. Pet in-12, front. gravé, mar. bl. fil. dos orné, tr. dor. (*Capé.*)

1234. Les Soirées du Palais-Royal, recueil d'aventures galantes et délicates publiées par un invalide du Palais-Royal. *Paris, Plancher*, 1815. In-18, fig. demi-rel. dos et coins de mar. br. non rog. tête dor. (*Hardy.*)

1235. Les Contes drolatiques, colligez ez abbayes de Touraine et mis en lumière par le sieur de Balzac, cinquiesme édition illustrée de 425 dessins de Gustave Doré. *Paris*, 1855. In-8, mar. orange, dos orné, fil. tr. dor. (*Hardy.*)

Première édition avec ces dessins.

1236. La Vieille Roche, par Edmond About, comprenant : le Mari imprévu, les Vacances de la comtesse, le Marquis de Lanrose. *Paris, Hachette*, 1865. 3 vol. in-8, demi-rel. mar. rouge, dos orné, coins, non rog. tête dor. (*Belz-Niedrée.*)

1237. Les Mille et une Nuits parisiennes, par Arsène Houssaye, comprenant le Marquis de Satanas, la Confession de Caroline, la Princesse au grain de beauté, la Dame aux diamants. *Paris, Dentu*, 1875. 4 vol. in-8, br.

1238. Les Drames de l'Orient (recueil de contes), par Ar-

mand Dubarry. *Paris, Dentu,* 1870. In-8, demi-rel. mar.
vert, dos orné, coins, tête dor. non rog. (*Belz-Niedrée.*)

3. *Romans italiens, espagnols, anglais, allemands, etc.*

1239. Le Philocope de M. Jean Boccace, Florentin, contenant l'histoire de Fleury et Blanchefleur... traduit
d'italien en françois, par Adrian Sevin. *Paris, Galiot Corrozet,* 1575. In-16, cart.

> Deux-feuillets (175 et 176) sont plus étroits que les autres.

1240. Le Songe, de Boccace, traduit de l'italien en françois
(par de Prémont). *Amsterdam, H. Schelte,* 1702. Pet. in-12,
mar. br. fil. dos orné, tr. dor. (*Duru.*)

> Traduction libre, en prose et en vers du *Labyrinthe d'amour,* de Boc-
> cace.

1241. Contes de Boccace (le Décaméron), trad. de l'italien
par A. Barbier ; vignettes par Tony Johannot, Grandville,
C. Nanteuil, etc. *Paris, Barbier,* 1846. Gr. in-8, fig. demi-
rel. mar. viol. tr. dor.

1242. Hypnérotomachie, ou Discours du Songe de Poliphile,
déduisant comme Amour le combat à l'occasion de Polia ;
nouvellement traduict de langage italien (de F. Colum-
na) en françois (par J. Martin). *A Paris, pour Jacques
Kerver,* 1546. In-fol. vél. bl.

> Édition originale de cette traduction. Elle est rare et fort recherchée,
> à cause des nombreuses figures attribuées à J. Cousin, dont elle est ornée.
> Une piqûre de ver traverse le volume. Le dernier feuillet avec la marque
> du libraire est plus court.

1243. La Messaline, traduite de l'italien de Francesco Pona.
Imprimée à Venise en 1638. *S. l.,* 1761. In-12. v. marb.

1244. Le Capucin escossois, histoire merveilleuse et très-
véritable, arrivée de nostre temps, traduite de l'italien, de
Mgr l'archevêque et prince de Ferme. *A Paris, chez Denys
Thierry,* 1664. Pet. in-12, front. gravé, veau fauve, dos
orné, tr. dor. (*Capé.*)

1245. Histoire de Bertholde, contenant ses avantures, sentences, bons mots, reparties ingénieuses, l'histoire de sa
fortune et son testament, traduite et paraphrasée de l'ita-

lien de Giulio Cesare Croci. *A la Haye, chez Pierre Gosse,* 1750. In-8, portr. demi-rel. bas rouge. non rog.

1246. Histoire de Bertholde, traduite de l'italien de Giulio Cesare Croci. *A la Haye, chez Pierre Gosse,* 1750. In-8, mar. citr. fil. dos orné, tr. dor. (*Hardy.*)

1247. Histoire de Bertholde, traduction libre de l'italien de Julio Cesare Croci, et des académiciens della Crusca. *La Haye,* 1752. 2 parties en 1 vol. in-12, front. et titre gravés, mar. vert jans. tr. dor. (*Hardy.*)

1248. La Vie et Avantures de Lazarille de Tormes (trad. de l'espagnol de Hurtado de Mendoza, par l'abbé de Charnes). *Brusselles, François Foppens, s. d.* 2 tomes en 1 vol. pet. in-12, portr. et fig. d'Harrewyn, veau br.

1249. Le Roman espagnol, ou Nouvelle Traduction de la Diane écrite en espagnol par Montemayor, trad. par le Vayer de Marsilly. *A Paris, chez Briasson,* 1735. In-12, br.

1250. Les Charmes de Félicie, tirés de la Diane de Montemaior, pastorale (par Pousset de Montauban). *Paris, Guillaume de Luine,* 1654. Pet. in-12, mar. vert clair, fil. dos orné, tr. dor. (*Hardy.*)

1251. Histoire de l'admirable Don Quixotte de la Manche (traduction de Filleau de Saint-Martin). *Bruxelles, Guillaume Fricx,* 1706. 2 vol. pet. in-8, front. et fig., mar. rouge, fil. tr. dor. (*Derome.*)

   Édition fort recherchée pour les figures très-joliment gravées à l'eau-forte par Harewyn, dont elle est ornée.

1252. L'Ingénieux Hidalgo Don Quichotte de la Manche, par Miguel de Cervantes Saavedra, trad. et annoté par Louis Viardot. Vignettes de Tony Johannot. *Paris, Dubochet,* 1836-37. 2 vol. gr. in-8, fig., demi-rel. v. rose.

1253. Les Travaux de Persiles et de Sigismonde, sous les noms de Periandre et d'Auristèle, histoire septentrionale, de Michel Cervantes, traduite d'espagnol en françois par le sieur Daudiguier. *Paris, veufve M. Guillemot,* 1618. in-8, veau fauve.

1254. Galatée, roman pastoral, imité de Cervantes, par

M. de Florian. *Genève,* 1784. In-12, portrait de Cervantes d'après Flouest, gravé par Boily, v. m. tr. dor.

1255. Le Meurtre de la Fidélité et la Défense de l'Honneur, où est racontée la triste et pitoyable avanture du berger Philidon, et les raisons de la belle et chaste Marcelle, accusée de sa mort. *Paris, par Jean Richer,* 1609. Pet. in-12, veau fauve, fil. tr. dor. (*Niedrée.*)

En espagnol et en français; ce roman est tiré d'un épisode du Don Quichotte de Cervantes. Volume rare.

1256. Le Désespoir amoureux, avec les Nouvelles Visions de Don Quichotte, histoire espagnole. *Amsterdam, Josué Steenhouwer et Hermanus Uytwerf,* 1715. Pet. in-12, fig. mar. rouge, fil. dos orné, tr. dor. (*Chambolle-Duru.*)

1257. Les Advantures héroyques et amoureuses du comte Raymond de Thoulouze et de don Roderic de Vivar, par le sieur Loubaissin de la Marque (trad. de l'espagnol). *Paris, Toussaincts du Bray,* 1619. 2 parties en 1 vol. in-8, titre gravé par L. Gaultier, et portrait, mar. rouge, fil. dos orné, tr. dor. (*Hardy-Mennil.*)

1258. La Palme de Fidélité, ou Récit véritable des amours infortunées et heureuses de la princesse Oberlinde et du prince Cariman, Mores grenadins ; traduit d'espagnol en françois par le sieur Lancelot. *A Lyon, chez Michel Chevalier,* 1620. In-8, mar. rouge, fil. dos orné, tr. dor. (*Capé.*)

1259. L'Escole de l'Interest, et l'Université d'Amour ; songes véritables ou véritez songées, galanterie, morale ; trad. d'espagnol (d'Ant. de Piedrabuena) par Cl. Le Petit. *A Paris, chez Nicolas Pepingué,* 1662. Pet. in-12, mar. rouge, fil. dos orné, tr. dor. (*Duru.*)

Livre curieux et rare.

1260. L'Enfer réformé, ou Visions de dom Francisco de Quevedo Villegas, chevalier de l'ordre Saint-Jacques et seigneur de Juan-Abad, trad de l'espagnol par le sieur de la Geneste. *A Paris, chez Pierre Billaine,* 1634. Pet. in-8, mar. bl. fil. dos orné, tr. dor. (*Hardy-Mennil.*)

1261. Le Coureur de nuit, ou les Neuf Avantures du chevalier dom Diego (trad. de l'espagnol de Quevedo, par

Raclots). *A Paris, chez Guillaume,* 1731. In-12, front. gravé, mar. bl. fil. dos orné, tr. dor. (*Hardy.*)

1262. L'Aventurier Buscon, histoire facécieuse, composée en espagnol par dom Francisco de Quevedo (trad. en français par de la Geneste). *A Paris, chez Clément Malassis,* 1668. Pet. in-12, mar. vert, fil. dos orné, tr. dor. (*Kœhler.*)

1263. Œuvres choisies de don François de Quevedo, trad. de l'espagnol (par Restif de la Bretonne), contenant le Fin Matois ; — les Lettres du chevalier de l'Épargne ; — la Lettre sur les qualités du mariage. *Imprimé à la Haie,* 1776. 3 vol. in-12, demi-rel. mar. rouge (*Hardy.*)

1264. Voyages récréatifs du chevalier de Quevedo, écrits par lui-mesme, rédigés et traduits de l'espagnol (par l'abbé de Berault-Bercastel). *S. l., (Paris)* 1756. In-12, cart. non rogné.

1265. La Semaine de Montalban, ou les Mariages mal assortis, contenus en huit nouvelles, traduites de l'espagnol (par Vanel). *Suivant la copie imprimée à Paris (Holl., à la Sphère),* 1685. 2 tomes en 1 vol. pet. in-12, mar. bl. fil. dos orné, tr. dor. (*Duru.*)

1266. Lindamire, histoire indienne tirée de l'espagnol (par J. Baudouin). *Paris, Pierre Rocolet,* 1638. In-8, mar. vert, dos orné, fil. tr. dor. (*Anc. rel.*)

Exemplaire de la comtesse de Verrue.

1267. Voyages de Gulliver dans les contrées lointaines, par Swift, édition illustrée par Grandville ; traduction nouvelle. *Paris, H. Fournier,* 1838. 2 vol. in-8, fig. cuir de Russie, tr. dor.

1268. Mémoires du chevalier Hasard, traduits de l'anglois sur l'original manuscrit. *A Cologne, chez Pierre le Sincère,* 1703. In-12, mar. bl. fil. non rog. (*Hardy.*)

1269. Collection de Romans et Contes imités de l'anglois, corrigés et revus de nouveau par M. de la Place. *Paris, chez Cussac,* 1788. 8 vol. in-8, fig. de Borel, bas. m.

1270. Le Véritable Ami, ou la Vie de David Simple, trad. de l'anglois (de [Fielding, par de la Place).) *Amsterdam,*

1749. 2 parties en 1 vol. in-12, mar. rouge, fil. tr. dor. (*Anc. rel.*

1271. Jonathan Wild le Grand (par Fielding). *Reims, Cazin,* 1784. 2 vol. in-18, gr. pap., demi-rel. bas. non rog.

1272. Oronoko, ou le Prince nègre, imitation de l'anglois, par M. de la Place. *Londres, et se trouve à Paris chez Vente,* 1769. In-12, 1 vign. par Eisen, et 5 fig. de Marillier, v. m.

1273. Les Contes des Génies, ou les Charmantes Leçons d'Horam, fils d'Asmar ; traduit du persan en anglois, par sir Charles Morell (ou plutôt composés par J. Ridley), et en françois sur l'anglois (par J. Robinet). *Amsterdam, Marc-Michel Rey,* 1766. 3 vol. pet. in-8, v. f.

> Exemplaire de Soubise.

1274. Voyage sentimental, traduction nouvelle, précédée d'un Essai sur la vie et les ouvrages de Sterne, par J. Janin, édition illustrée par MM. Tony Johannot et Jacque. *Paris, E. Bourdin, s. d.* Gr. in-8, fig. sur bois, mar. rouge, fil. dos orné, tr. dor. (*Hardy-Mennil.*)

> Exemplaire tiré sur papier de Chine.

1275. Le Vicaire de Wakefield, par Goldsmith, traduit en français avec le texte anglais en regard, par Charles Nodier, précédé d'une Notice par le même sur la vie et les ouvrages de Goldsmith, et suivi de quelques notes. *Paris, Bourgueleret,* 1838. In-8, figures sur acier et sur bois, cart. non rog.

> Édition illustrée.

1276. Le Coche, traduit de l'anglois, par M. D. L. G. (de la Grange). *La Haye,* 1767. 2 vol. in-12. veau marb. fil. tr. dor.

> Aux armes de la duchesse de Grammont-Choiseul.

1277. Simple Histoire et Lady Mathilde (suite de Simple Histoire), par mistriss Inchbald. *Paris, Louis, an III.* 4 vol. in-18, demi-rel. dos et coins de mar. bleu, non r. tête dor. (*Hardy.*)

1278. La Gazette de Cythère, ou Aventures galantes et récentes, arrivées dans les principales villes de l'Europe;

traduit de l'anglois. *Londres*, 1774. — Précis historique de la vie de Mme la comtesse du Barry, avec son portrait. *Paris*, 1774. 2 parties en 1 vol. in-8, demi-rel. veau fauve, non rog. tête dor.

1279. Les Amours et les Aventures de lord Fox, trad. de l'anglois par M***. *Genève*, 1785. 2 parties en 1 vol. in-18, 2 figures par Ransonnette, demi-rel. mar. orange, tête dor. non rog.

1280. Le Souterrain, ou Mathilde, par miss Sophie Lee, traduit de l'anglois. *Hambourg et Paris, chez Lepetit*, 1793. 4 tomes en 2 vol. pet. in-12, fig. v. m. tr. dor.

1281. Œuvres d'Anne Radcliffe. *Paris, Maradan, an VI*, 1798. 11 tomes en 10 vol. in-12, fig., demi-rel. mar. noir, dos et coins, tr. m.

> La Forêt, ou *l'Abbaye de Saint-Clair*, 2 vol. — *Les Mystères d'Udolphe*, 4 vol.— *L'Italien*, ou *le Confessionnal des pénitents noirs*.— *Julia*, ou *les Souterrains du château de Mazzini*, an VI, 2 vol.

1282. Les Mystères d'Udolphe, par Anne Radcliffe, traduits de l'anglois par Victorine de Chastenay. *Paris, Maradan, an VI*, 1798. 6 tomes en 3 vol. pet. in-12, bas. marb. tr. dor.

1283. La Forêt, ou l'Abbaye de Saint-Clair, par Anne Racliffe, trad. de l'anglois. *Paris, Maradan, an VI*, 1798. 4 tomes en 2 vol. pet. in-12, fig. bas. marb. tr. dor.

1284. L'Italien, ou le Confessionnal des Pénitents noirs, par Anne Radcliffe, trad. par André Morellet. *Paris, Maradan, an VI*, 1798. 4 tomes en 2 vol. in-12, fig. bas. marb. tr. dor.

1285. Julia, ou les Souterrains du château de Mazzini, par Anne Radcliffe. *Paris, Maradan, an VI*, 1798. 2 tomes en 1 vol. in-18, demi-rel. veau fauve, dos et coins, tr. dor.

> Figures.

1286. Le Couvent de Sainte-Catherine, ou les Mœurs du XIIIe siècle ; roman historique d'Anne Radcliffe, traduit par Mlle Caroline Vuiet. *Paris, Renard*, 1810. 2 vol. in-12, demi-rel. mar. noir.

1287. Le Tombeau, ouvrage posthume d'Anne Radcliffe,

traduit sur le manuscrit. *Paris, André, an VIII.* 2 tomes en 1 vol. pet. in-12, fig. bas. marb.

1288. Le Tombeau, ouvrage posthume d'Anne Radcliffe, traduit par Hector Chaussier. *Paris, Lerouge,* 1812. 2 tom. en 1 vol. in-12, fig. demi-rel. dos et coins mar. noir.

1289. Le Château mystérieux, ou l'Héritier orphelin, roman, traduit de l'anglois par P.-F. Henry. *Paris, Maradan, an VI.* 2 tomes en 1 vol. pet. in-12, fig. bas. marb. tr. dor.

1290. Agatha, ou la Religieuse angloise, traduit de l'anglois (par Mme de Guibert). *Paris, Maradan, an VII.* 4 tomes en 2 vol. pet. in-12, fig. bas. jas. tr. dor.

1290 *bis.* La Visite nocturne, trad. de l'anglois, de Maria Régina Roche, par J.-B. Breton. *Paris, Gueffier jeune, an IX*-1801. 6 tom. en 3 vol. in-12, fig., bas. m. tr. dor.

1291. Le Diable, histoire satirique, traduite de l'anglais. *Paris, Le Normant, an XI,* 1802. 3 vol. in-12, fig. demi-rel. mar. rouge, dos orné, coins, non rog. tête dorée. (*Hardy.*)

1292. Œuvres de Walter Scott, traduites par Defauconpret. *Paris, Furne, Ch. Gosselin, Perrotin,* 1835. 30 vol. in-8, fig. demi-rel. mar. rouge, dos orné. (*Hardy.*)

1293. L'Homme de la Douleur (ou l'Écu de cinq francs), traduit de l'anglais par le traducteur des Romans de W. Scott. *Paris, Vernarelle et Tenon, s. d.* 4 tomes en 2 vol. in-12, demi-rel. mar. brun.

1294. La Comtesse de Bonneval, histoire du temps de Louis XIV, par lady Georgina Fullarton. *Paris, Aug. Vaton.* In-8, demi-rel. mar. rouge. (*Dumergue.*)

1295. Histoire de la vie de Tiel Wlespiegle, contenant ses faits, finesses et aventures, traduite de l'allemand en françois. *Amsterdam, Nicolas Chevalier,* 1702. Pet. in-12, front. gravé, v. br.

1296. Endymion, conte comique, suivi du Jugement de Pâris (imitation de Wieland), par d'Ussieux. *A Copenhague, et se trouve à Paris chez Fetil,* 1771. In-8, mar. bleu, fil. dos orné, tr. dor. (*Capé.*)

1297. Léonard et Gertrude, ou les Mœurs villageoises, telles qu'on les retrouve à la ville et à la cour ; histoire morale, traduite de l'allemand (de Pestalozzi, par Pajot de Moucetz). *Berlin, Jacques Decker,* 1783. Pet. in-8, 12 figures dessinées et gravées par Chodowiecki, demi-rel. bas.

1298. Lettres d'une femme du xiv⁰ siècle, traduites de l'allemand (de Paul Stetten). *Amsterdam, et se trouve à Paris, chez Nyon l'aîné et fils,* 1788. Pet. in-12, fig. veau marb. tr. dor.

1299. Werther, traduction de l'allemand de Gœthe, par C. Aubry. *Paris, imprimerie de Didot jeune,* 1797. 2 vol. in-18, fig. de Berthou, grav. par Duplessis-Bertaux, v. porph. dent. tr. dor.

1300. Une Année mémorable de la Vie d'Auguste de Kotzebue, publiée par lui-même. *A Paris, chez Henrichs, an X* (1802). 2 vol. in-12, br.

1301. Les Intrigues du cabinet des Rats, apologue national, destiné à l'instruction de la jeunesse et à l'amusement des vieillards ; ouvrage traduit de l'allemand en françois, et enrichi de 22 planches gravées en taille-douce. *Paris, Le Roi,* 1788. In-8, mar. citron, fil. dos orné, tr. dor. (*Hardy.*)

1302. Zuleima, par Caroline Pichler, imité de l'allemand par H. de C. (Châteaugiron). *Paris, Firmin-Didot,* 1825. In-12, demi-rel. mar. rouge, non rog.

1303. L'Aventurier hollandois, ou la Vie et les Aventures divertissantes et extraordinaires d'un Hollandois (traduit du hollandais de Nicolas Heinsius). *A Amsterdam, chez Herman Uytwerf,* 1729. 2 vol. pet. in-12, frontispice et figures, mar. rouge jans. tr. dor. (*Hardy.*)

1304. Histoire de la sultane de Perse et des visirs, contes turcs composés en langue turque par Chec Zadé, et traduits en françois (par Galland). *A Amsterdam, aux dépens d'Estienne Roger,* 1707. In-12, front. gravé, mar. vert, fil. dos orné, tr. dor. (*Belz-Niedrée.*)

1305. Les Avantures d'Abdalla, fils d'Hanif, traduites en françois sur le manuscrit arabe, par M. de Sandisson.

A Paris, chez Pierre Witte, 1712. Pet. in-8, fig. mar.
rouge, fil. dos orné, tr. dor. (*Capé.*)

1306. La Bergère Russienne, ou Avantures de la Princesse
Dengudeski, traduite du moscovite par M. M***. *Liège,
Guillaume Broncart*, 1737. Pet. in-12, mar. rouge jans. tr.
dor. (*Hardy.*)

VI. FACÉTIES ET PIÈCES BURLESQUES.

1. *Écrits facétieux de divers genres.*

1307. Facetiæ facetiarum, hoc est Joco-Seriorum fasciculus
novus exhibens variorum autorum scripta, etc. *Pathopoli,
apud Gelastinum Severum*, 1657. In-12, front. gravé, mar.
rouge, fil. dos orné. (*Chambolle-Duru.*)

> Exemplaire non rogné.

1308. Liber Vagatorum, le Livre des gueux (avec introduction et traduction par Ristelhuber). *Strasbourg*, 1863.
In-12, br.

1309. Les Évangiles des Quenouilles, nouvelle édition avec
préface, glossaire et table analytique. *A Paris, chez P. Jannet*, 1855. In-16, mar. orange, fil. dos orné, tr. dorée.
(*Duru.*)

> Exemplaire tiré sur papier de Chine.

1310. Mitistoire barragouyne de Fanfreluche et Gaudichon,
trouvée depuis n'aguere d'une exemplaire escrite a la
main de la valeur de dix atomes pour la recreation de
tous bons Fanfreluchistes. *On les vend à Lyon, par Jean
Dieppi*, 1574. Pet. in-8, pap. vél. mar. rouge jans. tr.
dor. (*Hardy.*)

> Réimpression tirée 62 exemplaires par Crapelet, en novembre 1850.

1311. Baliverneries ou Contes nouveaux d'Eutrapel, autre-
ment dit Léon Ladulfi (Noël du Faïl). *A Paris, chez Estienne Groulleau*, 1548. In-18, pap. vélin, mar. cit. fil. dos
orné, tr. dor. (*Hardy.*)

> Réimpression tirée à 100 exemplaires par Whittingham, à Chiswick,
> en 1815, aux frais de trois amateurs.

1312. Les Bigarrures et Touches du seigneur des Accords (Est. Tabourot), avec les Apophtegmes du sieur Gaulard et les Escraignes dijonnoises. *Paris, Jean Richer,* 1615. In-12, vél. bl.

1313. Les Bigarrures et Touches du seigneur des Accords avec les Apophtegmes du sieur Gaulard et les Escraignes dijonnoises. *A Rouen, chez Loys du Mesnil,* 1628. Pet in-12, mar. bleu, milieu du xvie siècle, dos orné, tr. dor. (*Hardy.*)

1314. Les Bigarrures et Touches du seigneur des Accords, avec les Apophtegmes du sieur Gaulard et les Escraignes dijonnoises (par Estienne Tabourot). *A Paris, chez Arnould Cotinet,* 1662. Pet. in-12, mar. br. jans. tr. dor.

1315. Recueil de pièces facétieuses. (Procès et amples examinations sur la vie de Carême-Prenant. *Paris,* 1605. — Traité du mariage entre Julian Peoger, dit Janicot, et Jacqueline Papinet, sa future épouse. *Lyon,* 1611. — La Copie d'un bail et ferme fait par une jeune dame, etc. *Paris,* 1609. — La Raison pourquoi les femmes ne portent barbe au menton, etc., *Paris,* 1601. — La Source du gros f... des nourrices et pourquoi, etc., *Rouen, s. d.* — La Source et Origine des c... sauvages..., manière de les apprivoiser, etc., *Lyon, J. de la Montagne,* 1610. — La Grande et Véritable Pronostication, etc. — Sermon joyeux. — Le Dict des pays joyeux.) Pet. in-8, demi-rel. mar. r. dos et coins, non rog. (*Capé.*)

Réimpressions tirées à petit nombre.

1316. Le Moyen de parvenir (par Beroalde de Verville), avec la dissertation de La Monnoye. *A *** (Paris, Grangé),* 1000 700 57 (1757). 2 vol. in-12, v. fauve.

1317. Le Moyen de parvenir, œuvre contenant la raison de ce qui a été, est et sera, par Béroalde de Verville, publié avec un commentaire historique et philologique accompagné de notices littéraires, par Paul L. Jacob, bibliophile. *Paris, Techener,* 1841. 2 vol. pet. in-8, br.

Exemplaire en grand papier.

1318. Histoire miraculeuse et très-certaine..... en laquelle est rapporté qu'ès Indes de Portugal se trouve un homme marié, âgée de 380 ans, lequel a esté marié huit fois, à

qui par deux fois les dents sont tombées et après revenues,
traduit d'italien en françois par le sieur François de Veze-
lize. *Paris, Estienne Perrin,* 1613. In-8 de 12 pp.

1319. Almanach nouveau de l'an passé où l'on annonce les
choses arrivées et qui arriveront encore, ouvrage curieux
et profond proposé par souscription. *Genève, s. d.* Pet.
in-12, demi-rel. mar. rouge, non rog.

> Critique piquante des mœurs du jour.

1320. Histoire véritable du combat et duel assigné entre
deux demoiselles sur la querelle de leurs amours. *S. l. n.
d.* (vers 1620). In-8, 15 pp.

1321. Arrest contre les chastrez, avec deffense à eux de
contracter mariage comme étant trompeurs et affronteurs
de filles et de femmes. *Paris, jouxte la copie imp. à Bor-
deaux par Anthoine Barre,* 1622. 7 pp. in-8.

1322. Recueil général des Caquets de l'accouchée, ou Discours facétieux où se voient les mœurs, actions et façons de
faire des grands et petits de ce siècle, le tout discouru par
Dames, Demoiselles, Bourgeoises et autres, imprimé au
temps de ne se plus fascher, 1625. *Metz, chez Lecouteux,*
1847. Pet. in-8, front. gravé, cart. non rog.

> Réimpression tirée à 76 exemplaires.

1323. Les Œuvres et Questions de Tabarin. *A Rouen, chez
Jean Oursel, s. d.* 24 pp. fig. sur bois sur le titre. — Les
Rencontres fantastiques et Coq-à-l'asne facétieux du baron
de Gratelard. *A Troyes, chez Edme Prevot, s. d.* 24 ff. fig.
sur bois sur le titre. 2 parties en 1 vol. pet. in-12, mar.
br. jans. tr. dor. (*Hardy.*)

> Exemplaire Cailhava.

1324. Les Joyeusetez, Facéties et Folastres Imaginacions de
Caresme-prenant, Gauthier Garguille, Guillot Gorju, Roger Bontemps, Turlupin, Tabarin, Arlequin, Moulinet,
etc. *Paris, Techener,* 1829-1834. In-16, mar. violet, comp.
tr. dor. (*Thompson.*)

> Exemplaire imprimé sur papier de Chine bleu. Ce volume, qui forme le
> XVe de la collection des *Joyeusetez,* contient les pièces sur Tabarin au
> nombre de seize.

1325. Les Justes Plaintes du sieur Tabarin sur les troubles
et divisions de ce temps. 1621.—Le Carême-prenant et les

Jours gras de Tabarin et d'Isabelle, 1622. 2 pièces pet. in-8, br.

Réimpressions à petit nombre.

1326. Plaisantes Recherches d'un homme grave sur un far-
ceur, ou Prologue tabarinique pour servir à l'histoire littéraire et bouffonne de Tabarin, par C. Leber. 2ᵉ édition.
Paris, Techener, 1856. In-18, vignette, pap. de Hollande,
mar. bl. jans. tr. dor. (*Hardy.*)

1327. Les Rencontres facécieux du sieur baron de Gratelard, tenant sa cour ordinaire au bout du pont Neuf. *La
Haye, et se vend à Châlon-sur-Sône, Antoine Delespinasse,
s. d.* Pet. in-8 de 24 pp.

Édition peu commune.

1328. Les Plaisantes Ruses et Cabales de trois bourgeoises
de Paris. *S. l.* 1627. In-8 (16 pages), br.
Rare.

1329. Requestes des Courtisannes de Paris, au syndic des
Bourgeois de la Samaritaine, et agents du Cheval de
Bronze. *S. l.,* 1634. In-8 de 15 pages, mar. rouge, fil. dos
orné, tr. dor. (*Bauzonnet-Trautz.*)

Pièce écrite en style rabelaisien.

1330. Le Gascon extravagant, histoire comique. *Paris, Cardin Besogne,* 1639. In-8, vignette sur le titre, v. br.
(*Kœhler.*)

1331. Le Courrier facétieux, ou Recueil des meilleures rencontres de ce temps. *A Lyon, chez Claude de la Rivière,*
1647. Pet. in-8, front. gravé, mar. rouge, fil. dos orné,
tr. dor. (*Capé.*)

La plus ancienne édition citée par M. Brunet est de Lyon, 1650.

1332. Bibliothèque facétieuse, historique et singulière (contenant : Regrets funèbres sur la mort du joyeux Rondibi-
lis, 1649 ; sur l'Enlèvement des reliques de saint Fiacre...
Anvers, 1643 ; la Défense du Pet, *Paris,* 1652 ; le Nez
pourry de Théophraste Renaudot). *Paris, Claudin,* 1858.
4 parties en 1 vol. in-16, demi-rel. dos orné, coins mar.
r. tête dor. non rog. (*Hardy.*)

1333. Roger Bontemps en belle humeur donnant aux tristes

et aux affligés le moyen de chasser leurs ennuis et aux joyeux le secret de vivre toujours content, par M. de Roquelaure. *Amsterdam, aux dépens de la Compagnie,* 1766. 2 parties en 1 vol. in-12, mar. rouge, fil. dos orné, tr. dor. (*Capé.*)

1334. Les Avantures divertissantes du duc de Roquelaure, suivant les mémoires que l'auteur a trouvés dans le cabinet du maréchal d'H..., par le S. L. R. *A Versailles,* 1786. Pet. in-12, portrait et figures, br.

1335. Amusemens sérieux st comiques (par Dufresny). *A Amsterdam, chez Henry Schelte,* 1708. In-12, mar. vert, fil. dos orné, tête dor. (*Hardy.*)

1336. Les Tours de maître Gonin (par l'abbé Bordelon). *Paris, Charles le Clerc,* 1713. 2 vol. in-12, fig. dessinées et gravées par Crepy, mar. rouge, tr. dor. (*Hardy.*)

1337. Récit d'une querelle entre une buveuse et une coquette. *De l'imprimerie de Jean-François Knapen,* 1716. In-12 de 6 feuillets, mar. rouge jans. tr. dor. (*Hardy.*)

1338. Nouveautés dédiées à gens de différens états depuis la charrue jusqu'au sceptre (par Bordelon). *Paris,* 1724. 2 vol. in-12, v. br.

1339. Réflexions sur les grands hommes qui sont morts en plaisantant avec des poésies diverses, par M. D. (Deslandes). *A Rochefort, chez Jaques le Noir,* 1714. Pet. in-12, front. gravé, mar. rouge jans. tr. dor. (*Hardy.*)

1340. La Farce des Quiolards, tirée de cet ancien proverbe normand : Y ressemble à la Quiole, y fait dé gestes, par P. D. S. J. L. *A Rouen, chez la V° de Jean Oursel, s. d.* Pet. in-12, réglé, mar. rouge jans. tr. dor. (*Duru.*)

1341. Sermon du curé de Colignac prononcé le jour des Rois. *Paris,* 1736. In-12 de 23 pp. br.

1342. Discours prononcé par Mlle Perette de la Babille, présidente de l'Académie des femmes savantes, en présence de Sa Hautesse Mme Henroux, princesse du Marché, douairière du Moulin, marquise du Four, comtesse de la Fontaine et autres lieux. *Lyon, Antoine-Joseph Dejussieu,* 1736. fig. — Les Réclusières de Vénus, allégorie (en vers).

A la Nouvelle Cythéropolis, 1750. — La Marmotte, vaudeville nouveau de M ***. *Couci-Couça*. 3 pièces en 1 vol.
in-8, veau fauve. (*Rel. anc.*)

Exemplaire de Michel Delacour Damonville, amateur du xviii° siècle.
qui a ajouté en tête son portrait gravé par Ficquet. Exemplaire de Ch.
Nodier.

1343. Les Étrennes de la Saint-Jean. *A Troyes, chez la V°
Oudot*, 1742. — Relation galante et funeste de l'histoire
d'une demoiselle qui a glissé, pour être épousée, l'hyver
du mois de décembre 1742. *Amsterdam, Pierre Marteau,*
1743. — Myseis, ou le Visage qui prédit, histoire. *Troyes,*
1745. 3 Parties en 1 vol. in-12, mar. rouge, fil. dos orné,
tr. dor. (*Duru*).

1344. Les Écosseuses, ou les Œufs de Pâques (par le comte
de Caylus). *Troyes, chez la V° Oudot*, 1739. — Les
Étrennes de la Saint-Jean (par le même). *Troyes, chez
Oudot*. 2 parties en 1 vol. pet. in-12, v. fauve, fil. tr.
dor.

1345. Les Manteaux, recueil (par le comte de Caylus). *A la
Haye*, 1746. 2 parties en 1 vol. in-12, front. gravé, mar.
bl. fil. dos orné. (*Chambolle-Duru.*)

Exemplaire non rogné.

1346. Mémoires de l'Académie des colporteurs (par le comte
de Caylus). *De l'imprimerie ordinaire de l'Académie,*
1748. Pet. in-8, front. gravé et figures, v. m.

1347. Le Pot-pouri, ouvrage nouveau de ces dames et de ces
messieurs (par le comte de Caylus). *A Amsterdam, aux
dépens de la Compagnie*, 1748. In-12, mar. bl. dos orné.
(*Hardy.*)

Exemplaire non rogné.

1348. Mémoires historiques et galans de l'Académie de ces
messieurs, par Antoine-Martin Vadé (le comte de Caylus
et autres). *A Amsterdam, et se trouve à Paris, chez Segaud,*
1776. 2 tomes en 1 vol. in-12, mar. bl. jans. tr. dor.
(*Hardy.*)

1349. Histoire de Camouflet, souverain potentat de l'empire
d'Équivopolis. *A Équivopolis*, 1751. In-12, mar. bl. dos
orné, fil. tr. dor. (*Hardy.*)

1350. L'Art de désopiler la rate (par J. Panckoucke). *A Gallipoli de Calabre (Lille), l'an des folies*, 175884-87 (*Lille, 1754-1757*). 2 vol. pet. in-12, v. bl. fil. tr. dor. (*Thouvenin jeune*).

C'est la meilleure édition de ce recueil.

1351. Idées badines, qui renferment : la Cathégorie des jeux, le Pot-pourri sans pareil, et les Moments perdus. *Firmi, de l'Imprimerie royale*, 1756. 3 parties en 1 vol. in-12, veau vert, tr. dor.

1352. Le Livre de quatre couleurs (par Caraccioli). *Aux Quatre Éléments, de l'imprimerie des Quatre Saisons (Paris)*, 4444. In-8, demi-rel. mar. vert, non rog.

1353. Le Livre à la mode (par Caraccioli), nouvelle édition marquetée, polie et vernissée. *En Europe, chez les libraires*, 1000700509 (imprimé en rouge). — Le Livre à la mode. *A Vertefeuille, de l'imprimerie du Printemps, au Perroquet, l'année nouvelle* (imprimé en vert). 2 parties en 1 vol. in-12, demi-rel. veau br.

1354. Le Poissardiana, ou les Amours de Royal Vilain et de Mlle Javotte, la déhanchée, dédié à Monseigneur le Mardi-Gras, par M. de Fortengueule (Cailleau). *A la Grenouillère*, 1756. In-12, cart. non rog.

1355. Histoire et Avantures de milord Pet, conte allégorique, par Mme F*** (Fesse). *A la Haye, chez Gosse junior*, 1755. In-12, demi-rel. mar. brun.

1356. Panégyrique du sieur Jacques-Mathieu Reinhart, maître cordonnier, prononcé le 13e mois de l'année 2899 dans la ville de l'Imagination, par Pierre Mortier, diacre de la cathédrale. *Avec permission de Monseigneur l'archevêque de Bonsens*, 1760. In-12, mar. bleu jans. non rog. (*Chambolle-Duru.*)

1357. Amusemens à la grecque, ou les Soirées de la Halle, par un ami de feu Vadé. *A Athènes, dans le Tonneau de Diogène, et se vend à Paris, chez Cuissart*, 1764. — Le Paquet de Mouchoirs, monologue en vaudeville et en prose, dédié au beau sexe. *A Calcéopolis, Pancrace Bisaigue*, 1750. 4 pièces en 1 vol. in-12, v. m. fil.

1358. Almanach de la beurrière, ou les Radotages d'un chambrelan, pour l'année 1766. *A Paris, chez Regnard,* 1766. Pet. in-8, mar. citron, fil. dos orné. (*Hardy.*)

Exemplaire non rogné.

1359. Le Déjeuné de la Râpée, ou Discours des Halles et des Ports (par l'Écluse). *A la Grenouillère (Paris), s. d.* In-18, demi-rel. mar. rouge.

1360. Les Gascons en Hollande, ou Aventures singulières de plusieurs Gascons. *S. l.* 1767. 2 vol. pet. in-8, demi-rel. bas.

1361. La Bibliothèque des petits-maîtres, ou Mémoires pour servir à l'Histoire du bon ton et de l'extrêmement bonne compagnie (par Gaudet). *Au Palais-Royal, chez la petite Lolo, marchande de galanteries, à la Frivolité,* 1771. In-12, mar. rouge, fil. dos orné, tr. dor. (*Chambolle-Duru.*)

Petit livre rare et curieux. On trouve à la fin la notice sur Ange-Rose Farfadet, abbé de Pouponville, morceau piquant que M. Monselet a inséré dans les *Galanteries du* xviii° *siècle.*

1362. Éloge funèbre et historique de très-court, très-épais et tout adroit citadin, monsieur maître Nicodème Pantaléon Tirepoint, bourgeois de Paris, maître et marchand-tailleur d'habits, prononcé le 3 juin 1776, par Boniface Prêtàboire, son premier garçon et associé. *S. l.* 1776. In-8, mar. rouge jans. non rog. (*Hardy.*)

1363. Amusette des Grasses et des Maigres, contenant douze douzaines de calembours, avec les Fariboles de M. Plaisantin... à l'usage de ceux qui aiment encore à rire. *A. K. K. O., s. d., à l'image du faisant.* In-18, front. gravé, demi-rel, veau fauve, dos orné, non rog.

1364. Le Livre fait par force, ou le Mystificateur mystifié, et corrigé par un persifleur persiflé. *A Mystificatopolis, chez Momus, à la Marotte,* 5784. In-8, front. gravé, mar. bleu jans. tr. dor. (*Petit.*)

1365. Mémoires de l'Académie d'Asnières. *Neufchâtel, et se trouve à Paris, chez Belin,* 1783. 3 parties en 1 vol. pet. in-12, demi-rel. veau fauve.

1366. Les Dîners de M. Guillaume, suivie de l'Avanture de

son enterrement (par l'abbé Duvernet). *S. l.*, 1788. In-12,
figure de Ransonnette, mar. rouge jans. tr. dor. (*Hardy.*)

1367. Les Folies de M. le marquis de Brunoy, ou ses mille
et une extravagances. *A Paris, chez Lerouge,* 1804-1805.
2 vol. in-12, mar. bleu, dos orné, tr. dor. (*Capé.*)

1368. Songe systémo-physi-comico-moral de M. Jérôme,
mis au jour par sa tante Barbe-Catherine-Charlotte Ami-
don. *A l'hôtel de la Tolérance,* 1792. In-18, vig. demi-rel.
mar. br. dos et coins, tr. dor. (*Hardy.*)

Un double titre porte : le Cousin du compère Mathieu. Paris, an VI.

1369. Ann' quin Bredouille, ou le Petit Cousin de Tristam
Shandy, œuvre posthume de Jacqueline Lycurgues, ac-
tuellement fifre-major au greffe des Menus-Derviches
(par Gorgy). *Paris, Louis,* 1792. 6 vol. pet. in-12, fig.
bas. jas. tr. dor.

1370. Le Gros Lot, ou une Journée de Jocrisse au Palais
Égalité, par Hector Chaussier. *Paris, Roux, an IX.* In-18,
demi-rel. dos et coins de mar. br. non rog. tête dor.
(*Hardy.*)

1371. Le Dépôt, ou Bobèche voleur et commissaire. —
L'Amant femme de chambre et nourrice. — Tirlipiton, ou
Arlequin honnête homme invisible. — Le Supplice de
Tantale-Gringalet, homme de lettres. — Pierrot senti-
nelle perdue, etc. *A Paris, chez Tiger, s. d.* In-18, fig.
cart. non rog.

1372. La Belle-Mère, suivi de Arlequin battant et de la
Grande Partie de chasse. *A Paris, chez Tiger, s. d.* In-18,
fig. cart. non rog.

1373. M. Briolet, ou le Moderne Roquelaure, facéties divertissantes, dires plaisants, tours bouffons et œuvres comiques de ce personnage. *Paris, chez Tiger, s. d.* In-18,
portrait, br.

1374. Espiègleries d'un Mousquetaire, novice à 19 ans, maintenant homme de lettres; histoire véritable, écrite par
lui-même. *A Paris, chez Tiger, an XI,* 1803. In-12, front.
gravé, mar. orange, fil. dos orné, tr. dor. (*Hardy.*)

1375. Grivoisiana, ou Recueil facétieux (par Martainville).

Paris, Mme Cavagnagh, 1807. In-18, demi-rel. dos et coins
de mar. rouge, non rog. (*Hardy.*)

1376. Les Parades des Boulevards, ou Entretiens bouffons
entre Paillasse et Cassandre, enrichis de lazzis d'Arlequin,
contés jadis à Lelio, par le célèbre Carlin sur le théâtre
de la Comédie-Italienne, par M. Musard. *Paris, Delaunay,*
1810. In-18, front. gravé br.

1377. Marottes à vendre, ou Triboulet tabletier, dont la
gibecière, après avoir été égarée pendant plusieurs siècles,
nous est enfin heureusement parvenue. *Au Parnasse burlesque, ex officina de la banque du Bel Esprit, à l'enseigne
de la Facéciosité, l'an premier de la nouvelle ère (Londres,
chez R. Triphook*), 1812. In-12, cart. non rog.

1378. Les Aventures plaisantes de Bobèche et son voyage
de quarante-huit heures dans l'intérieur de la capitale. *Paris, Ledentu,* 1813. In-18, fig. demi-rel. mar. vert clair,
dos et coins, tête dor. non rog. (*Hardy.*)

1379. Aventures curieuses et plaisantes de M. Galimafré,
homme du jour, par un solitaire du Palais-Royal. *Paris,
Imbert,* 1814. In-18, demi-rel, mar. vert clair, dos orné,
coins. (*Hardy.*)

2. *Dissertations singulières, plaisantes et enjouées.*

A. Sur différents sujets.

1380. L'Éloge de la Folie, composé en forme de déclamation,
par Érasme, et traduit par M. Gueudeville, avec les notes
de Gérard Listre, et les belles figures de Holbein. *Amsterdam, Franc. l'Honoré,* 1745. Pet. in-8, mar. vert, fil. dos
orné, tr. dor. (*Capé.*)

1381. Harangues burlesques sur la vie et sur la mort de
divers animaux, dédiées à la Samaritaine du Pont-Neuf,
par M. Raisonnable. *Paris, Antoine de Sommaville,* 1651.
In-8, mar. vert, fil. tr. dor. (*Mouillié.*)

Exemplaire de M. Yemeniz.

1382. L'Erreur combattue, discours académique, où il est

curieusement prouvé que le monde ne va pas de mal en pis, par le sieur de Rampalle. *Paris, Augustin Courbé, 1641.* In-8, veau fauve.

1383. Éloge de l'asne, par un docteur de Montmartre (dom Joseph Cajot). *Londres, et se trouve à Paris, chez Delaguette,* 1769. In-12, mar. brun jans. tr. dor. (*Hardy.*)

1384. Essai historique sur les Lanternes (par Dreux du Radier, Lebeuf et Jamet). *S. l. n. d.* In-8, demi-rel. mar. rouge, dos et coins, non rog. tête dor. (*Hardy.*)

1385. Éloges du pou, de la boue et de la paille, dédiés à bien des gens ; et autres pièces traduites du latin, par C. Mercier de Compiègne. *Paris, Favre, an VII.* In-18, veau fauve, fil. dos orné, tr. dor. (*Trautz-Bauzonnet.*)

Exemplaire de M. Cigongne.

1386. Les Chats, par Moncrif. *Paris, Quillau,* 1727. 8 fig. par Coypel, grav. à l'eau-forte par Caylus. — Histoire des Rats, pour servir à l'histoire universelle (par Sigrais). *Ratopolis (Paris),* 1737. Front. fleuron et vignette. 2 parties en 1 vol. in-8, fig. v. m.

1387. L'Anthropophile, ou le Secret et les Mystères de l'ordre de la Félicité, dévoilés pour le bonheur de l'univers (par Moet). *Imprimé à Arctopolis (Paris),* 1746. In-12, mar. vertclair, fil. dos orné, tr. dor. (*Hardy.*)

1388. Histoire littéraire des Fous, par Octave Delepierre. *London, Trübner et Cie,* 1860. In-8, mar. rouge, fil. tr. dor. (*Hardy.*)

Figure.

B. Dissertations sur l'amour.

1389. Dictionnaire d'Amour dans lequel on trouvera l'explication des termes les plus usités dans cette langue, par M. de... (Dreux du Radier). *A la Haye (Paris),* 1761. In-12, mar. r. fil. tr. dor. (*Rel. anc.*)

1390. Dictionnaire d'Amour par le berger Sylvain, étrennes pour l'année 1798 (par Sylvain Maréchal). *A Gnide et à Paris, chez Briand,* 1788. 2 parties en 1 vol. pet. in-12, front. gravé, bas.

1391. Dictionnaire portatif, contenant les anecdotes historiques de l'Amour, depuis le commencement du monde jusqu'à ce jour (par M. Mouchet). *Paris, Buisson, 1788.* 2 vol. in-8, demi-rel. mar. vert, dos et coins, non rog. tête dor. (*Hardy.*)

1392. Essai sur l'Amour (par M. Dreux, secrétaire de M. de Vergennes). *Paris, Tavernier, an VII.* Pet. in-12, papier vélin, front. gravé, mar. rouge jans. tr. dor. (*Hardy.*)

1393. De l'Amour considéré dans les lois réelles et dans les formes sociales de l'union des sexes, par P. de Senancourt. *Paris, Bailleul, 1808.* In-8, demi-rel. mar. rouge, dos et coins, non rog. tête dor. (*Hardy.*)

1394. Code de l'Amour, ou Décisions de Cythère; étrennes du mois de Mai à l'usage des amans désœuvrés, par une Société de vieux amoureux. *Cythère, de l'imprimerie de Tircis galant, s. d.* 2 parties en 1 vol. in-12, bas. m.

1395. Code de Cythère, ou Lit de justice d'Amour (par Jean-Pierre Moet). *A Erotopolis, chez le dieu Karpocrates, à l'enseigne de la Nuit, l'an du monde 7746 (1746).* — Des Causes et des Remèdes de l'Amour, considéré comme maladie, par J. F..., médecin anglois. *A Londres, et Paris, chez Costard fils et Cie, 1773.* 2 parties en 1 vol. in-12, demi-rel. v. br.

1396. Les Loix de la Galanterie. *A Paris, Aug. Aubry, 1855.* In-8.

> Exemplaire sur papier de Chine.

1397. La Clef des cœurs. *Sur la copie imprimée à Paris, J.-Baptiste Loyson, 1675.* Pet. in-12, front. gravé, mar. vert clair jans. tr. dor. (*Duru.*)

1398. Le Secrétaire turc, contenant l'art d'exprimer ses pensées sans se voir, sans se parler et sans s'écrire (par le moyen des fruits, des fleurs, etc.), par Du Vignau. *Paris, Michel Guerout, 1688.* Pet. in-12. mar. rouge jans. tr. dor. (*Duru.*)

> Il existe une édition sous ce titre : *le Langage muet, ou l'Art de faire l'amour sans parler, etc.* Middelbourg, 1688.

1399. L'Art de faire l'amour sans parler, sans écrire et sans se voir, par le sieur **D. L. C.** (Dictionnaire du langage muet, en turc, suivi d'une histoire galante turque). *Amsterdam, Pierre Mortier fils, s. d.* Pet. in-12.

1400. Histoire de la Galanterie chez les différens peuples (attribuée à Chaussard). *Paris, Maradan, s. d.* 2 tomes en 1 vol. pet. in-12, figures, v. m. tr. dor.

1401. Le Congrès de Cythère (traduit de l'italien du comte Algarotti par Duport du Tertre). *A Cythère, de l'imprimerie d'Ovide*, 1749. In-12, front. gravé ajouté, mar. bl. fil. dos orné, tr. dor. (*Hardy.*)

1402. L'Amour juge, ou le Congrès de Cythère, traduit de l'italien de M. le comte Algarotti. Étrennes pour la présente année. *Cythère et se trouve à Paris, Ch. Onfroy,* 1783. In-18, front. par Queverdo, mar. vert, fil. tr. dor. (*Anc. rel.*)

1403. Voyage à Cythère, contenant la description du temple, etc. *Paris,* 1798. In-18, fig. demi-rel. mar. citr. non rog. tête dor. (*Hardy.*)

1404. La Ruelle mal assortie, ou Entretiens amoureux d'une dame éloquente, avec un cavalier gascon plus beau de corps que d'esprit, et qui a autant d'ignorance comme elle a de sçauoir, par Marguerite de Valois. *A Paris, chez Aug. Aubry,* 1855. Pet. in-8, mar. orange, fil. dos orné, tr. dor. (*Hardy.*)

Tiré à 150 exemplaires sur papier vergé.

1405. L'Art d'aimer à la mode. *Paris, Gabriel Amaury,* 1725. In-12, veau fauve, dos orné. (*Anc. rel.*)

Aux armes de Mme la comtesse de Verrue.

1406. Le Cercle, ou Conversations galantes (par S. Brémond). *Sur la copie imprimée à Paris,* 1675. Pet. in-12, veau rose, tr. dor.

Volume rare.

1407. Mélanges de pièces amoureuses, galantes et héroïques, par le chevalier de la Hosbinière. *A Brusselles, chez George de Backers,* 1704. In-12, mar. rouge, fil. dos orné, tr. dor. (*Duru et Chambolle.*)

1408. L'Amour décent et délicat, ou le Beau de la galante-

rie (par l'abbé Chr. Chayer). *A la Tendresse, chez les amans,*
1760. In-12, mar. bleu jans. dos orné. tr. dor. (*Hardy.*)

C. Ouvrages érotiques.

1409. Bibliothèque bibliophilo-facétieuse, éditée par les
frères Gébéodé (MM. G. Brunet et O. Delepierre). *Londres,*
1852-1856. 3 vol. pet. in-8, cart. non rog.

> Contenant: le Premier Acte du Synode nocturne des tribades, Lemanes.
> Unelmanes, Propetides, à la ruine des biens, vie et honneur de Calianthe
> (par G. Reboul), 1608 ; — Chansons historiques et satiriques sur la cour
> de France, 1615-1746 : — Extraits et Analyses de divers livres rares et
> pantagruéliques (du xvii° siècle, au nombre de quatorze).
> Cette collection n'a été tirée qu'à 60 exemplaires.

1410. L'École de la Volupté. *A Cologne, chez Pierre Marteau, à la Vérité,* 1747. In-12, titre gravé, mar. vert clair,
fil. dos orné, tr. dor. (*Hardy.*)

> Raccommodage au bas du titre.

1411. Aihcrappih (anagramme d'Hipparchia`, histoire grec-
que (attribuée à G. de Beauchamps). *S. l.* (*Paris*), 1748.
In-12, front. gravé, mar. brun. jans. tr. dor. (*Hardy.*)

> Même ouvrage que le suivant.

1412. Hipparchia, histoire galante, traduite du grec. *A
Lampsaque (Paris), l'an de ce monde* 1748. 3 parties en
1 vol. pet. in-12, fig. mar. bl. fig. dos orné, tr. dor.
(*Capé.*)

> « Récit des aventures galantes des ducs de Richelieu, de Brancas et du
> cardinal de Bissy avec la marquise d'Alincourt et la duchesse de Villeroi,
> attribué à Beauchamps. » (*Barbier.*)

1413. Vie de la Bourbonnaise, écrite par elle-même à sa
mère. *S. l.,* 1769. In-12, frontisp. représentant la Bourbonnaise écrivant ses mémoires à Saint-Lazare, demi-rel. m.
bl. dos et coins, non rog. tête dor. (*Hardy.*)

1414. Cléon, rhéteur cyrénéen, ou Apologie d'une partie de
l'histoire naturelle (par Thorel de Campigneulles). *A
Amsterdam,* 1770. Pet. in-12, demi-rel. mar. rouge, non
rog.

1415. Le Portefeuille de Mme Gourdan, dite la Comtesse,
pour servir à l'histoire des mœurs du siècle et principale-

ment de celles de Paris (par Thév. de Morande). *Spa,* 1783. In-12, mar. rouge, dos orné, fil. tr. dor.

1416. Lettre de Mme Delaunay, appareilleuse, à M. Su(ard), de l'Académie françoise, *S. l. n. d.* (1787). In-8, n. r.

1417. Manuel des boudoirs, ou Essais érotiques sur les demoiselles d'Athènes (recueillis par Mercier de Compiègne). *A Cythère, avec licence des Amours, l'an du plaisir et de la liberté,* 1240 (*Paris,* 1787). 4 vol. pet. in-12, front. gravé et fig. par Croutelle d'après Bornet, v. jaspé, tr. dor.

1418. Le Boudoir des courtisanes de la Grèce et de Rome, anecdotes curieuses sur ces femmes galantes et sur les personnes de distinction qui les fréquentaient. *Paris, Marchand,* 1810. 2 tomes en 1 vol. pet. in-12, demi-rel. mar. vert, non rog. tête dor.

1419. Almanach du Trou-Madame, jeu très-ancien et très-connu et la cause de presque toutes les révolutions. *Paris, Cuchet,* 1791. Pet.-in-12, mar. bl. fil. dos orné. tr. dor. (*Hardy.*)

> Recueil de douze histoires galante s.

1420. Errotikà biblion (par le comte de Mirabeau). *Paris, Lejay,* 1792. In-8, bas. jas.

1421. Lettre à Betty. *S. l. n. d.* (vers 1782). Pet. in-12 de 52 pages, mar. vert, fil. dos orné, tr. dor. gardes de pap. doré. (*Anc. rel.*)

> Voir le *Bulletin du Bibliophile,* 1862, n° 23.

1422. Les Jolis Péchés d'une marchande de modes, par J.-B. Nougaret. *Paris, Desenne, s. d.* In-18, demi-rel. dos et coins de mar. v. non rog. tête dor. (*Hardy.*)

1423. Histoires secrettes de plusieurs demoiselles et leurs aventures galantes. *Paris, Tiger, s. d.* Pet. in-12, front. gravé, demi-rel. bas.

1424. Almanach des Voluptueux ou les Vingt-quatre heures d'un sybarite, par un épicurien. *Paris, Bertrandet,* 1803. In-18, figure avant la lettre, demi-rel. mar. vert clair, tête dor. non rog. (*Hardy.*)

1425. L'Aristénète français ou Recueil de folies amoureuses

(par Félix Nogaret). *A Paris, chez Léopold Collin*, 1807. 3 vol. in-18, br.

1426. La Gorge de… Mirza, sujet proposé au concours et dont un baiser a été le prix, autore Corœbo (Nogaret). *Parisiis, via dicta Mammæ sororiantes prope Sorbonam, an IX.* In-12, portrait, mar. citr. fil. dos orné, tr. dor. (*Hardy.*)

> D. Traités singuliers pour et contre les femmes, sur le mariage, etc.

1427. Henri Corneille Agrippa de Nettesheim. Sur la Noblesse et excellence du sexe féminin, de sa prééminence sur l'autre sexe et du sacrement du mariage, avec le traité sur l'Incertitude aussi bien que la vanité des sciences et des arts, traduit par M. de Gueudeville, *Leiden, Théodore Haak,* 1726. 3 vol. in-12, cart. non rog.

1428. La Courtisane déchiffrée, dédiée aux dames vertueuses de ce temps. *Paris, Jacques Villery,* 1642. Pet. in-8, mar. rouge, dos orné, fil. tr. dor. (*Duru.*)

> Dissertation contre les femmes.

1429. La Liberté des dames. *A Paris, chez Christophe Remy,* 1685. In-12, mar. rouge, fil. dos orné, tr. dor. (*Hardy.*)

1430. Les Différens Caractères des femmes du siècle, avec la Description de l'amour-propre contenant six caractères et six perfections (par Mme de Pringy). *A Lyon, chez Jacques Lyons,* 1695. In-12, mar. vert clair, fil. dos orné, tr. dor. (*Duru.*)

1431. La Femme n'est pas inférieure à l'Homme, traduit de l'anglois (par de Puisieux). *Londres (Paris),* 1750. In-12, dérelié.

1432. Problèmes sur les femmes (traduit du latin d'Acidalius par de Querlon). *A Amsterdam, par la Compagnie,* 1744. In-12, dérelié.

1433. Paradoxe sur les femmes, où l'on tâche de prouver qu'elles ne sont pas de l'espèce humaine (trad. du latin d'Acidalius par Ch. Clapiès). *A Cracovie,* 1766. In-12, demi-rel. mar. br. dos et coins, non rog.

1434. Le Triomphe des femmes, ou le Paradoxe de 1766 confondu, dissertation qui prouve victorieusement la

fausseté du système que la femme n'est pas de l'espèce
humaine, par Mme Doyen, veuve de la Fontaine. *A Amsterdam*, 1767. In-12, demi-rel. mar. br. non rog.

1435. **L'Art** de rendre les femmes fidelles. *Genève et Paris.
Couturier*, 1783. 2 vol. pet. in-12, bas.

1436. **L'Art** de se faire aimer de sa femme, par J.-B. D***,
publié par Hautbout l'aîné. *Paris, Hautbout-Dumoulin,
an VII.* Pet. in-12, fig. mar. bl. fil. dos orné, tr. dor.
(*Belz-Niedrée.*)

1437. **L'Art** de connaître les femmes, avec des Pensées
libres sur divers sujets et une Dissertation sur l'adultère,
par le chevalier de Plante-Amour. *Amsterdam, Michel,*
1749. In-8, v. jaspé.

1438. **Opuscule** d'un célèbre auteur égyptien contenant l'histoire d'Orphée, par laquelle on pourrait soupçonner qu'il
est peu de femmes fidèles (par le chevalier de Mouhy).
A Londres, 1752. In-18, mar. vert, fil. dos orné, tr, dor.
(*Hardy.*)

1439. **L'Ami** des femmes (par P.-J. Boudier de Villemert).
Hambourg, Chrétien Hérold, 1761. In-12, demi-rel. mar.
rouge, dos orné, coins, non rog. tête dor. (*Hardy.*)

1440. **Philosophie** d'une femme. *S. l.*, 1787. In-8 de 43 pp.
fleuron sur le frontisp. gravé par Dunker, demi-rel. v. r.
non rog.

1441. **La Guerre** aux femmes, recueil de pièces servant à
dévoiler les vices et les nombreux défauts du sexe, suivi
de l'Éloge des femmes, par un menteur. *Paris, chez
les libraires renommés. (Lille, imprimerie de Blocquel),
s. d.* In-8, demi-rel. mar. rouge.

> Papier vélin. Suivant une note de M. Jos. Castiaux, ce volume n'a été
> tiré qu'à 6 exemplaires sur ce papier.

1442. **Récit** exact de ce qui s'est passé à la séance de la société des observateurs de la femme, le mardi 2 nov. 1802
(par Lemontey). *Paris, Deterville,* 1803. In-18, demi-rel. mar. bl. dos et coins, tête dor. non rog. (*Hardy*).

1443. **La Femme** mécontente de son mari, ou Entretien de
deux dames sur les obligations et les peines du mariage (dia-

logue trad. du latin d'Érasme par de la Rivière). *Troyes, Vᵛᵉ Garnier, s. d.* Pet. in-12, demi-rel. v. bl.

1444. L'Hymen réformateur des abus du mariage, ou le Code conjugal. *Dans l'univers, l'an 1756.* — Le Moine galant, ou la Vie de dom F. Bernardin, écrite par lui-même. *S. l.* 1756. — Le Frère questeur, histoire galante. *Londres,* 1756. 3 parties en 1 vol. in-12. v. fauve.

1445. Lettres sur le mariage. *Londres,* 1752. Pet. in-8, demi-rel. dos orné et coins de mar. or. non rog. tête dor. (*Hardy.*)

1446. Sermon pour la Consolation des cocus, suivi de plusieurs autres, comme celui du curé de Colignac et celui de R. P. Zorobabel, capucin. — Sermon de Bacchus. *A Amboise, chez J. Coucou, à la Corne de Cerf,* 1751.—Le Cocu consolateur.*L'an du cocuage* 5810. — Sermon d'un cordelier à des voleurs qui lui demandaient de l'argent ou la vie.1752 In-12, br.

Réimpression faite vers 1810.

1447. Discours pour la consolation des cocus, prononcé au sujet de M. J. D. cocu par arrest. *Se vend chez Cornard,* 1770. In-12, cart. non rog.

1448. Le Livre jaune, brochure à la mode, bien dessinée, bien peinte. *A Cocupole, l'an du cocuage d'Adam,* 5759. Pet. in-12, mar. citron, fil. dos orné. (*Capé.*)

1449. Dissertation sur les cornes antiques et modernes, ouvrage philosophique dédié à MM. les sçavants antiquaires, gens de lettres, etc., (par Vielh de Boisjolin). *Paris, Veaufleury,* 1785. In-8, demi-rel. mar. rouge, dos et coins, non rog. tête dor. (*Hardy.*)

1450. Dissertation étymologique, historique sur les diverses origines du mot Cocu, avec notes et pièces justificatives, par un membre de l'Académie de Blois (M. de la Saussaie ou M. de Petigny). *Blois, imp. de Félix Jahyer,* 1835. In-16, demi-rel. veau fauve, non rog.

VII. PHILOLOGIE.

Critique; Satires; Anas; Emblèmes.

1451. Traité des Études : de la Manière d'enseigner et d'étudier les Belles-Lettres, par Rollin. *Paris, Henée*, 1805. 4 vol. in-8, pap. vél. portr. v. marb. tr. dor.

1452. Réflexions sur la Critique, par M. de la Motte, de l'Académie françoise, avec plusieurs autres ouvrages du mesme auteur. *Paris, Grégoire du Puis*, 1716. 2 parties en 1 vol. pet. in-8, mar. rouge, fil. dos orné, gardes de pap. doré, tr. dor. *(Anc. rel.)*

1453. Mémoires politiques, amusans et satiriques de Messire J.-N. D. B. C. de L. (Jean-Nicolas de Brasey comte de Lion.) *A Véritopolis, chez Jean Disant-Vrai (Amsterdam)*, 1716. 3 tomes en 2 vol. in-12, fig. vél. bl.

1454. Voyage en l'autre monde, ou nouvelles littéraires de celui-ci (par l'abbé de La Porte). *Londres, et se trouve à Paris*, 1753. In-12, titre gravé, et frontispice dessiné par Eisen, mar. vert, dos orné, fil. tr. dor. *(Hardy.)*

1455. Mélanges de littérature (par le prince de Ligne), *A Philosopolis*, 1783. 2 vol. in-18, br.

Édition tirée à petit nombre, pour être distribuée en cadeaux.

1456. Mélanges de littérature et de philosophie. Essai sur la Critique, Essai sur l'Homme (par Pope), trad. de l'anglois, par M. de Silhouette. *La Haye, Adrien Moetjens*, 1742. 2 vol. in-12, mar. rouge, fil. tr. dor. *(Derome.)*

1457. Le Danger des extrêmes, essai critique… sur quelques écrivains et un Dialogue familier entre Aristénète et Corébus (par Félix Nogaret). *Paris, chez les marchands de nouveautés, an VIII.* In-12, front. gravé, pap. vél. br.

Autographe de Félix Nogaret à la fin de la dédicace au citoyen Lebon.

1458. Amusements philologiques, ou Variétés en tous genres, troisième édition, par G. P. Philomneste (Peignot). *Dijon, Lagier*, 1842. In-8, demi-rel. mar. rouge, dos orné, coins, tête dor. non rog. *(Hardy.)*

Exemplaire en grand papier.

1459. Amusements philologiques, ou Variétés en tous genres, par G. P. Philomneste (Gabriel Peignot). *Dijon, Lagier*, 1842. In-8, br.

1460. Le Livre des singularités, par G. P. Philomneste (Gabriel Peignot). *Dijon, Lagier*, 1841. In-8, br.

1461. Choix d'études sur la littérature contemporaine, par M. Villemain. *Paris, Didier et Cie*, 1857. In-8, demi-rel. veau fauve. (*Dumergue.*)

1462. Le Cochon mitré, dialogue (par François de la Bretonnière). *Paris, Panckoucke,* 1850. Pet. in-12, pap. de Hollande, mar. vert clair, fil. dos orné, tr. dor. (*Duru.*)

Réimpression tirée à 100 exemplaires.

1463. La Musique du diable, ou le Mercure galant dévalisé. *Paris, Robert le Turc (Holl., à la Sphère)*, 1711. Pet. in-12, front. gravé d'après B. Picart, v. br.

Volume rare.

1464. Le Triomphe de Pradon (contre Boileau, par Pradon lui-même). *Lyon*, 1684. In-8, front. gravé, mar. rouge, fil. dos orné, tr. dor. (*Duru et Chambolle.*)

1465. Le Parnasse assiégé, ou la Guerre déclarée entre les philosophes anciens et modernes. *A Lyon, chez Antoine Boudet,* 1697. In-12, mar. bleu, fil. dos orné. (*Chambolle-Duru.*)

Exemplaire non rogné.

1466. Lettres persanes (par Montesquieu). *Amsterdam, Jacques Desbordes,* 1730. 2 tomes en 1 vol. in-12, mar. br. jans. tr. dor. (*Hardy.*)

1467. La Naissance de Clinquant et de sa fille Mérope, conte allégorique et critique (par Godard d'Aucourt). *S. l.*, 1744. In-12, mar. rouge, fil. dos orné, tr. dor. (*Hardy*).

1468. Le Colporteur, histoire morale et critique, par M. de Chevrier. *A Londres, chez Jean Nourse, l'an de la vérité.* In-12, mar. rouge jans. tr. dor. (*Hardy.*)

1469. Vie du fameux Père Norbert, ex-capucin connu aujour-d'hui sous le nom de l'abbé Platel, par l'auteur du Colporteur (Chevrier). *A Londres, chez Jean Nourse,* 1763. In-12, mar. rouge jans. tr. dor. (*Hardy.*)

1470. Les Amusemens des dames de B***, histoire honnête et presque édifiante, par le Chev. de Ch. (Chevrier). *Rouen, P. Levrai, s. d.* — Les Trois C.., conte métaphysique. *Nancy, H. Gouvest, s. d.* — Je m'y attendais bien, histoire bavarde, par l'auteur du Colporteur (Chevrier). *Partout.* 3 parties en 1 vol. in-12, demi-mar. bl. tr. dor. (*Hardy.*)

1471. Les Ridicules du Siècle (par Chevrier). *Londres (Paris),* 1752. Pet. in-12, mar. rouge, fil. tr. dor. (*Anc. rel.*)

Cet exemplaire porte sur les plats le nom de *Racine Demonville.*

1472. Lettres juives, ou Correspondance philosophique, historique et critique entre un Juif voyageur en différens États de l'Europe et ses correspondans en divers endroits (par le marquis d'Argens). *La Haye, Pierre Paupie,* 1754. 6 vol. in-12, mar. rouge, dent. tr. dor. gardes de pap. doré. (*Anc. rel.*)

1473. La Mandarinade, ou Histoire comique du mandarinat de M. l'abbé de Saint-Martin, marquis de Miskou, docteur en théologie (par Gabr. Porée, de l'Oratoire). *Siam, et se trouve à Caen, chez Manoury fils,* 1769. Pet. in-8; demi-rel. mar. rouge, dos orné, non rog. tête dor. (*Hardy.*)

1474. Le Cosmopolite, par M. de Monbron (Fougeret de Monbron). *Paris, an VI.* In-18, fig. demi-rel. dos et coins de mar. rouge, non rog. tête dor. (*Hardy.*)

1475. Le Microscope bibliographique (satire contre Rousseau de Bouillon et contre sa femme, composée par Malebranche). *Amsterdam,* 1771. Pet. in-8, demi-rel. veau fauve, dos et coins, non rog. (*Arnaud.*)

Rare.

1476. L'An deux mille quatre cent quarante, rêve s'il en fut jamais (par Mercier). *Londres,* 1776. In-8, mar. rouge, fil. dos orné, tr. dor. (*Belz-Niedrée.*) — Songes d'un hermite (par le même). *A l'hermitage de Saint-Amour (Paris,* 1770). In-12, mar. vert, dos orné, fil. tr. dor. (*Hardy.*)

1477. Le Petit Almanach de nos grandes femmes, accompagné de quelques prédictions pour l'année 1789. *Londres, s. d.* In-12, demi-rel. bas.

1478. Relation véritable et remarquable du grand voyage du Pape en paradis et en enfer, suivie de la Translation du clergé aux enfers (par Fiévée). *Paris, Fiévée, 1791.* Pet. in-12, br.

1479. Du Dandysme et de G. Brummel, par J.-A. Barbey d'Aurevilly. *Caen, M. Mancel, 1845.* In-12, mar. rouge jans. tr. dor. (*Hardy.*)

Exemplaire en papier de Hollande.

1480. Bildergalerie klösterlicher Missbrauche, eine nothige Beilage zur Bildergalerie catholischer Missbrauche. *Frankfurt und Leipsig, 1784.* In-8, front. gravé et figures, mar. rouge, fil. dos orné, tr. dor. (*Hardy.*)

Rare et curieux ; livre satirique contre les moines.

1481. Dictionnaire étymologique, historique et anecdotique des Proverbes, par Quitard. *Paris, P. Bertrand, 1842.* In-8, demi-rel. mar. bl. dos orné, coins, tr. dor. (*Hardy.*)

1482. Anecdotes du xviiie siècle (attribué à P.-J.-B. Nougaret). *Londres, 1783,* 2 vol. in-8, v. m.

1483. Gasconiana, ou Recueil des bons mots, des pensées les plus plaisantes et des rencontres les plus vives des Gascons. *Suivant la copie de Paris, à Amsterdam, chez François l'Honoré, 1708.* Pet. in-12, front. gravé, v. fauve.

1484. Arlequiniana, ou les Bons Mots, les Histoires plaisantes et agréables, recueillis des conversations d'Arlequin (par Cotolendi). *Suivant la copie à Paris, Florentin et Pierre de Laulne, 1735.* Pet. in-12, front. gravé, mar. rouge, fil. dos orné, tr. dor. (*Capé.*)

1485. Bievriana, ou Jeux de mots de M. de Bièvre ; troisième édition, corrigée et augmentée par A. D. (Albéric Deville). *A Paris, chez Maradan, an IX* (1801). In-12, portrait, mar. citr. fil. dos orné. (*Hardy.*)

Exemplaire non rogné.

1486. Prédicatoriana, ou Révélations singulières et amusantes sur les prédicateurs, entremêlées d'extraits piquans des

sermons bizarres, burlesques et facétieux, par G. P. Philomneste (Gabriel Peignot). *Dijon, Lagier,* 1841. In-8, br.

1487. Hadriani Junii Medici ænigmatum libellus ad virum
clarissimum Arnoldum Rosenbergum jurisconsultum.
Antverpiæ, ex officina Christophori Plantini, 1565. Pet.
in-8, fig. sur bois, v. m.

1448. Emblèmes d'amour, texte latin, hollandois et françois.
Amsterdam, Will. Janszoon, 1611. In-4, front. gravé et
30 planches, mar. rouge, fil. dos orné, tr. dor. (*Hardy.*)

1489. Recueil d'emblèmes divers avec des discours moraux,
philosophiques et politiques, tirez de divers autheurs anciens et modernes, par J. Baudoin. *A Paris, chez Jacques
Villery,* 1638-39. 2 vol. in-8, mar. rouge, fil. dos orné, tr.
dor. (*Masson et Debonnelle.*)

> Soixante-huit figures gravées en taille-douce par Marie Briot.

1490. Emblesmes sacrez sur la vie et miracles de sainct
François, expliquez en vers françois et enrichis de figures
et passages d'escritures. *A Paris, chez Jean Messager,* 1637.
Pet. in-8, mar. br. jans. tr. dor. (*Duru.*)

> Titre et plusieurs feuillets remontés. 35 charmantes figures gravées
> par Matheus.

1491. Le Paradis terrestre, ou Emblèmes sacrez de la solitude avec un Recueil des plus beaux vers latins et françois
sur la solitude, la plus part non encore imprimez (par
J. Martin). *Paris, Jean Hénault,* 1655. In-12, mar. vert,
fil. dos orné, tr. dor.

> Fronstispice et 20 figures gravées.

1492. Emblesmes royales à Louis le Grand, par le sieur
Martinet. *A Paris, chez Claude Barbin,* 1673. Pet. in-12,
figures, mar. bl. dos orné, tr. dor. (*Capé.*)

1493. Othonis Vænii Emblemata Horatiana imaginibus in æs
incisis. *Amstelædami, apud Henricum Wetstenium,* 1684.
In-8, gr. pap. fig. demi-rel. bas.

1494. Devises et emblèmes d'amour anciennes et modernes,
moralisées en vers françois et expliquées en sept langues,
par M. Parravicini. *Amsterdam, Daniel de la Feuille,* 1696.
In-4, mar. rouge, fil. dos orné, tr. dor. (*Hardy.*)

> Frontispice gravé et 24 planches représentant 144 sujets.

1495. Emblèmes ou Devises chrétiennes, ouvrage mêlé de prose et de vers et enrichi de figures. *Lyon, Mathieu Chavance,* 1720. In-12, front. et fig. mar. vert, dent. tr. dor. (*Anc. rel.*)

VIII. DIALOGUES ET ENTRETIENS.

1496. Des. Erasmi Roterodami Colloquia ex doctorum virorum emendatione cum notis selectis. *Amstelædami, apud Jac. à Wetstein,* 1754. Pet. in-12, titre gravé, br.

1497. Les Dialogues de Jan-Loys Vivès, traduits de latin en françois pour l'exercice des deux langues par E. Jamyn. *A Paris, pour Gabriel Buon,* 1568. Pet. in-12, mar. br. dos et mil. ornés, tr. dor. (*Capé.*)

1498. Conversation du maréchal d'Hoquincourt avec le père Canaye, par Saint-Évremont; préface et notes par Louis Lacour. *Paris, imp. de Jouaust,* 1865. In-16, br.

Tiré à petit nombre.

1499. Les Entretiens d'Ariste et d'Eugène (par le P. Bouhours). *Sur la copie imprimée à Paris, à Amsterdam, chez Jacques le jeune,* 1682. Pet. in-12, front. gravé, v. br.

1500. L'Esprit de cour, ou les Cent Conversations galantes, dediées au Roy par René Bary. *A Paris, chez Ch. de Sercy,* 1693. In-12, front. gravé, v. br. tr. jas.

1501. Les Entretiens des cafés de Paris et les différens qui y surviennent, par M. le chevalier de M*** (chevalier de Mailly). *Trévoux, Etienne Ganeau,* 1702. In-12, front. gravé, mar. orange, fil. dos orné, tr. dor. (*Hardy.*)

1502. Dialogues ou Entretiens des femmes sçavantes, nouvelles galantes, par M. Antoine Bourdeille, seigneur de Brantôme. *Amsterdam, André Fopens* (sic), 1709. 2 tomes en 1 vol. in-12, v. fauve.

Cet ouvrage ne contient pas de nouvelles galantes. La première partie du volume se compose d'un dialogue aux enfers entre deux femmes du monde sur les modes et les mœurs du temps; la seconde contient des lettres comiques. M. Brunet, qui n'avait pas vu le volume, et qui n'en parle que d'après le catalogue de Barré, où l'auteur est nommé *Pierre* et non *Antoine,* supposait que sous le titre de *Dialogue,* etc., se cachait quelque ouvrage obscène. (*Manuel,* I. col. 1212.) Il n'en est rien, comme on vient de le voir.

1503. La Princesse de Guéménée dans le bain et le duc de Choiseul, conversation rééditée par Louis Lacour. *Paris, Académie des Bibliophiles,* 1867. In-8 de 15 pages, br.

1504. Dialogues des animaux, ou le Bonheur (imité des Capricci del Bottaio de J.-B. Gelli). *Berlin, Samuel Pitra,* 1763. In-12, demi-rel. dos et coins de mar. rouge, non rog. tête dor. (*Hardy.*)

IX. ÉPISTOLAIRES

1505. Le Thrésor des lettres douces et amoureuses, pleines de désirs et imaginations d'amour. *A Troyes, chez Nicolas Oudot, s. d.* Pet. in-12, mar. rouge, fil. dos orné, tr. dor. (*Duru.*)

1506. Le Secrétaire françois, par Nathanael Adam, secrétaire de Mme de Mortemart. *A Paris, chez Anthoine du Brueil,* 1608. Pet. in-12, titre gravé par L. Gaultier, mar. rouge jans. tr. dor. (*Trautz-Bauzonnet.*)

1507. Le Secrétaire françois, où sont contenues diverses lettres missives, fort propres et utiles pour l'instruction de quelque personne que ce soit, recueillies par un des beaux esprits de ce temps. *A Lyon, chez Pierre Rigaud,* 1614. In-12, mar. rouge jans. tr. dor. (*Belz-Niedrée.*)

1508. Le Secrétaire à la mode, par le sieur de la Serre, plus un Recueil de lettres morales des plus beaux esprits de ce temps, et les Complimens de la langue françoise. *Amsterdam, chez Louys Elzevier,* 1644. 2 parties en 1 vol. pet. in-12, front. gr. vélin.

1509. Les Lettres et Poésies de M. de Voiture. *Nimwége, André Hogenhuyse,* 1660. 1 tome en 2 vol. in-12, front. et portrait gravés par Philippe, veau br.

Édition de la collection elzévirienne.

1510. Le Secrétaire incognu, contenant des lettres sur diverses sortes de matières, par le sieur B. Pielat. *A Amsterdam, pour J.-J. van Waesberge,* 1671. Pet. in-12, demi-rel. bas.

1511. Le Secrétaire nouveau, ou Lettres nouvelles et curieuses de M. Barth. Piélat sur des sujets de louanges, de consolation, d'ambition, d'amour, etc. *Amsterdam, Henry et Théodore Boom*, 1679. — Du même, Lettres nouvelles et curieuses. *Amsterdam, J.-J. Waesberg*, 1677. 2 parties en 1 vol. in-12, vél. bl.

1512. Le Courrier de Pluton. *A Cologne, chez Pierre Marteau (Holl.)*, 1695. Pet. in-12, front. gravé, mar. rouge jans. tr. dor. (*Hardy*.)

> Recueil de lettres supposées, écrites de l'enfer par des personnages du xvie siècle à des personnages du temps de Louis XIV.

1513. Nouveau Recueil de lettres et billets galands, avec leurs réponses sur divers sujets. *Paris, Gabr. Quinet*, 1679. In-12, front. gravé, mar. vert clair, fil. dos orné, tr. dor. (*Duru*.)

1514. Lettres de Ninon de Lenclos au marquis de Sévigné (composées par Damours). *La Haye, Benjamin Gibert*, 1750. Pet. in-8, mar. rouge, fil. dos orné, tr. dor. (*Belz-Niedrée*.)

1515. Lettres de Ninon de Lenclos au marquis de Sévigné (par Damours), avec sa Vie (par Bret). *A Paris, chez Bleuet jeune*, 1798. 2 vol. in-18, portrait, pap. vélin, br.

1516. Lettres amoureuses de la dame Lescombat et du sieur Mongeot, ou l'Histoire de leurs criminels amours. — La Mort de Lescombat, tragédie. *La Haye, et se trouvent à Paris, chez Cailleau*, 1755. In-12, fig. mar. rouge jans. tr. dor. (*Hardy*.)

> Exemplaire relié sur brochure.

1517 Caprices d'imagination, ou Lettres sur différents sujets d'histoire, de morale, de critique, d'histoire naturelle, etc., (par Ch. Bruhier d'Ablaincourt). *Paris, Briasson*, 1740. In-12, mar. rouge, fil. tr. dor. dos orné. (*Anc. rel*.)

1518. Lettres d'une demoiselle entretenue à son amant (par Coustelier). *A Cologne, chez Pierre Marteau (Paris)*, 1749. In-8, mar. rouge jans. tr. dor. (*Belz-Niedrée*.)

1519. Lettres de Mlle de Lespinasse, avec une notice biographique par Jules Janin. *Paris, Amyot, s. d.* In-12, demi-rel. mar. vert. (*Dumergue*.)

1520. Lettres de Mlle Aïssé à Madame Calandrini, édition
revue par M. Ravenel, avec une notice par Sainte-Beuve.
Paris, Gerdès, 1846. Pet. in-8, port. veau fauve, fil. dos
orné, tr. dor. (*Niedrée.*)

Exemplaire en papier de Hollande.

1521. Lettres inédites de la marquise de Créquy à Senac de
Meilhan (1782-1789), mises en ordre par Ed. Fournier et
précédées d'une introduction par Sainte-Beuve. *Paris, Potier*, 1856. In-12, demi-rel. mar. bleu, dos orné, coins,
tête dor. (*Belz-Niedrée.*)

1522. Correspondance de François Gérard, peintre d'histoire, avec les artistes et les personnages célèbres de son
temps, publiée par Henri Gérard, son neveu, et précédée
d'une notice sur la vie et les œuvres de Gérard par A.
Viollet-le-Duc. *Paris, typographie de Lainé et Havard,*
1867. In-8, portrait, demi-rel. mar. bleu, dos et coins, tête
dor. non rog. (*Belz-Niedrée.*)

1523. Lettres du Révérend Père Lacordaire à des jeunes
gens, recueillies et publiées par l'abbé H. Perreyve. *Paris, Ch. Douniol*, 1863. In-8, demi-rel. mar. brun, dos
orné, coins, non rog. tête dor. (*Belz-Niedrée.*)

1524. Lettere di Gian Paolo Olivo della Compagnia di Giesu.
Roma, presso il Varese, 1781. 2 vol. in-4, mar. rouge, fil.
tr. dor. (*Anc. rel.*)

Exemplaire aux armes et aux chiffres de J.-B. Colbert.

1525. Lettres d'amour d'une religieuse portugaise, écrites
au chevalier de C. (Chamilly), officier françois en Portugal
(par Mariane Alcaforada, traduites en françois par Guil-
leragues). *A la Haye, chez Jacob van Ellinckhuysen*, 1701.
Pet. in-12, front. gravé, mar. vert clair, fil. dos orné, **tr.**
dor. (*Duru.*)

IX. POLYGRAPHES. — COLLECTIONS. — MÉLANGES

1526. Le Second Enfer d'Estienne Dolet, précédé de sa réha-
bilitation (par Aimé-Martin), qui sont certaines composi-
tions faictes par luy-mesmes sur la justification de son

second emprisonnement. *Lyon,* 1544.— Deux dialogues de Platon, l'ung intitulé Axiochus, l'aultre intitulé Hipparchus, le tout nouvellement traduict en langue françoyse par Estienne Dolet, 1544.—Cantique d'Estienne Dolet sur sa desolation et sur sa consolation, en vers. *Imprimé l'an* 1546. In-8, papier de Hollande, cart. non rog. (*Réimprimé à* 120 *exemplaires à Paris, chez Techener, vers* 1830).

1527. Œuvres diverses de Maucroix, publiées par Louis Paris sur le manuscrit de la bibliothèque de Reims. *Paris, J. Techener,* 1854. 2 vol. in-8, papier de Hollande, mar. rouge, fil. dos orné, tr. dor. (*Hardy.*)

1528. Le Portefeuille de M. L. D. F*** (attribué à de la Faille), ou Recueil de diverses pièces curieuses et galantes. *A Cologne, chez* ***, 1695. In-12, front. gravé, mar. rouge, fil. dos orné, tr. dor. (*Chambolle-Duru.*)

1529. Œuvres du sieur de la Chapelle, de l'Académie françoise. *Suivant la copie imprimée, à Paris, chez Jean Anisson,* 1700 (*Holl.*). 2 vol. pet. in-12, br.

1530. Œuvres de M. de Fontenelle, contenant Entretiens sur la pluralité des mondes, Dialogues des morts, les Éloges des académiciens morts de 1699 jusqu'en 1717. *Londres,* 1784-1785. 6 vol. in-12, portrait, v. m. tr. dor.

1531. Mon Petit Portefeuille (publié par L.-T. Hérissant). *Londres (Bruxelles, Boubers),* 1774. 2 tomes en 1 vol. in-12, mar. rouge jans. tr. dor. (*Belz-Niedrée.*)

1532. Œuvres de Valentin Jamerai-Duval, précédées des Mémoires sur sa vie. *Londres,* 1785. 3 vol. in-18, portrait, v. marbr. tr. dor.

1533. Œuvres de M. Rémond de Saint-Mard. *Amsterdam, Pierre Mortier,* 1749. 5 vol. in-12, front. fleurons et vignettes, mar. vert, fil. tr. dor. (*Anc. rel.*)

1534. Œuvres de M. de Florian. *Paris, Didot l'aîné,* 1786. 14 vol. in-18, fig. de Queverdo, gravées par de Longueil, Dambrun, etc., v. m. tr. dor.

1535. Le Fond du Sac, ou Restant des babioles de M. X. (Félix Nogaret), membre éveillé de l'Académie des dormans. *A Venise, chez Pantalon Phébus (Paris, Cazin),* 1780.

2 tomes en 1 vol. in-18, front. et 9 jol. vign., mar. rouge,
fil. dos orné. (*Hardy.*)

Exemplaire non rogné.

1536. Œuvres de Félix Nogaret. — L'Aristénète français.
Versailles, imprimerie de Cosson, 1797. 2 vol. in-18, front.
gravé, bas. m.

1537. Mémoires et Mélanges historiques et littéraires, par
le prince de Ligne. *Paris, Ambroise Dupont,* 1827-1829.
5 vol. in-8, portrait, demi-rel. mar. rouge. (*Dumergue.*)

1538. Opuscules de M. Auguste Gaude (vers et prose). *Paris,
Durand neveu,* 1788. In-18, demi-rel. mar. rouge, dos et
coins, non rog. tête dor. (*Hardy.*)

1539. Opuscules de Gabriel Peignot, extraits de divers journaux, romans, recueils littéraires dont il n'a été fait aucun
tirage à part, avec une introduction par Ph. Milsand.
Paris, Techener, 1863. In-8, portrait par Ed. Hédouin,
demi-rel. mar. br. dos orné, coins, tête dor. non rog. (*Belz-
Niedrée.*)

1540. Essais divers, Lettres et Pensées de Mme de Tracy.
Paris, Plon, 1855. 3 vol. in-12, demi-rel. mar. bl. dos orné.
(*Hardy.*)

1541. Œuvres de Napoléon III, contenant : Mélanges, Discours, Proclamations, Messages, du Passé et de l'Avenir de
l'artillerie, l'Idée napoléonienne. *Paris, Amyot,* 1856. 4
vol. in-8, demi-rel. mar. vert, dos orné, coins, non rog.
tête dor. (*Hardy.*)

1542. Œuvres du philosophe de Sans-Souci (Frédéric II),
nouvelle édition. *Jouxte la copie in-4, imprimée au donjon
du château de Sans-Souci, en* 1750. *Neuchâtel,* 1760. 4 vol.
in-12, mar. rouge, fil. tr. dor. (*Anc. rel.*)

1543. Collection d'ouvrages anciens, rares et singuliers,
poésies, romans et facéties, volumes divers publiés par
M. Jules Gay, à Paris et à Bruxelles, de 1861 à 1870.
61 vol. pet. in-12, br.

De Tribus Impostoribus, M. D. IIC. Texte latin collationné sur l'exemplaire du duc de la Vallière, aujourd'hui à la Bibl. nation., augmenté de variantes de plusieurs manuscrits, etc., et d'une notice philologique et bibliographique par Philomneste junior (Gust. Brunet). *Paris,* 1861. — Sept Pe-

tites Nouvelles de Pierre Arétin concernant le jeu et les joueurs, traduites en français pour la première fois et précédées d'une étude sur l'auteur et sur divers conteurs italiens, par Philomneste junior. *Paris*, 1861. Portr.— L'Heure du berger, roman de Cl. Le Petit, nouvelle édition avec un avant-propos de Philómneste junior. *Paris*, 1862. — Le Premier Acte du Synode nocturne des tribades, lemanes, unelmanes, propetides, à la ruine des biens, vie et honneur de Callianthe. *Paris.* 1862. — La Tragédie de Pasiphaé, par le sieur Théophile, précédée d'une notice sur le sujet de la pièce. *Paris*, 1862. — La Papesse Jeanne, étude historique et littéraire par Philomneste junior. *Paris*, 1862. — Vie et Actes triumphans d'une demoiselle nommée Catherine des Bas-Souhaiz, réimpression textuelle. *Paris*, 1862. — La Récréation et Passe-temps des tristes, recueil d'épigrammes et de petits vers réimprimé sur l'édition de Rouen, 1595. *Paris*, 1862.—L'Escole de l'interest et l'Université d'amour, allégorie traduite de l'espagnol d'Autolinez de Piedrabuena par Claude Le Petit, précédée d'un avant-propos par Philomneste junior. *Paris*, 1862. — Les Amours folastres et récréatifs du Filou et de Robinette, augmentés d'un avant-propos et de notes par M. P. L. *Paris*, 1862. — Livres du boudoir de la reine Marie-Antoinette, catalogue publié avec préface et notes par Louis Lacour. *Paris*, 1862. — Le Jeu des Eschets, traduit en vers français du poème latin de Vida par M. D. C., réimprimé sur le seul exemplaire connu. *Paris*, 1862. — Avantures de l'abbé de Choisy. Quatre fragments inédits à l'exception du dernier qui a été publié sous le titre de « Histoire de la comtesse des Barres, » précédés d'un avant-propos par M. P. L. *Paris*, 1862. — Le Lion d'Angélie, suivi du Temple de Marsias, par Pierre Corneille Blessebois, avec une notice sur l'auteur et sur ses ouvrages. *Paris*, 1862. Anthologie scatalogique recueillie et annotée par un bibliophile de Cabinet. *Paris, près Charenton, chez le libraire qui n'est pas triste (Gay).* 1000 800 60 2.— Le Caribarye des Artisans, ou Recueil nouveau des plus agréables chansons vieilles et nouvelles. Nouvelle édition augmentée d'un avant-propos et de notes explicatives par M. A. Percheron. *Paris.* 1862. — Le Livret de folastries à Janot parisien, recueil de poésies de Ronsard. Réimpression textuelle faite sur l'édition de 1553. *Paris*, 1862. — Nouvelle d'un révérend père en Dieu, et bon prélat de notre mère saincte église, demorant en Avignon, et le moyen comme il ressuscita de mort à vie avec le deschiffrement de ses tendres amourettes. *Paris*, 1862. — Recueil des chansons du Savoyard, augmenté d'un avant-propos par M. A. Percheron. *Paris*, 1862. — Le Nouveau Parnasse satyrique, contenant divers madrigals et épigrammes galants et facécieux, par le sieur Théophile. *A Calais, chez Pasquin*, 1684. *Paris, Simon Raçon et Cie,* 1862. — Les Muses incognues ou la Seille aux Bourriers, recueil de poésies satiriques de Beroalde de Verville, de Guy de Tours, de Gauchet, etc., etc. *Paris*, 1862. — Le Sandrin ou Verd galant, où sont naïfvement déduits les plaisirs de la vie rustique. *Paris, de l'imprimerie d'Anthoine du Brueil,* 1609. *Bruxelles, Mertens,* 1863. — Tragœdie nouvelle dicte le Petit Razoir des ornemens mondains, en laquelle toutes les misères de nostre temps sont attribuées tant aux hérésies qu'aux ornemens superflus du corps, composée par F. Philippes Bosquier, Montois. *Mons, Charles Michel,* 1589. *Bruxelles, Mertens,* 1863. — Les Fanfares et Courvées abbadesques des Roule-Bontemps de la haute et basse Coquaigne et dépendances. Réimpression précédée d'une introduction. *Paris, Jules Gay,* 1863. — L'Espadon satyrique, par le sieur d'Esternod. Réimpression augmentée d'un avant-propos. *Bruxelles, A. Mertens et fils,* 1863. — Le Premier, Second et Troisième Livre du Labyrinthe d'amour, ou Suite des Musés folastres, par H. F. S.D.C. *A Rouen, chez Claude Le Villain,* 1615. *Bruxelles, Mertens,* 1863. — Plaidoyer de Me Freydier, avocat à Nismes, contre l'introduction de cadenas ou ceintures de chasteté. Réimpression augmentée d'un avant-propos par Philomneste junior. *Paris*, 1863. — Les Fantaisies de Bruscambille. *A Lyon, jouxte la copie impr. à Paris,* 1618. — Les Nouvelles et plaisantes Imaginations de Bruscambille ensuite de ses Fantaisies, par S. D. L. Champ *A Bergerac, chez Martin la Babille,* 1615. *Bruxelles, Mertens,*

1863-64. 2 vol.— Bibliothèque de la reine Marie-Antoinette au petit Trianon, d'après l'inventaire original dressé par ordre de la Convention. Catalogue avec des notes inédites du marquis de Paulmy, mis en ordre et publié
par Paul Lacroix. *Paris*, 1863.— Les Neuf Matinées du seigneur de Cholières. *Paris, Jean Richer*, 1585.— Les Après-disnées du seigneur de Cholières. *Paris, Jean Richer*, 1587. *Bruxelles, Mertens*, 1863. 2 vol. — Grandes
et récréatives Pronostications pour ceste présente année 08145000470,
selon les promenades et buvettes du soleil par les douze cabarets du
zodiaque. par maistre Astrophile le Roupieux. *Paris, Jean Martin.
Bruxelles, Mertens*, 1863. — Les Touches du seigneur des Accords. *Paris,
chez Jean Richer*, 1585. *Bruxelles, Mertens et fils*, 1863. 5 livres en 2 vol.
—L'Infortune des filles de joie, suivie de la Maigre, par Adrien de Montluc,
comte de Cramail. *Paris*, 1863. — Œuvres poétiques de François de Maynard réimprimées sur l'édit de Paris (Aug. Courbé, 1646), in-4, enrichies
de variantes revues et annotées par Prosper Blanchemain. *Paris*, 1864. —
Chansons folastres et prologues tant superlifiques que drolatiques des comédiens françois, revus et augmentés de nouveau par le sieur de Bellone.
Rouen, Jean Petit, 1612. *Bruxelles, Mertens*, 1864. 2 vol.—Le Parnasse des
Muses, ou Recueil des plus belles chansons à danser, et Concert des enfans
de Bacchus. *Paris, Ch. Hulpeau*, 1628. *Bruxelles, Mertens*, 1864. 2 parties
en 1 vol. — Le Thrésor des joyeuses inventions du Parangon des poésies,
contenant épistres, ballades, rondeaux, dizains... et plusieurs lettres
amoureuses fort récréatives. *A Paris, pour la veuve Jean Bonfons.
Bruxelles, Mertens*, 1864. — Satyre Menippée ou Discours sur les
poignantes traverses et incommodités du mariage, par Thomas Sonnet,
sieur de Courval. *Paris, Jean Millot*, 1608. *Bruxelles, Mertens*, 1864.
— Les Muses gaillardes, recueillies des plus beaux esprits de ce temps,
par A. D. B., Parisien. *Paris, Anthoine Du Brueil*, 1609. *Bruxelles,
Mertens*, 1864. — Le Premier (second et troisième) livre de la Muse
folastre recherchée des plus beaux esprits de ce temps. *A Lyon, par
Barthélemy Ancelin*, 1611. *Bruxelles, Mertens*, 1864. — La Fleur de poésie
françoyse, recueil joyeux contenant plusieurs huictains, dizains, quatrains,
chansons et autres dicts de diverses matières. *Paris, Alain Lotrian*, 1543.
Bruxelles, Mertens, 1864. — Polissonniana, ou Recueil de turlupinades,
quolibets, rébus, jeux de mots, allocutions, etc., etc. *Amsterdam, Henry
Desbordes*, 1722. *Bruxelles, Mertens*, 1864. — Le Second Tome du Parnasse
des chansons à danser, auquel est adjousté un volume entier des plus belles
chansons à danser et à boire des plus excellens poëtes de ce temps
Paris, chez Charles Sevestre, 1633. *Bruxelles, Mertens*, 1864. — Les Délices ou Discours joyeux et récréatifs avec les plus belles rencontres et
propos sérieux tenus dans tous les bons cabarets de France, par Verboquet le Généreux. *A Lyon, chez Pierre Bailly*, 1640 *Bruxelles, Mertens*,
1864.— Le Banquet des Muses, ou Recueil de toutes les satyres, yambes,
mascarades, panégyriques, épitaphes, épithalames, gayetez et autres
poëmes prophanes du sieur Auvray. *Rouen, de l'imprimerie de David Ferrand*, 1623. — *Bruxelles, Mertens*, 1865. — De la Beauté, discours divers
avec la Paule-Graphie ou Description des beautez d'une dame tholosaine
nommée la Belle-Paule, par Gabriel de Minut. *A Lyon, par Barthélemy
Honorat*, 1587. *Bruxelles, Mertens*, 1865. — Le Parangon des nouvelles
honnestes et délectables à tous ceulx qui desirent, voir et ouyr choses nouvelles et récréatives. Réimprimé d'après l'édition de 1531 et précédé d'une
introduction par Émile Mabille. *Paris, Jules Gay*, 1865. — La Forest nuptiale où est représentée une varieté bigarrée non moins esmerveillable que
plaisante de divers mariages selon qu'ils sont observez et pratiquez par
plusieurs peuples et nations estranges. *Paris, Pierre Bertault.* 1600
Bruxelles, Mertens, 1865. — Le Grand Parangon des nouvelles nouvelles
recueillies par Nicolas de Troyes. Publié pour la première fois et précédé
d'une introduction par Émile Mabille. *Bruxelles, Jules Gay*, 1866. — La
Fleur des chansons amoureuses où sont compris tous les airs de court
recueillies aux cabinets des plus rares poètes de ce temps. *Rouen, Adrian
de Launay*, 1600. *Bruxelles, Mertens*, 1866. — Les Bigarrures du seigneur

des Accords avec les Apophthegmes du sieur Gaulard et les Escraignes dijonnoises (par Estienne Tabourot). *Bruxelles, Mertens,* 1866. — Les Escoliers, comédie en 5 actes et en vers, par François Perrin, 1586. *Bruxelles, Mertens,* 1866. — Le Tableau des pipcries des femmes mondaines, où par plusieurs histoires se voyent les ruses et artifices dont elles se servent. *Cologne, chez Pierre du Marteau,* 1686. *Bruxelles, Mertens,* 1866. — Comptes amoureux, par Madame Jeanne Flore. Réimpression textuelle de l'édition de Lyon, 1574, avec une notice bibliographique par le bibliophile Jacob. *Turin, J. Gay,* 1870. — La Louenge des femmes, invention extraite du commentaire de Pantagruel sur l'Androgyne de Platon. *A Lyon, par Jean de Tournes,* 1551. *Bruxelles, Mertens, s. d.*

1544. Recueil de pièces en prose les plus agréables de ce temps, composées par divers autheurs. *A Paris, chez Charles de Sercy,* 1658. In-12, front. gravé, mar. rouge jans. tr. dor. (*Trautz-Bauzonnet.*)

C'est le premier volume du recueil dit de Sercy (en prose) 1659-1662. Ce volume publié d'abord séparément est presque entièrement composé de pièces du choix de Sorel qui n'a eu aucune part aux volumes suivants.

1545. Recueil de pièces publ. par Caron vers 1800. 5 pièces en 1 vol. pet. in-8, demi-rel. mar. v.

Contenant: Nouvelle Moralité d'une pauvre villageoise, laquelle ayma mieux avoir la teste couppée par son père que d'être violée par son seigneur. *Paris, Simon Calvarin.* — Farce joyeuse et récréative du galant qui a faict le coup. *Paris,* 1610. — Le Plat de Carnaval, ou les Beignets apprêtés par Guillaume Bonne Pâte, à Bonnehuile, chez Feu Clair, rue de la Poêle, l'an dix-huit cent d'œufs. (1802.) — Chute de la médecine et chirurgie. *A Emeluogna, la présente année* 000000000. — Traduction des noels bourguignons de La Monnoye. 1735. — Les Chansons folâtres des comédiens, recueillies par l'un d'eux. *Paris, Guillot-Goriu,* 1637.

1546. Ikon Basiliké (Recueil de pièces de différents auteurs, publiées par F. Barth et J. de Morandière). *Leipzig et Francfort,* 1835. In-12, pap. vélin, mar. vert. fil. dos orné, tr. dor. (*Capé.*)

1547. Mélanges de Littérature et d'Histoire, recueillis et publiés par la Société des bibliophiles français. *Paris, de l'imprimerie de Crapelet,* 1850. In-8, br.

Un des 24 exemplaires en grand papier de Hollande, tirés pour les membres de la Société.

1548. Mélanges de Littérature et d'Histoire, recueillis et publiés par la Société des bibliophiles français. *A Paris, de l'imprimerie de Ch. Lahure,* 1856-67. 2 vol. in-8, br.

Exemplaire en grand papier de Hollande, tiré pour les membres de la Société.

1549. Mélanges de Littérature et d'Histoire, recueillis et publiés par la Société des Bibliophiles françois. Seconde partie. *Paris, de l'imprimerie de Ch. Lahure.* 1867. In-8, br.

1550. Mélanges de Littérature et d'Histoire, recueillis et publiés par la Société des Bibliophiles françois. *Paris, pour la Société des Bibliophiles françois,* 1877. In-8, br.

1551. Mélanges de Littérature et d'Histoire, recueillis et publiés par la Société des Bibliophiles françois. *A Paris, pour la Société des Bibliophiles françois.* 1877. In-8, br.

Exemplaire en papier de Hollande, tiré pour les membres de la Société.

HISTOIRE

I. VOYAGES

1552. Voyages en différens pays de l'Europe en 1774-1775 et 1776, ou Lettres écrites de l'Allemagne, de la Suisse, etc., (par Pilati de Tassulo). *A la Haye, chez C. Plaat et Cie,* 1777. 2 vol. in-12, br.

1553. Extrait du Journal de mes voyages, ou Histoire d'un jeune homme, pour servir d'école aux pères et mères, par Pahin de La Blancherie, *Paris, Debure,* 1775, 2 vol. in-8, mar. rouge, fil. dos orné, tr. dor. doublé de tabis. (*Rel. anc. avec chiffre sur les plats des volumes.*)

Exemplaire en papier fort.

1554. L'Homme sans façon, ou Lettres d'un voyageur allant de Paris à Spa. *S. l.* 1786. 2 parties en 1 vol. in-12, demi-rel. bas.

1555. Voyage d'Espagne, curieux, historique et politique, fait en l'année 1655 (par Aarsens de Sommerdyck). *S. l.* (*Holl., Elzev.*) 1666. Pet. in-12, mar. vert, fil. dos orné, tr. dor. (*Duru.*)

132 millimètres.

1556. Voyage en Espagne, par M. Eugène Poitou. *Tours, Mame et fils*, 1869. Gr. in-8, illust. par V. Foulquier, demi-rel. mar. rouge, dos orné, coins, tête dor. non rog. (*Belz-Niedrée.*)

1557. Voyage d'exploration à la mer Morte, à Pétra et sur la rive gauche du Jourdain, par M. le duc de Luynes, œuvre posthume, publiée par ses petits-fils, sous la direction de M. le comte de Vogüé. *Paris, Bertrand, s. d.* 2 vol. in-4, cartes, br.

1558. Le Fellah, souvenir d'Égypte, par Edmond About. *Paris, Hachette*, 1869. In-8, demi-rel. mar. bl. dos orné, coins, tête dor. non rog. (*Belz-Niedrée.*)

II. HISTOIRE DES RELIGIONS

1559. Discours de la religion des anciens Romains, de la castramétation et discipline militaire d'iceux, des bains et antiques exercitations grecques et romaines, escript par noble S. Guillaume du Choul, illustré de médailles et figures retirées des marbres antiques. *Lyon, Guillaume Roville*, 1681. In-4, nombr. fig. sur bois, vél.

1560. Des Divinités génératrices, ou du Culte du Phallus chez les anciens et les modernes, par J. A. D. (Dulaure). *Paris*, 1805. In-8, v. marb.

1561. Essai sur le Feu sacré et sur les Vestales (par Dubois-Fontanelle). *Amsterdam, et se trouve à Paris, chez Le Jay*, 1768. In-8, mar. bleu, fil. dos orné, tr. dor. (*Belz-Niedrée.*)

1562. Saint Paul (Histoire des origines du christianisme), par Ernest Renan. *Paris, Michel Lévy frères,* 1869. In-8, demi-rel. mar. br. dos orné, coins, tête dor. non rog. (*Belz-Niedrée.*)

1563. Histoire de la papesse Jeanne, fidèlement tirée de la dissertation latine de M. de Spanheim (par Lenfant). *A la Haye, chez J. Vanden Kieboom*, 1736. 2 vol. in-12, fig. demi-rel. mar. vert, dos et coins, non rog.

1564. Histoire anecdote de la cour de Rome; la part qu'elle a eue dans l'affaire de la succession d'Espagne, ou Entre-

, tiens entre l'abbé Scarlati et le cardinal de Furstenberg (par Freschot). *A Cologne, chez Jacques le jeune,* 1706. In-12, mar. bl. fil. dos orné, tr. dor. (*Duru.*)

1565. Anecdotes ou Mémoires secrets sur la Constitution *Unigenitus* (par Bourgoing de Villefore). *S. l.,* 1730. *Utrecht, Guill.-Corn. Lefebvre,* 1731 ; et *Trévoux,* 1733. Ens. 3 vol. in-12, mar. vert, dos orné, fil. tr. dor. (*Anc. rel.*)

1566. Le Captif de Valence, ou les Derniers Moments de Pie VI, par Mme Guénard. *Paris, Lepetit jeune, an X-*1802. 2 tomes en 1 vol. in-12, fig., demi-rel. mar. rouge, dos et coins, tr. dor. (*Hardy.*)

1567. La Question romaine, par E. About. *Bruxelles, Meline Caus et Cie,* 1859. In-8, demi-rel. mar. rouge, dos orné, coins, non rog. tête dor. (*Hardy.*)

1568. Essai sur l'Histoire naturelle de quelques espèces de moines, décrits à la manière de Linné ; ouvrage traduit du latin (du baron de Born), par M. Jean d'Antimoine (Broussonnet). *A Monachopolis,* 1784. In-8, front. gravé et figures, mar. br. jans. tr. dor. (*Hardy.*)

1569. Trop est trop, capitulation de la France, avec ses moines et religieux de toutes les livrées, avec la revue générale de leurs patriarches (par Maubert de Gouvest). *A la Haye, chez Frédéric Staatman,* 1767. In-12, mar. rouge jans. tr. dor. (*Hardy.*)

1570. Mœurs des couvents, abbayes et monastères, ou Révélations historiques et impartiales de la vie privée, des amours et galanteries secrètes des moines, jésuites et novices de tous les ordres, et des religieuses, sœurs et autres femmes, par Robert, avocat. *Paris (Terry,* 1848). 2 tomes en 1 vol. in-18, fig., demi-rel. dos et coins de mar. br. tête dor. non rog. (*Hardy.*)

1571. Le Cabinet jésuitique, contenant plusieurs pièces très-curieuses des R. P. Jésuites. *A Cologne, chez Jean le Blanc* (*Holl.*), 1682. — Onguant pour la brûlure, ou le Secret pour empescher les jésuites de brûler les livres. *A Cologne, chez P. du Marteau* (*Holl.*), 1682. 2 parties en 1 vol. pet. in-12, front. gravé, mar. rouge, fil. dos orné, tr. dor. (*Duru et Chambolle.*)

1572. La Politique des Jésuites (par Louis de Monpersan). *A Londres*, 1688. — La Décadence de l'empire papal, par laquelle il est menacé d'une prochaine ruine, pour faire place à la réformation. *A Amsterdam, chez Daniel Dufresne*, 1689. 2 parties en 1 vol. in-12, front. gravé, mar. bl. jans. tr. dor. (*Hardy*.)

1573. Le Jésuite sécularisé, dialogue entre Dorval, abbé et docteur en théologie, et Maimbourg, jésuite sécularisé. *A Cologne, chez Jaques Vilebard*, 1683. Pet. in-12, veau fauve, fil. dos orné, tr. dor. (*Petit*.)

> Le titre gravé est remonté.

1574. Anecdotes jésuitiques, ou le Philotanus moderne (par P. Lambert). *La Haye*, 1740. 3 vol. pet. in-12, demi-rel. cart. non rog.

1575. Les Jésuites marchands, usuriers, usurpateurs, et leurs cruautés dans l'ancien et le nouveau continent. *La Haye, chez les frères Vaillant*, 1759. In-12, demi-rel. mar. br. dos et coins, non rog. tête dor. (*Hardy*.)

1576. Recueil de pièces sur les Jésuites. 12 pièces en 1 vol. in-12, v. br. comprenant :

> Les Jésuitiques, enrichies de notes curieuses, pour servir à l'intelligence de cet ouvrage. *Rome, aux dépens du général*, 1761. — Remontrances au Parlement, avec des notes et ornées de figures. *Au Paraguay, de l'imprimerie royale de Nicolas Ier*, 1761. — La France au Parlement, poème. — Remerciements de la France au Parlement. — La Religion à l'assemblée du clergé de France, poème. *En France*, 1762. — L'Évangile des Jésuites. — Les Larmes de saint Ignace, ou Dialogue entre saint Thomas et saint Ignace, par un cousin du prophète Malagrida. *A Arevallo, s. d.* fig. — Lettre écrite de Rome par le Père Général des Jésuites à Clemente Paoli, et Réponse de ce dernier. *A Gênes, s. d.* — Apothéose du Père Malagrida, poème, par Poggi. — Dialogue des morts. *A Élizeopolis*, 1762. — Le Médiateur d'une grande querelle (par M. de Voltaire). *Genève*, 1762.

1577. Mémoires historiques sur l'orbilianisme et les correcteurs des Jésuites, avec la décision d'un cas de conscience extrêmement singulier. *A Genève, aux dépens de la Compagnie*, 1763. In-12, front. gravé, demi-rel. veau fauve, dos et coins, non rog. (*Trautz-Bauzonnet*.)

> Avec la figure qui manque souvent.

1578. Extrait de la Morale théorique et pratique des Jésuites, par Alphonse Jardin. *Paris*, 1826. In-12, demi-rel. mar. br. dos et coins, non rog. tête dor. (*Hardy*.)

1579. Réflexions politiques sur l'état et les devoirs des chevaliers de Malthe, par M. le chevalier Luc de Boyer d'Argens. *A la Haye, chez Pierre Paupie,* 1739. In-12, dérelié.

1580. Traité de l'Administration des bois de l'ordre de Malte, dépendans de ses grands prieurés, bailliages et commanderies dans le royaume de France. *Paris, Le Breton,* 1757. In-4, mar. rouge, fil. tr. dor. (*Aux armes de l'ordre.*)

1581. Œuvres de Jean Sleidan (Histoire de la Réformation, etc.), trad. de nouveau en françois, par Pierre-François Le Courayer. *A La Haye, chez Frédéric Staatman,* 1767. 3 vol. in-4, v. br.

1582. Histoire lamentable, contenant au vrai toutes les particularités les plus notables des cruautés, massacres, exercés par ceux de la religion romaine contre ceux de la religion réformée.... de nouv. mis en lumière par P. M. Gonon. *Lyon, imprimerie de Nigon,* 1848. In-12, portr. de du Tronchet, br.

III. HISTOIRE ANCIENNE

1583. Histoire des Juifs écrite par Flavius Joseph, sous le titre de Antiquitez judaïques. — Histoire de la guerre des Juifs contre les Romains, écrite par Flavius Joseph, et sa vie, écrite par lui-même, traduite par M. Arnauld d'Andilly. *A Bruxelles, chez Eug. et Henry Fricx,* 1701-1703. 5 vol. in-8, fig. demi-rel. bas. non rog. pour les trois premiers, et veau br. pour les deux derniers.

1584. Histoire de Jules César (par l'empereur Napoléon III). *Paris, Imprimerie impériale,* 1865-66. Tomes 1 et 2, in-4, brochés.

1585. Tacite, nouvelle traduction, par Dureau de Lamalle. *Paris, Théoph. Barrois le jeune,* 1790. 3 vol. in-8, veau m. tr. dor.

1586. Les Femmes des douze Césars, contenant la vie et les intrigues secrètes des impératrices et femmes des empereurs romains, par M. de Servies. *Paris, de Launay,* 1718. In-12, bas.

1587. Héliogabale, ou Esquisse de la dissolution romaine sous les empereurs (par Chaussard). *Paris, Dentu,* 1802. In-8, fig., pap. vélin, demi-rel. mar. rouge, dos orné, coins, non rog. (*Hardy.*)

1588. Histoire de la décadence et de la chute de l'empire romain, par Gibbon; abrégée et réduite à ce qu'elle contient d'essentiel et d'utile, par Adam, et traduite de l'anglais par C. Briand. *Paris, C. Briand, an XII*-1804. 3 vol. in-8, veau marbr. tr. dor.

IV. HISTOIRE MODERNE

1. *Histoire générale.*

1589. Recueil de diverses histoires touchant les situations de toutes régions et pays, contenuz ès trois parties du monde, avec les particulières mœurs, loix et cœremonies de toutes nations et peuples y habitans; nouvellement traduit du latin (de J. Boem) en françois. *On les vend à Paris, par Nicolas du Chemin,* 1542. Pet. in-8, mar. rouge jans. tr. dor. (*Hardy.*)

Ouvrage rare et curieux.

1590. Recueil historique contenant diverses pièces curieuses de ce temps. *Sur l'imprimé, à Cologne, chez Christophe van Dyck,* 1666. Pet. in-12, mar. bl. fil. tr. dor. (*Simier.*)

On trouve dans ce volume, depuis la page 193 jusqu'à 350, les Discours historiques et politiques (de Louis du May) sur les causes de la guerre de Hongrie.

1591. Recueil historique, contenant diverses pièces curieuses de ce temps. — Discours historiques et politiques sur les causes de la guerre de Hongrie (de Louis de May). *Cologne, Christophre van Dyck,* 1666. Pet. in-12, v. fauve.

1592. Relation de ce qui s'est passé dans la négociation de la paix à Rysvick, avec quelques pièces authentiques et un exact recueil des noms et qualités de tous les plénipotentiaires avec une représentation et description des armes de leurs carosses, de l'habit de leurs domestiques et une notice des hôtels. *A la Haye, chez Engelbregt Boucquet,*

1697. Pet. in-8, figures d'armoiries, mar. rouge, fil. dos orné, tr. dor. (*Petit.*)

1593. La Dernière Guerre des bêtes, fable pour servir à l'histoire du xviii° siècle, par l'auteur d'Abassaï (Mlle Fauque). *A Londres, chez C.-G. Seyffert,* 1758. 2 parties en 1 vol. in-12, br.

> Ouvrage allégorique de Mlle Fauque de Lacépède, dans lequel figurent, sous des dénominations supposées, les personnages de la cour du Roi Louis XV et les affaires secrètes de ce temps.

1594. Mémoires secrets de 1770 à 1830, par M. le comte d'Allonville. *Paris, Werdet,* 1838. 6 vol. in-8, demi-rel. mar. brun, non rog.

1595. Almanac de Gotha pour l'année 1793. *Gotha, Ettinger.* In-18, front. gravé, 2 planches de coiffures nouvelles, fig. cart.

1596. De la Prostitution en Europe, depuis l'antiquité jusqu'à la fin du xvi° siècle, par M. Rabutaux, avec une bibliographie, par M. Paul Lacroix, et 4 planches hors texte, gravées par MM. Bisson et Cottard. *Paris, Séré,* 1851. In-4, demi-rel. mar. citron, dos orné, coins, non rog. tête dor. (*Hardy.*)

1597. Histoire des hôtelleries, cabarets, hôtels garnis, restaurants et cafés, par Francisque Michel et Édouard Fournier. *Paris, Séré,* 1851. 2 vol. gr. in-8, fig., demi-rel. mar. bleu, dos orné, coins, non rog. tête dor. (*Hardy.*)

1598. Les Fourmis du Parc de Versailles, raisonnant ensemble dans leurs fourmilières ; fable allégorique et philosophique, traduite de l'anglais par feu Ch... L... de Bel... (Lambert de Belan), député à la Convention nationale. *Londres (Paris), chez Volf,* 1803. In-12, cart. non rogné.

2. *Histoire de France.*

A. Géographie, mœurs et usages ; Histoire générale ; mélanges.

1599. Étrennes géographiques, année 1761. Royaume de France, divisé par généralités, subdivisé par élections, diocèses, bailliages, etc., par L.-A. du Caille. *Paris, Bal-*

lard, s. d. Pet. in-12, titre gravé, front. dessiné par Poussin, gravé par Tardieu, 30 cartes, mar. noir, tr. dor. (*Anc. rel.*)

1600. La France : Atlas des 89 départements et des colonies françaises, divisés en arrondissements et cantons, par Dufour et Duvotenay. *Paris, Aug. Logerot, s. d.* In-fol. demi-rel. mar. rouge, dos orné, coins, tête dor. non rog. (*Belz-Niedrée.*)

1601. Liste générale des postes de France, pour l'année mil sept cent soixante dix-neuf. *Paris, Jaillot.* Pet. in-8, mar. brun jans. tr. dor. (*Belz-Niedrée.*)

1602. Mémoire pour servir à l'histoire de la société polie en France, par P.-L. Rœderer. *Paris, Firmin Didot, 1835.* In-8, demi-rel. mar. bleu, dos et coins, non rog. tête dor. (*Belz-Niedrée.*)

> Tiré à petit nombre et devenu rare.

1603. L'Espion anglais, ou Correspondance entre deux milords, sur les mœurs publiques et privées des Français. *Paris, Léopold Collin, 1809.* 2 vol. in-8, demi-rel. mar. viol. dos et coins. (*Petit.*)

1604. Histoire des modes françoises, ou Révolutions du costume en France, depuis l'établissement de la monarchie jusqu'à nos jours (par Molé). *Amsterdam et Paris, 1772.* In-12, demi-rel. mar. bleu, dos orné, non rog. tête dor. (*Hardy.*)

> Dans cette histoire des modes, il n'est question que de la coiffure.

1605. Histoire des révolutions de la barbe des François, depuis l'origine de la monarchie (par Motteley). *Paris, Ponthieu, 1826.* Pet. in-12, mar. rouge jans. tr. dorée. (*Duru.*)

> Joli petit livre imprimé à petit nombre.

1606. Abrégé de l'Histoire de France, composé de recherches curieuses, la plupart négligées par les historiens, par Gabriel Peignot. *Paris, Renouard, 1819.* In-8, demi-rel. veau fauve.

1607. Les Crimes des reines de France, depuis le commencement de la monarchie jusqu'à Marie-Antoinette; publiés par Prudhomme. *Paris, au bureau des Révolutions de Paris,* 1791. In-8, fig. demi-rel. mar. rouge, dos orné, coins, non rog. tête dor. (*Hardy.*)

1608. Mémoires historiques, critiques et anecdotes des reines et régentes de France, par Dreux du Radier. *Paris, de l'imprimerie de Mame,* 1808. 6 vol. in-8, veau jaspé.

1609. Collection complète des Mémoires relatifs à l'Histoire de France, depuis le règne de Philippe-Auguste jusqu'à la paix de Paris, conclue en 1763, avec des notices, par MM. Petitot et Monmerqué (1re et 2me séries). *Paris, Foucault,* 1819-1829. 131 vol. in-8. — Œuvres complètes de Brantôme, accompagnées de remarques historiques et critiques. *Paris, Foucault,* 1822-1824. 8 vol. in-8, en tout 139 vol. in-8, demi-rel. mar. rouge, dos et coins, non rog. tête dor.

1610. Collection des meilleurs dissertations, notices et traités particuliers, relatifs à l'Histoire de France, publiée par C. Leber. *Paris, Dentu,* 1838. 20 vol. in-8, demi-rel. mar. bleu, dos orné et coins, non rog. tête dor. (*Hardy.*)

1611. Dissertations sur différens sujets de l'Histoire de France, par M. Bullet. *Besançon, Ch.-Ant. Charmet, et se trouve à Paris, chez H.-L. Guérin,* 1759. In-8, demi-rel. mar. bleu, dos et coins, non rog. tête dor. (*Hardy.*)

B. Histoire de France sous divers règnes.

a. Jusqu'à la mort de Henri IV.

1612. Abrégé historique et portatif des principaux faits des Rois mérovingiens, ouvrage indispensable pour l'étude de l'histoire et nécessaire pour l'intelligence des estampes, de l'iconologie et généalogie de la première race de nos rois, par MM. d'Hermilly et Hurtaut. *Paris, Desnos,* 1775. Pet. in-12, front. gravé, figures et portraits, mar. rouge, fil. tr. dor. (*Anc. rel.*)

1613. L'Héritière de Guyenne, ou Histoire d'Éléonor, fille de Guillaume, duc de Guyenne et femme de Louis VII, roy de France (par de Larrey). *A Rotterdam, chez Reinier Leers,* 1691. In-8, mar. bleu jans. tr. dor. (*Hardy.*)

1614. Partie inédite des Chroniques de Saint-Denis, suivie d'un récit également inédit de la campagne de Flandres en 1382, et d'un poème sur les joutes de Saint-Inglebert, 1390 (publié par le baron Jérôme Pichon). *A Paris, de l'imprimerie de Lahure*, 1864. In-8, br.

1615. Ordonnance faicte pour les funérailles célébrées à Paris, le 24 avril 1498, pour l'enterrement du corps du bon Roy Charles huytiesme. Suivant les éditions imprimées en 1498. *Paris, L. Techener*, 1874. In-8, br.

1616. Histoire de la captivité de François Ier, par M. Rey. *Paris, Techener*, 1837. In-8, demi-rel. mar. bleu, dos orné, coins, non rog. tête dor. (*Belz-Niedrée.*)

1617. Le Sacre et Coronnement de la Royne (Éléonore), imprimé par le Commandement du Roy. *Paris, en la rue Sainct-Jacques, à l'enseigne du Pot Cassé.* In-4, br.

> Réimpression tirée à petit nombre.

1618. Marguerite d'Angoulême, sœur de François Ier, son livre de dépenses, 1540-1549 ; études sur ses dernières années, par le comte H. de la Ferrière-Percy. *Paris, Aug. Aubry*, 1862. In-12, port. br.

1619. Brief et vray Recit de la prinse de Therouane et Hedin, avec la bataille faite à Renty, 1553-1554, par Jacques Basilie Marchet, en latin et en françois. *Suivant les éditions imprimées à Anvers, 1555. Paris, L. Techener*, 1874. In-8, br.

1620. Catherine de Médicis, mère des rois François II, Charles IX et Henri III, par M. Capefigue. *Paris, Amyot*, 1836. In-12, demi-rel. mar. rouge. (*Dumergue.*)

1621. La Jeunesse de Catherine de Médicis, par A. de Reumont, ouvrage traduit, annoté et augmenté par Armand Baschet, d'après des recherches nouvelles dans les archives du royaume d'Italie. *Paris, Henri Plon*, 1866. In-8, portrait, demi-rel. mar. rouge, dos orné, coins, tête dor. non rog. (*Belz-Niedrée.*)

1622. Debtes et Créanciers de la royne mère Catherine de Médicis, 1589-1606, documents publiés d'après les archives de Chenonceau, par M. l'abbé Chevalier. *Paris,*

Techener, 1862. In-8, papier de Hollande, demi-rel. mar. bleu, dos et coins. non rog. tête dor. (*Hardy.*)

1623. Histoire de Charles IX, par Varillas. *Cologne, P. Marteau (Holl., à la Sphère)*, 1684. 2 vol. in-12, mar. rouge, dos orné, fil. tr. dor. (*Rel. anc.*)

1624. Mémoires de monsieur le chancelier de l'Hospital, contenant plusieurs traitez de paix, appanages, mariages et autres droicts de souveraineté. *Cologne, Pierre Egmont (Holl., Elzev.)* 1672. Pet. in-12, v. br.

1625. Les Heures françoises, ou les Vêpres de Sicile et les Matines de la Saint-Barthélemy. *Suivant l'édition publiée à Amsterdam, chez Antoine Michiels*, 1690. Pet. in-12, br.

> Réimpression faite, en 1852, chez Panckoucke, par les soins de M. J. Chenu, et tirée à 100 exemplaires.

1626. Histoire des princes de Condé, pendant les xvie et xviie siècles, par M. le duc d'Aumale. *Paris, Michel Lévy frères*, 1863. 2 vol. in-8, papier de Hollande, demi-rel. mar. rouge, dos orné, coins, tête dor. non rog. (*Belz-Niedrée.*)

> L'ouvrage, qui n'est pas encore terminé, s'arrête à la mort de Henri IV, en 1610.

1627. La Vie de François de Lorraine, duc de Guise (par de Valincour). *Suivant la copie imprimée à Paris, chez Sébastien Mabre-Cramoisy*, 1681. Pet. in-12, demi-rel. veau.

1628. Henri de Valois et la Pologne en 1572, par le marquis de Noailles. *Paris, Michel Lévy*, 1867. 2 vol. in-8, demi-rel. mar. rouge, dos orné, coins, tête dor. non rog. (*Belz-Niedrée.*)

1629. Description de l'isle des Hermaphrodites, nouvellement découverte, contenant les mœurs, les coutumes des habitans de cette isle, etc., pour servir de supplément au Journal de Henri III (par Arthus Thomas, sieur d'Embry). *A Cologne, chez les héritiers de Harman Demen (Bruxelles, Foppens)*, 1724. In-8, front. gravé, mar. rouge, fil. dos orné. (*Belz-Niedrée.*)

> Exemplaire non rogné de M. de la Bédoyère.

1630. La Fortune de la cour, ou Discours curieux sur le bonheur et le malheur des favoris, tiré des mémoires d'un des principaux conseillers du duc d'Alençon (par Pierre de Dampmartin). *Paris, Nicolas de Sercy,* 1644. Pet. in-8, veau fauve.

1631. La Fatalité de Saint-Cloud, près Paris (par le Père Guyart, jacobin). *S. l.,* 1680. Pet. in-8, demi-rel. v. br.

1632. Journal du règne de Henri IV, roi de France et de Navarre, par M. Pierre de l'Étoile, avec des remarques historiques et politiques (par Lenglet du Fresnoy). *A la Haye, chez Jean Neaulme,* 1741. 4 vol. in-8, br.

1633. Journal inédit du règne de Henri IV, 1598-1602, par Pierre de l'Estoile, publié d'après le manuscrit de la Bibliothèque impériale, par E. Halphen. *Paris, Aug. Aubry,* 1862. In-8, demi-rel. mar. bleu, dos orné, coins, tête dor. non rog. (*Belz-Niedrée.*)

1634. Les Amours de Henri IV, par M. de Lescure. *Paris, A. Faure,* 1864. Pet. in-8, portraits, mar. bleu, dos orné. (*Chambolle.*)

Exemplaire non rogné, et l'un des 12 tirés sur papier de Chine.

1635. Portrait de Henri IV, par M. Le Clerc. *A Paris, de l'imprimerie de Ph. D. Pierres,* 1783. In-8, portrait, gravé par Née d'après Chevalier, mar. bleu, fil. dos orné, tr. dor. (*Capé.*)

1636. La Ligue et Henri IV, par J. Michelet. *Paris, Chamerot,* 1856. In-8, demi-rel. veau fauve. (*Dumergue.*)

1637. Élisabeth et Henri IV. 1595-1598. par M. Prévost-Paradol. *Paris, Michel Lévy,* 1862. In-8, demi-rel. mar. bleu, dos orné, coins, non rog. tête dor. (*Belz-Niedrée.*)

1638. Il Catechismo dottrinale, e Confession di fede spagnola... composto dal Reverendo Padre Giuvenal Borgetto Giesuida, trattado de la lengua italiana en franceze, per il Padre Commolet. *S. l.,* 1594. Pet. in-8, de 8 pp. cart.

Satire en forme de dialogue entre Pantalon et Zani, contre la Ligue et Philippe II, en italien et en français. Au verso du titre, deux figures sur bois représentant Zani et Pantalon.

1639. Mémoires de Marguerite de Valois, suivis des Anec-

dotes inédites de l'Histoire de France pendant les xvi⁰ et
xvii⁰ siècles, publiés avec notes par Ludovic Lalanne. *Paris, P. Jannet,* 1858. In-16, cart. non rog.

1640. Divorce satyrique de H. (Henri IV) et de M. de V.
(Marguerite de Valois). Pet. in-8 de 60 ff.

> Ms. du xvii⁰ siècle, sur papier.

1641. Discours consolatif sur la mort de très-heureuse mé-
moyre Henry le Grand, IIII⁰ du nom, roy de France et de
Navarre, à la royne régente, mère du roy, par P. du Ver-
dier, aumosnier de Sa Majesté. *Paris, Nic. de Fossé,* 1610.
In-8, cart.

> Frontispice et joli portrait de Marie de Médicis, gravés par L. Gaultier.

1642. Henri IV et Richelieu, par J. Michelet. *Paris, Chamerot,* 1857. In-8, demi-rel. mar. vert. (*Dumergue.*)

b. Louis XIII, Louis XIV et Louis XV.

1643. Pièces satiriques en prose et en vers, publiées sous
le nom de Maître Guillaume, de 1609 à 1622. 17 pièces
pet. in-8.

> Savoir : La Joyeuse Arrivée et Retour de maistre Guillaume, avec les
> plaisants récits de ce qu'il a veu en l'autre monde. *Paris, François de la
> Pierre,* 1609. — Advis de maistre Guillaume sur le sujet de l'Anticoton,
> composé par P. de C., c'est-à-dire, Pierre du Coignet, jadis mort et de-
> puis naguères resuscité. 1611, 68 pp. — Le Voyage de maistre Guillaume
> en l'autre monde vers Henry le Grand. *Paris,* 1612.—Le Réveil de maistre
> Guillaume aux bruits de ce temps. 1614. 33 pp. — La Rémonstrance de
> Pierre Du Puis sur le resveil de maistre Guillaume. *Paris, Pierre Bar-
> din,* 1614. 15 pp. — La Nouvelle Lune de maistre Guillaume, sur l'heu-
> reux retour de Messeigneurs les Princes. 1614. 14 pp. — Satyre de maistre
> Guillaume (en vers). 1614. 10 pp. — Discours de maistre Guillaume et
> de Jacques Bonhomme paysant, sur la defaicte de 35 poulles et le cocq,
> faicte en un souper par 3 soldats. 1614. 8 pp. — Sentence arbitrale de
> maistre Guillaume, sur les différends qui courent. 1614. 6 pp. — Lettre
> de Guillaume sans peur, envoyée aux desbandez de la Cour. 1615. 14 pp.
> — L'Almanach des abusez de ce temps, composé et diligemment calculé
> par le scientifique docteur maistre Guillaume, avec la Pronostication de
> M. Gounin. *Paris, Nicolas Alexandre,* 1615. 14 pp. — Lettre de maistre
> Guillaume, envoyée en l'autre monde. *Paris, J. Millot,* 1615. 8 pp. — La
> Descente du marquis d'Ancre aux enfers, son combat et sa rencontre avec
> maistre Guillaume. *Paris, Abraham Saugrain,* 1617. 8 pp.—Rencontre de
> maistre Guillaume et un Messager de fortune. *S. l.,* 1620. — Les Bigar-
> rures de maistre Guillaume, envoyées à madame Mathurine, sur le temps
> qui court (en vers). *S. l.,* 1620. 16 pp. — Le Tableau des ambitieux de la
> Cour, nouvellement tracé du pinceau de la vérité, par maistre Guillaume
> à son retour de l'autre monde (en vers). 1622. 14 pp. — Révélation de mais-
> tre Guillaume estant une nuit au grand couvent des cordeliers de Paris.
> *S. l. n. d.* 22 pp.

1644. Pasquin, ou Coq-à-l'asne de cour (en vers). 1614. In-8, de 15 pp. — Coq-à-l'asne, ou Discours sur les affaires de ce temps (en vers), *Paris*, 1614. — Le Pater Noster des jésuites avec l'Ave Maria. *S. l.* 1614. In-8.

1645. Pièces sur l'Histoire de Louis XIII, 7 pièces, in-8.

Le Lourdaut Vagabond, rencontré par l'Esprit de la cour à la monstre qui se faisait au Pré aux Clercs près de Paris, mis en dialogue par A. C. *Paris.* 1614. — La Réjouissance des harangères et poissonnières des Halles, sur les discours de ce temps. *S. l.* 1614 14 pp. — Discours de maistre Jean Joufflu sur les débats et divisions de ce temps, 1614. 16 pp. — Lettre de Perroquet aux enfants perdus de France. *Paris:, Jean Brunet,* 1614. 16 pp. — Chemise (la) sanglante de Henry le Grand. *S. l.* 1615. 15 pp. (Pièce rare.) — Les Matines des Courtisans, dédié aux braves esprits qui entendent le jars de la cour. 1622. In-8, de 16 pp. — Le Courrier du temps. *S. l.* 1622. 16 p. in-8. — Le Messager de Fontainebleau, 1623, 16 p. in-8.

Les deux dernières pièces peuvent se joindre aux Caquets de l'Accouchée. Il est question des Caquets dans le Courrier du temps. C'est une satire dans laquelle l'auteur feint qu'en courant les rues de Paris, il entend force plaintes sur divers sujets.

Le Messager de Fontainebleau est une spirituelle revue des vices de l'époque; aucun état n'y est épargné.

1646. Le Procès du marquis d'Ancre contenant l'histoire de la divine vengeance, sur sa mort et sur son tombeau, pour servir d'exemple à tous ceux qui entreprennent sur l'auctorité des rois. *Paris, par Fleury Bouriquant,* 1617. Pet. in-8 de 16 pages cart. non rog.

1647. Discours de la resjouissance de messieurs les Princes, sur la mort et punition du marquis d'Ancre. *Paris, Antoine Champenois,* 1617. Pet. in-8, 13 pp. cart.

1648. L'Empirique, pamphlet historique, 1624, réédité par Louis Lacour. *Paris, Académie des bibliophiles,* 1867. In-8 de xi pages br.

1649. Recueil de pièces intéressantes pour servir à l'histoire des règnes de Louis XIII et de Louis XIV (publ. par J.-B. de la Borde). Pièces du procès de Henry de Tallerand, comte de Chalais décapité en 1626. *Londres (Paris).* 1781. — Lettre de Marion de Lorme aux auteurs du journal de Paris. *Londres (Paris).* 1780.) 2 parties en 1 vol. in-12, portraits (8). demi-rel. v. m.

1650. Le Roi chez la Reine, ou Histoire secrète du mariage de Louis XIII et d'Anne d'Autriche, par Armand Baschet, *Paris, Aubry,* 1864. In-8, demi-rel. mar. bl. dos orné, coins, non rog. tête dor. (*Belz-Niedrée.*)

1651. Histoire secrète du cardinal de Richelieu, ou ses amours avec Marie de Médicis et madame de Combalet, depuis duchesse d'Aiguillon, *Paris*, 1808. In-18, pap. vélin, mar. rouge, fil. dos orné, non rog. (*Hardy.*)

1652. Madame de Montmorency. Mœurs et Caractères au xviie siècle, par Amédée Renée. *Paris, F. Didot.* 1858. In-8, demi-rel. m. bl. dos orné, coins, non rog. tête dor. (*Hardy.*)

1653. Mémoires du marquis de Chouppes, suivis des Mémoires du duc de Navailles et de Lavalette, revus et annotés par M. C. Moreau. *Paris, J. Techener*, 1861. In-8, pap. de Holl. mar. rouge, fil. dos orné, tr. dor. (*Capé.*)

1654. Siècles de Louis XIV et de Louis XV, par Voltaire. *Paris, Pierre Didot*, 1820. 4 vol. in-8, veau vert, tr. dor.

1655. La Cour et la Ville, sous Louis XIV, Louis XV et Louis XVI, ou Révélations historiques, tirées de manuscrits inédits et publiées par F. Barrière. *Paris, Dentu,* 1830. In-8, demi-rel. mar. bl. dos orné, coins. (*Hardy.*)

1656. Mémoires anecdotes pour servir à l'histoire des règnes de Louis XIV et de Louis XV, ou Galerie des personnages illustres ou célèbres de la Cour de France sous ces deux règnes. *Lyon, Bruyset aîné et Buynand*, 1806. 4 vol. in-12, mar. bl. jans. tr. dor. (*Belz-Niedrée.*)

1657. Documents authentiques et Détails curieux sur les dépenses de Louis XIV en bâtimens et chateaux royaux (particulièrement Versailles), par G. Peignot. *Paris, J. Renouard*, 1827. In-8, pap. vélin, portr. de Louis XIV, br.

1658. Victor Cousin. La Société française au xviie siècle, d'après le Grand Cyrus, de Mlle de Scudéry. *Paris, Didier*, 1858. 2 vol. (*Avec envoi à M. de Sacy.*) — Mme de Hautefort. *Paris, Didier*, 1856. In-8, portr. — Mme de Chevreuse. *Paris, Didier*, 1856. In-8, port. — La Jeunesse de Mme de Longueville. *Paris, Didier*, 1859. In-8, portr. — Mme de Longueville pendant la Fronde, 1651-1653. *Paris, Didier*, 1859. In-8. — Mme de Sablé. *Paris, Didier*, 1859. Ensemble 7 vol. in-8, demi-rel. mar. bl. dos orné, coins, non rogn. tête dor. (*Hardy*).

1659. Histoire anecdotique de la jeunesse de Mazarin, traduite de l'italien avec des notes historiques et biographiques, par C. Moreau. *Paris, J. Techener,* 1863. In-12, demi-rel. mar. bl. dos orné, coins, tête dor. non rog. (*Belz-Niedrée.*)

1660. Mémoires de M. de La Porte, premier valet de chambre de Louis XIV, contenant plusieurs particularités des règnes de Louis XIII et de Louis XIV. *A Genève,* 1755. Pet. in-12, v. m.

1661. Mémoires secrets de la cour de France, contenant les intrigues du cabinet pendant la minorité de Louis XIV (par Rustaing de Saint-Jory). *A Amsterdam, chez Fr. Girardi,* 1733. 3 vol. in-12, veau gaufré, fil. tr. dor.

1662. Les Nièces de Mazarin, études de mœurs et de caractères au XVII siècle, par Amédée Renée. *Paris, Firmin-Didot,* 1856. In-8, demi-rel. mar. br.

1663. La Vie de la duchesse de la Vallière, où l'on voit une relation curieuse de ses amours et de sa pénitence, par ***. *A Cologne, chez Jean de la Vérité (Holl.),* 1695. Pet. in-12, front. gravé, mar. bl. fil. dos orné, tr. dor. (*Duru.*)

1664. Mémoires d'Anne de Gonzague, princesse palatine (composés par Senac de Meilhan). *Londres et Paris,* 1786. In-8, veau fauve.

1665. Histoire de Mme Henriette d'Angleterre, première femme de Philippe de France, duc d'Orléans, par Mme la comtesse de la Fayette, publiée par A. Bazin. *Paris, Techener,* 1853. In-12, portrait, mar. vert clair, fil. dos orné, tr. dor. (*Hardy.*)

1666. La Vie de J.-B. Colbert, ministre d'État sous Louis XIV. *Cologne (Holl.),* 1695. Pet. in-12, front. gravé, mar. rouge, fil. dos orné, tr. dor. (*Duru.*)

1667. Mémoires de M. de Gourville, conseiller d'Etat, contenant les affaires auxquelles il a été employé par la cour, depuis 1642 jusqu'en 1698 (publ. par Mlle de Bussières). *Amsterdam et Paris, chez Leclerc et Barrois,* 1782. 2 vol. in-12, cart. non rog.

Exemplaire en papier de Hollande.

1668. Mémoires anecdotes de la cour et du clergé de France

(par le sieur Jean-Baptiste Denis), avec l'Histoire du diffé-
rend du cardinal de Noailles avec les évêques de Luçon
et de la Rochelle et les Jésuites. *Londres,* 1712. In-12,
front. gravé et portraits, mar. bl. fil. dos orné, tr. dor.
(*David.*)

Livre très-rare où est racontée l'histoire du prétendu mariage de Bossuet
avec Mlle Desvieux de Mauléon.

1669. Fragmens de lettres originales de Mme Charlotte-
Elizabeth de Bavière, veuve de Monsieur, frère de
Louis XIV, écrites à S. A. S. Mgr le duc Antoine
Ulric de B*** W****, et S. A. R. Mme la princesse de Galles,
de 1715 à 1720. *Hambourg, et se trouve à Paris, chez Ma-*
radan, 1788. 2 vol. in-12, bas.

1670. Histoire de Mme de Maintenon et des principaux évènemens du règne de Louis XIV, par M. le duc de Noailles
(2e édition). *Paris, Comptoir des imprimeurs unis,* 1849-
1858. 4 vol. gr. in-8, portr. d'après Collin, grav. par Mer-
curi, demi-rel. mar. rouge, dos et coins, non rog. tête
dor. (*Arnaud.*)

1671. La Vie de Mme de Maintenon, ornée de son portrait.
Paris, Arthus Bertrand, 1806. 2 vol. in-12, br.

1672. Les Lamentations des dames de Saint-Cyr, depuis la
prise de Namur. *A Cologne, chez les héritiers de Pierre*
Marteau (*Holl.*), 1696. Pet. in-12, mar. rouge jans. tr. dor.
(*Hardy.*)

1673. Les Souvenirs de Mme de Caylus (publ. par Voltaire).
Amsterdam, Jean Robert, 1770. In-8, demi-rel. bas.

1674. Les Souvenirs de Mme de Caylus, nouvelle édition,
avec une introduction et des notes par M. Charles Asse-
lineau. *Paris, J. Techener,* 1859. In-8, portr. br.

Exemplaire en papier de Hollande avec la double suite de figures.

1675. Mémoires des avantures singulières de la cour de
France ; dédié à Mme la duchesse de la Ferté, par Mme L.
M. D*** (d'Aulnoy). *La Haye, Jean Alberts,* 1692. 2 parties
en 1 vol. pet. in-12, veau fauve, tr. dor. (*Petit.*)

1676. La Carte de la cour, par Guéret. *A Paris, chez Jean-*

Baptiste Loyson, 1663. In-12, mar. rouge, fil. dos orné, tr. dor. (*Trautz-Bauzonnet.*)

Petit ouvrage fait à l'imitation de la carte de *Tendre*. La clef des noms est imprimée sur les marges du livre.

1677. La Campagne royale, ou le Triomphe des armes de Sa Majesté, ès années 1667 et 1668 (par P. Dalicourt). *Jouxte la copie imprimée à Paris, chez la Ve Gervais Alliot, s. d.* (1668). Pet. in-12, front. gr. bas. marb.

Jolie édition que M. Brunet attribue à D. Elzevier. Le frontispice gravé représente Louis XIV à cheval.

1678. Réflexions politiques sur les démarches de la Hollande contre les attentats de la France. *Cologne, Henry Wommer,* 1684. 3 parties en 1 vol. pet. in-12, front. gravé, mar. bl. dos orné, fil. tr. dor. (*Duru.*)

En tête du volume se trouvent les deux pièces suivantes :
La Beste transformée en machine, par J. Darmanson. *Suivant la copie imprimée,* 1684. — Les Francs Fripons dans le libraire banqueroutier, et le Mercure au gibet. *Cologne, Louis le Sincère,* 1684.

1679. La Cour de France turbanisée, et les Trahisons démasquées ; en 3 parties, par M. L. B. D. E. D. E. *A Cologne, chez Pierre Marteau* (Holl., à la Sphère), 1686. Pet. in-12, mar. rouge, fil. tr. dor. (*Simier.*)

1680. Le Roi prédestiné par l'esprit de Louis XIV, roi de France, avec plusieurs lettres concernant l'accouchement de la reine et les affaires d'Angleterre. *A Cologne, chez Pierre Marteau* (Holl.), 1688. Pet. in-12, mar. bl. fil. dos orné. (*Hardy.*)

Exemplaire non rogné.

1681. L'Oracle consulté par les puissances de la terre sur leur destinée... traduit de l'italien. *Rome (Hollande),* 1688, Pet. in-12, mar. rouge, fil. tr. dor. (*Anc. rel.*)

1682. La France ruinée sous le règne de Louis XIV. Par qui et comment? Avec les moyens de la rétablir en peu de temps (par l'abbé de Chevremont). *A Cologne, chez Pierre Marteau,* 1696. Pet. in-12, front. gravé, mar. rouge, fil. dos orné, tr. dor. (*Capé.*)

1683. Le Partage du lion de la fable vérifié par le roi très-chrétien dans celui de la monarchie d'Espagne. *Cologne*

(*Holl., à la Sphère*), *l'an M DCC*. 2 part. en 1 vol. pet. in-8 de 112 et 262 pages veau br.

Ouvrage rare. Voyez le *Man. du libraire*, V. col. 388-389, et le *Catal. Leber*, n° 4598.

1684. Le Partage du lion de la fable vérifié par le roi très-chrétien dans l'intrusion du duc d'Anjou à la couronne d'Espagne et la justice du droit de l'Empereur et de sa maison à cette couronne, seconde partie. *Cologne, à la Sphère*, 1701. Pet. in-8 de 271 pages, br.

La seconde partie, qui est la plus rare, est ici d'une édition différente de celle qui précède.

1685. Usurpation du règne de Louis XIV. *A Cologne* (*Holl.*), 1716. Pet. in-12, demi-rel. mar. vert.

1686. Souvenirs de la marquise de Créquy, 1710 à 1803. *Paris, Garnier frères*. 1855. 10 tomes en 5 vol. in-12, demi-rel. veau fauve.

1687. Philippe d'Orléans, régent de France, 1715-1723, par M. Capefigue. *Paris, Charpentier,* 1845. In-12, demi-rel. mar. rouge. (*Dumerque.*)

1688. Ve privée du cardinal Dubois, archevêque de Cambrai, 1ᵉʳ ministre du Régent (par M. Mongez). *Londres* (*Paris*), *s. d.* 3 tomes en 1 vol. in-18, fig. de Binet, demi-rel. mar. rouge, dos et coins, tr. dor. (*David.*)

1689. Mélanges historiques, satiriques et anecdotiques de M. de Bois-Jourdain, écuyer de la grande écurie du Roi (Louis XV), contenant des détails ignorés ou peu connus sur les événemens et les personnes marquantes de la fin du règne de Louis XIV, des premières années de celui de Louis XV et de la Régence. *Paris, Chèvre et Chanson,* 1807. 3 vol. in-8, mar. rouge, fil. dos orné, tr. dor. (*Belz-Niedrée.*)

1690. Mémoires de Madame de Staal (Mˡˡᵉ de Launay), écrits par elle-même. *Londres,* 1755. 4 tomes en 2 vol. pet. in-8, gr. pap. v. m.

1691. Mémoires secrets sur le règne de Louis XIV, la Régence et le règne de Louis XV, par Duclos, *Paris, Jules Gay,* 1864. 2 vol. in-8, pap. de Hollande, demi-rel. mar. vert, dos orné, coins, tête dor. non rog. (*Belz-Niedrée.*)

1692. Journal historique et anecdotique du règne de Louis XV, par E.-J.-F. Barbier, publié pour la Société de l'Histoire de France, par A. de la Villegille. *Paris, J. Renouard,* 1847-1856. 4 vol. in-8, demi-rel. veau rose.

Édition devenue rare.

1693. Chronique de la Régence et du règne de Louis XV (1718-1763), ou Journal de Barbier, avocat au parlement de Paris; première édition complète conforme au manuscrit autographe de l'auteur. *Paris, Charpentier,* 1857. 8 vol. in-12, demi-rel. veau fauve.

1694. Vie privée de Louis XV, ou principaux événemens, particularités et anecdotes de son règne (par Moufle d'Angerville). *Londres, John Peter Lyton,* 1781. 4 vol. in-12, — Les Fastes de Louis XV, de ses ministres, maîtresses, généraux et autres personnages de son règne (par Bouffonidor). *Villefranche, chez la veuve Liberté,* 1782. 2 vol. in-12, v. m.

1695. Éloge de Louis XV, par M. Sue, prévôt désigné du collège de Chirurgie. *Paris, Cailleau,* 1774. In-8, mar. bl. fil. dos orné, tr. dor. (*Belz-Niedrée.*)

1696. Histoire des trois derniers princes de la maison de Condé, prince de Condé, duc de Bourbon, duc d'Enghien, d'après les correspondances originales et inédites de ces princes, par J. Crétineau-Joly. *Paris, Amyot,* 1867. 2 vol. in-8, portraits, demi-rel. mar. bl. dos orné, coins, tête dor. non rog. (*Belz-Niedrée.*)

1697. Histoire de Maurice, comte de Saxe, duc de Courlande, maréchal général des armées de Sa Majesté, par d'Espagnac. *Paris, V*^e *Duchesne,* 1773. 2 vol. in-12, pap. de Hollande, veau m. dent. tr. dor.

1698. Le Maréchal de Richelieu, par M. Capefigue. *Paris, Amyot,* 1857. In-12, demi-rel. veau fauve. (*Dumergue.*)

1699. Vie privée du maréchal de Richelieu contenant ses amours et intrigues. *A Paris, et se trouve à Maestricht, chez J.-P. Roux,* 1791. 3 vol. in-8, demi-rel. bas.

1700. Le Maréchal de Richelieu et Mme de Saint-Vincent, par M. Mary Lafon. *Paris, Didier,* 1863. In-8, demi-rel.

mar. bl. dos orné, coins, non rog. tête dor. (*Belz-Niedrée.*)

1701. Le Conciliateur ou Lettres d'un ecclésiastique à un magistrat sur les affaires présentes (par Turgot et Loménie de Brienne). *Rome* (*Paris*), 1754. In-8 de 53 pp. mar. rouge, fil. tr. dor. (*Rel. anc.*)

Exemplaire de la première édition tirée sans noms d'auteurs et à très-petit nombre. Loménie et Turgot s'y prononcent avec chaleur pour la tolérance civile et religieuse. Étienne-Charles de Loménie, depuis cardinal de Brienne, était, lorsqu'il composa cet écrit, grand vicaire à Rouen. Robert-Jacques Turgot, depuis contrôleur général des finances, était alors intendant du Limousin.

1702. Les Chroniques pittoresques et critiques de l'Œil-de-Bœuf des petits appartements de la cour et des salons de Paris, sous Louis XIV, la Régence, Louis XV, Louis XVI, par la comtesse-douairière de B***, recueillies, mises en ordre et publiées par Touchard-Lafosse. *Paris, Gustave Barba,* 1844. 4 vol. in-12, demi-rel. mar. vert. (*Dumergue.*)

1703. Les Mémoires de la duchesse de Brancas, fragment historique sur Louis XV et Madame de Châteauroux, édition augmentée d'une préface et de notes par Louis Lacour. *S. l.* (*Paris*), 1865. In-12, br.

Tiré à très-petit nombre.

1704. Les Maîtresses de Louis XV, par Edmond et Jules de Goncourt. (Lettres et documents inédits.) *Paris, Firmin-Didot frères et C*ⁱᵉ, 1868. 2 vol. in-8, br.

Exemplaire en grand papier.

1705. Histoire de Mᵐᵉ la marquise de Pompadour, traduite de l'anglois (ou plutôt composée en françois par Mademoiselle Fauque, ex-religieuse). *Londres, aux dépens de S. Hooper, à la tête de César,* 1759. 2 parties en 1 vol. pet. in-8, mar. bl. dos orné, riche dentelle, tr. dor. (*Hardy.*)

1706. Lettre pastorale à madame la marquise de Pompadour, par l'abbé de Bernis. *S. l. n. d.* In-12 de 10 pages, cart.

1707. Portrait de Madame la marquise de Pompadour, fait par elle-même (en vers). *Paris,* 1756. In-12, cart.

Pièce satirique en vers plus que légers.

1708. Madame la marquise de Pompadour, par M. Capefigue. *Paris, Amyot,* 1858. In-12, demi-rel. mar. rouge, dos orné, coins, non rog. tête dor. (*Hardy.*)

1709. Le Parc aux cerfs, ou Histoire secrète des jeunes demoiselles qui y ont été renfermées, publiée par M. de Faverolle (Mme Guénard de Faverolle). *Paris, Lerouge-Wolf,* 1832. 4 vol. in-12, front. gravé, demi-rel. v. br. (*Petit.*)

1710. Le Comte de Clermont, sa cour et ses maîtresses, lettres familières, recherches et documents inédits publiés par Jules Cousin, *Paris, Académie des bibliophiles,* 1867. 2 vol. in-12, portrait et figure, pap. de Holl. br.

1711. Le Comte de Clermont et sa cour, étude historique et critique par Sainte-Beuve. *Paris, Académie des bibliophiles,* 1868. In-12, pap. de Holl. br.

1712. Lettres originales de madame la comtesse du Barry (par Pidansat de Mairobert). *Londres,* 1779. In-12, v. m.

1713. Mémoires authentiques de la comtesse de Barré (*sic*), maîtresse de Louis XV, roi de France, par le chevalier Fr.-N. *Londres, J. Roson et G. Reilly,* 1772. Pet. in-8, demi-rel. v. fauve, dos et coins. (*Petit.*)

1714. Les Dernières Amours de Mme du Barry, par Mme la comtesse Dash, précédées d'une notice sur les maîtresses de Louis XV, par M. Paul de Saint-Victor. *Paris, Plon,* 1864. In-8, demi-rel. mar. bl. dos orné, coins non rog. tête dor. (*Belz-Niedrée.*)

1715. Mémoires du chevalier d'Éon publiés sur les papiers fournis par sa famille et d'après les matériaux déposés aux archives des Affaires étrangères, par Frédéric Gaillardet. *Paris, Ladvocat,* 1836. 2 vol. in-8, demi-rel. mar. rouge. (*Hardy.*)

1716. Journal des inspecteurs de M. de Sartines, première série, 1761-1764. (Documents inédits sur le règne de Louis XV.) *Paris, Dentu,* 1861. In-12, br.

Exemplaire en papier chamois.

1717. Mémoires historiques de Mesdames Adélaïde et Victoire de France, filles de Louis de XV, par M. T*** (Ch. Claude de Montigny). *Paris, Lerouge,* 1802. 3 tomes en

1 vol. in-12, figures, demi-rel. mar. bl. dos et coins, non rog. tête dor. (*Hardy.*)

1718. Le Gazetier cuirassé, ou Anecdotes scandaleuses de la cour de France (par Théveneau de Morande). *Imprimé à cent lieues de la Bastille, à l'enseigne de la Liberté,* 1771. — Mélanges confus sur des matières fort claires, par l'auteur du Gazetier cuirassé. *Imprimé sous le soleil.* — Le Philosophe cynique, pour servir de suite aux Anecdotes scandaleuses de la cour de France. *Imprimé dans une isle qui fait trembler la terre ferme.* 3 parties en 1 vol. in-8, front. gravé, mar. rouge, fil. dos orné, tr. dor. (*Capé.*)

Exemplaire de l'auteur annoté et corrigé par lui-même.

1719. La Cassette verte de M. de Sartine trouvée chez Mademoiselle Duthé (par Tickell, Anglais). *A la Haye, chez la veuve Whiskerfeld.* 1779. In-12, mar. vert, fil. dos orné, tr. dor. (*Hardy.*)

1720. Le Diable dans un bénitier, et la Métamorphose du Gazetier cuirassé en mouche, ou Tentative du sieur Receveur, inspecteur de la police de Paris, chevalier de Saint-Louis, pour établir à Londres une police à l'instar de celle de Paris; revu, corrigé et augmenté par M. l'abbé Aubert, censeur royal, et par Pierre le Roux (Anne Gédéon La Fitte, marquis de Pelleport). *A Paris, de l'Imprimerie royale, s. d.* In-8, front. gravé, cart. non rog.

c. Louis XVI et la Révolution.

1721. Louis XVI et sa cour, par Amédée Renée. *Paris, Firmin-Didot,* 1858. In-8, demi-rel. mar. bl. dos et coins, non rog. tête dor. (*Hardy.*)

1722. Vie de Louis XVI, revue, corrigée et augmentée, par M.***. *Londres,* 1790. Pet. in-12, figures. — Correspondance de la reine avec d'illustres personnages. *S. l.,* 1790. Pet. in-12, portrait de la duchesse de Polignac. 2 parties en 1 vol. mar. bl. dos fleurdelisé, tr. dor. (*Hardy.*)

1723. Le Roi Guiot, histoire nouvelle (par Vesque de Puttlingen), tirée d'un vieux manuscrit poudreux et vermoulu. *S. l.,* 1791. In-12, br.

Critique des dernières années du règne de Louis XVI.

1724. Anecdotes du règne de Louis XVI, 1774-1776. *A Paris, chez Jean-François Bastien*, 1776. In-12, mar. bl. jans. (*Hardy*.)

Exemplaire non rogné.

1725. Correspondance secrette de plusieurs grands personnages illustres, dans laquelle on découvre les causes qui divisèrent les membres de la famille royale, pendant les dernières années du règne de Louis XVI. *A Londres, et se trouve à Paris, chez Le Rouge*, 1802. In-8, portrait, mar. bl. fil. dos orné, tr. dor. (*Hardy*.)

1726. Histoire de Marie-Antoinette, par Edmond et Jules de Goncourt. *Paris, Firmin-Didot*, 1859. In-8, demi-rel. mar. bl. dos et coins, non rog. tête dor. (*Hardy*.)

1727. Mémoires historiques de Marie-Thérèse-Louise de Carignan, princesse de Lamballe, publiés par Mme Guénard. *A Paris, chez Lerouge*, 1801. 4 tomes en 2 vol. in-12, portrait et figures, mar. bl. jans. tr. dor. (*Hardy*.)

1728. Marie-Antoinette et la Révolution française, recherches historiques par le comte H. de Viel-Castel. *Paris, Techener*, 1859. In-12, demi-rel. mar. rouge, dos et coins, non rog. tête dor. (*Hardy*.)

1729. Essais historiques sur la vie de Marie-Antoinette d'Autriche, reine de France, pour servir à l'histoire de cette princesse. *Londres*, 1789. — Essai historique sur la vie de Marie-Antoinette, reine de France et de Navarre, née archiduchesse d'Autriche le 2 novembre 1755 : orné de son portrait, et rédigé sur plusieurs manuscrits de sa main. Seconde partie de l'an de la Liberté française, 1789. *Versailles, chez la Montansier, hôtel des Courtisanes, s. d.* 2 vol. in-12, portrait et figures, mar. rouge, fil. dos orné, tr. dor. (*Anc. rel.*)

Pamphlet virulent contre Marie-Antoinette.

1730. Essais historiques sur la vie de Marie-Antoinette d'Autriche, reine de France, pour servir à l'histoire de cette princesse. *A Londres et à Versailles*, 1789. 2 parties en 1 vol. in-8, portrait, cart. non rog.

1731. Essais historiques sur la vie de Marie-Antoinette d'Autriche, reine de France, pour servir à l'histoire de cette princesse. *A Londres,* 1789. Pet. in-12, portrait et figures, mar. rouge, fil. dos orné, tr. dor. (*Duru.*)

1732. Vie de Marie-Antoinette d'Autriche, femme du dernier tyran des Français, depuis son arrivée en France jusqu'à sa mort. *Paris, Maison Égalité, seconde année de la République.* 3 tomes en 1 vol. pet. in-12, portrait et figures, mar. bleu, tr. dor. (*Hardy.*)

1733. Antoinette d'Autriche, ou Dialogue entre Catherine de Médicis et Frédégonde, reines de France, aux enfers, pour servir de supplément et de suite à tout ce qui a paru sur la vie de cette princesse. *Londres,* 1789. In-8 de 16 pp.

1734. La Vraie Marie-Antoinette, étude historique, politique et morale, par M. de Lescure. *Paris, Dupray de la Mahérie,* 1863. In-8, portr. demi-rel. mar. bl., dos orné, coins, non rog. tête dor. (*Belz-Niedrée.*)

1735. Pièces sur Marie-Antoinette. 11 pièces en 1 vol. in-8, veau fauve, dos orné, tr. dor. (*Petit.*)

> Désespoir de Marie-Antoinette sur la mort de son frère Léopold II. — Marie-Antoinette d'Autriche, reine de France, à la nation.— Louis XVI et Marie-Antoinette, traités comme ils le méritent. — Le Vrai Caractère de Marie-Antoinette et sa conduite dans les affaires présentes. -- Lettre de la reine à M. de Bouillé. — Lettre de l'empereur à Marie-Antoinette d'Autriche, sa sœur. — Grande lettre de la reine, adressée à M. Bailly. — Requête de la reine à Nosseigneurs du tribunal de police de l'Hôtel de Ville de Paris. — Déclaration admirable de Marie-Antoinette d'Autriche, reine de France, envers la nation. — Grand détail exact de la réception de madame de Lamballe à la cour. — Lettre à la reine par M***.

1736. Mémoires de madame la duchesse de Polignac, avec des particularités sur sa liaison avec Marie-Antoinette, reine de France, par la comtesse D. de Polignac. *Paris, an V.* In-8, demi-rel. dos et coins, mar. bleu, non rog. tête dor. (*Hardy.*)

1737. Mémoires secrets de J.-M. Augeard, secrétaire des commandements de la reine Marie-Antoinette (1760 à 1800). Documents inédits, précédés d'une introduction, par Evariste Bavoux. *Paris, Henri Plon,* 1866. In-8, demi-rel. mar. brun, dos orné, coins, tête dor. non rog. (*Belz-Niedrée.*)

1738. Mémoires justificatifs de la comtesse de Valois de la Motte, écrits par elle-même. *Londres,* 1789. In-8, demirel. mar. vert, dos et coins. (*Petit.*)

1739. Mémoires du comte Beugnot, ancien ministre (1783-1815), publiés par le comte Albert Beugnot, son petit-fils. *Paris, Dentu*, 1866. 2 vol. in-8, demi-rel. mar. bleu, dos orné, coins, tête dor. non rog. (*Belz-Niedrée.*)

1740. Mémoires, ou Souvenirs et Anecdotes, par M. le comte de Ségur. *Paris, Lecointe*, 1842. 3 vol. in-8, demi-rel. mar. vert. (*Dumergue.*)

1741. La Chronique scandaleuse, ou Mémoires pour servir à l'histoire de la génération présente, par Guill. Imbert. *Paris, dans un coin d'où l'on voit tout*, 1783. In-8, demi-rel. mar. rouge, dos et coins, non rog. tête dor. (*Belz-Niedrée.*)

1742. La Chronique scandaleuse, ou Mémoires pour servir à l'histoire de la génération présente, contenant les anecdotes les plus piquantes que l'histoire secrète des sociétés a offertes pendant ces dernières années (par Guillaume Imbert, ex-bénédictin). *A Paris, dans un coin d'où l'on voit tout*. 1786-1791. 5 vol. in-12. — Chronique scandaleuse de l'an 1800 pour l'an 1801. Recueil d'anecdotes sur les hommes du jour, les artistes, auteurs, acteurs, etc. *A Paris, dans un coin d'où l'on voit tout*, 1801. In-12, front. gravé. En tout 6 vol. mar. rouge jans. tr. dor. (*Hardy.*)

1743. Mémoires du comte Alex. de Tilly, pour servir à l'histoire des mœurs de la fin du xviiie siècle. *Paris*, 1828. 3 vol. in-8, demi-rel. mar. bleu, dos. orné. (*Hardy.*)

1744. Marie-Antoinette, archiduchesse d'Autriche, reine de France, ou Causes et Tableau de la Révolution, par le chevalier de M*** *S. l. (Autriche)*, 1794. In-8, mar. rouge jans. dos orné, tr. dor. (*Hardy.*)

Frontispice gravé et 6 figures.

1745. Portefeuille d'un talon rouge, contenant des anecdotes galantes et secrètes de la cour de France (sous Louis XVI). *A Paris, de l'imprimerie du comte de Paradès*, 178*. Pet. in-8, mar. rouge, fil. dos orné, tr. dor. (*Capé.*)

Pièce satirique d'une violence inouïe.

1746. L'Espion anglais, ou Correspondance secrète entre mylord All'eye et mylord All'ear (par Pidansat de Mairo-

bert). *Londres, John Adamson,* 1782-1785. 10 vol. in-12,
bas.

1747. L'Espion dévalisé (attribué à Mirabeau). *Londres,* 1782.
— Les Joueurs et M. Dusaulx (par MM. Jacques Marce-
nay, l'ab. Duvernet et Delaunay). *Agrippinæ,*1780. 2 parties en 1 vol. in-8, v. m.

1748. La Gazette noire, par un homme qui n'est pas blanc,
ou Œuvres posthumes du Gazetier cuirassé (par Ch. The-
veneau de Morande). *Imprimé à cent lieues de la Bastille, etc. (Londres),* 1784. In-8, mar. rouge, fil. dos orné,
tr. dor. (*Capé.*)

1749. Almanach de la Samaritaine, avec ses prédictions pour
l'année 1787, à Messieurs les Parisiens. *Au château de la
Samaritaine,* 1787. Pet. in-12, mar. brun jans. tr. dor.
(*Hardy.*)

1750. Nitona Franka et le sultan Patapouf, ou Histoire de
la Révolution Franche à l'ordre du jour. *Paris, l'an V de
la Liberté.* In-12, front. gravé, cart. non rog.
> Histoire allégorique du commencement de la Révolution.

1751. L'Ancien Régime et la Révolution, par Alexis de Toc-
queville. *Paris, Michel Lévy,* 1856. In-8, demi-rel. veau
fauve. (*Dumergue.*)

1752. Les Origines de la France contemporaine, par H.
Taine. L'Ancien Régime. *Paris, Hachette et C^{ic},* 1876.
In-8, demi-rel. mar. bleu, dos orné, coins, tête dor. non
rog. (*Belz-Niedrée.*)

1753. Histoire de la Révolution française, accompagnée d'une
Histoire de la Révolution de 1355, ou des états généraux
sous le roi Jean, par MM. A. Thiers et Félix Bodin. *Paris,
Lecointe et Durey,* 1823-1827. 10 vol. in-8, demi-rel. mar.
rouge, dos orné, coins, non rog. tête dor. (*Hardy.*)
> Première édition, recherchée pour certains passages relatifs au duc
> d'Orléans (L.-J.-Philippe Égalité), qui ont été retranchés dans les éditions
> suivantes. Félix Bodin n'a été pour rien dans cette Histoire de la Révolu-
> tion , mais l'éditeur n'avait consenti à la publier qu'à la condition que le
> nom de Félix Bodin figurerait sur le titre à côté de celui, alors peu connu,
> de M. Thiers. Félix Bodin, aujourd'hui à peu près entièrement oublié,
> jouissait alors d'une certaine réputation comme auteur d'un *Résumé de
> l'Histoire de France* et d'autres résumés. Son nom a été supprimé dans le
> titre des éditions suivantes, et l'*Histoire des états généraux sous le roi
> Jean* n'a jamais été publiée.

1754. Cahier des plaintes et doléances des dames de la Halle
et des marchés de Paris, rédigé au grand salon des Por-
cherons, pour être présenté à Messieurs les États généraux, écrit à l'ordinaire par M. Josse, écrivain à la pointe
Saint-Eustache. *S. l. Août* 1789. In-8, br.

1755. La Lanterne magique patriotique, ou le Coup de grâce
de l'aristocratie, par M. Dorfeuille. *A Chatelleraud, s. d.*
In-8, 48 pages. — La Lanterne magique, ou la Pièce curieuse, spectacle national pour les aristocrates. *S. l. n. d.*
In-8, 8 pages. — La Lanterne aux Parisiens. *Paris, Lejay
le fils.* In-8, 62 pages. — La Démission du Bourreau de
Paris. Lettre de l'exécuteur des hautes œuvres aux amateurs, ses confrères. In-8, 8 pages; 4 pièces en 1 vol. in-8,
veau fauve, dos orné, tr. dor. (*Petit.*)

1756. Jean-Jacques, ou le Réveil-matin des représentans
de la nation françoise. *S. l.* 1789. In-8, demi-rel. mar.
rouge, dos et coins, non rog. tête dor. (*Hardy.*)

1757. Journal du baron de Gauville, député de l'ordre de la
noblesse aux États généraux, depuis le 4 mars 1759 jusqu'au 1er juillet 1790. *Paris, Gay,* 1864. In-12, br.

1758. Recueil de 16 pièces en 1 vol. in-8, cart.

Confessions générales des princes du sang royal, auteurs de la cabale
aristocratique. Item de deux catins distinguées, qui ont le plus contribué
à cette infernale conspiration. *A Aristocratie, chez Main morte,* 1789. —
Confession générale de Son Altesse Sérénissime Monseigneur le comte
d'Artois, déposée à Madrid dans le sein de dom Jérôme, grand inquisiteur. *Bruxelles, et se trouve à Paris,* 1789. — Pénitence du comte d'Artois,
imposée par le R. P. dom Jérôme, grand inquisiteur d'Espagne, pour servir de suite à la confession. — Jugement national, rendu en dernier res-
sort par le comité général des diettines du Palais-Royal, à Paris. *Au Palais-Royal,* 1789. — Réception du comte d'Artois chez M. l'électeur de
Cologne, frère de la Reine de France. *Bruxelles, de l'imprimerie de Linguet,* 1789. — Le Sabreur des Tuileries dans l'embarras, nouvelle authen-
tique et intéressante. 1789. — Conférence entre madame de Polignac et
madame de la Motte au parc Saint-James, ou Lettre de M. de Vaudreuil
à un abbé fort connu. — Confession et repentir de madame de Polignac,
ou la Nouvelle Magdelaine convertie. — Maladie de madame la duchesse
de P..., qui a infecté la Cour, Versailles et Paris. — Adieux de madame
la duchesse de Polignac aux François, suivis des Adieux des François à la
même, par l'auteur de sa maladie. 1789. — Testament de madame la duchesse de Polignac. 1789.

1759. Bibliothèque de la cour et de la ville. *S. l. (Paris),*
1789. In-8 de 16 pp., demi-rel. mar. rouge.

C'est une longue liste de noms de célébrités du temps, dont chacun est
suivi d'un titre de livre qui sert à caractériser le personnage. Ainsi, après

le nom du *Cardinal de Rohan*, on lit : *les Liaisons dangereuses;* après celui de l'*évêque d'Autun: Traité sur l'Apostasie*, etc.

1760. Étrennes à la vérité, ou Almanach des Aristocrates, orné de 2 gravures en taille-douce et allégoriques, pour la présente année, seconde de la liberté, 1790. *A Spa, chez Clairvoyant, imp.-lib. de Leurs Altesses Royales et Sérénissimes Nosseigneurs les princes fugitifs, à l'enseigne de la Lanterne*, 1790. In-8, mar. rouge, fil. dos orné, tr. dor. (*Chambolle-Duru.*)

    Curieux et rare.

1761. Drapeaux des bataillons des districts de Paris, collection de 30 planches coloriées. In-4, demi-rel. vél. vert.

1762. Bulletins des couches de M. Target, père et mère de la Constitution des ci-devant François, conçue aux menus, présentée au jeu de paume et née au manège, par l'auteur de tous les repas du monde. 20 *mars* 1790. 4 br. in-8.

1763. Hommages aux plus jolies et vertueuses femmes de Paris, ou Nomenclature de la classe la moins nombreuse (149 femmes). *S. l. n. d. (Paris) vers* 1790. In-8.

1764. La Chasteté du clergé dévoilée, ou Procès-verbaux des séances du clergé chez les filles de Paris, trouvés à la Bastille. *Rome, de l'imprimerie de la Propagande, et se trouve à Paris*, 1790. 2 vol. in-8, demi-rel. bas.

    Livre rare.

1765. Le Palais-Royal, ou Mémoires secrets de la duchesse d'Orléans, mère de Philippe (Égalité), par M. D. F... (de Faverolle). *A Hambourg, et se trouve à Paris chez les marchands de nouveautés*, 1806. 2 tomes en 1 vol in-12, fig. mar. bleu jans. tr. dor. (*Hardy.*)

1766. Vie privée, ou Apologie du Très-Sérénissime prince Monseigneur le duc de Chartres, par une société d'amis du prince. *A cent lieues de la Bastille*, 1784. In-8, demi-rel. mar. brun.

1767. Vie de Louis-Philippe-Joseph, duc d'Orléans, traduite de l'anglois par M. R. D. W. *Londres, de l'imprimerie du palais Saint-James*, 1789. In-8, portrait, veau fauve, tr. dor. (*Petit.*)

1768. Correspondance de Louis-Philippe-Joseph d'Orléans
avec Louis XVI, la reine, Montmorin, etc., publiée par
L. C. R. (Roussel). *Paris, Marchant,* 1800. In-8, portrait,
demi-rel. v. jas.

1769. Mémoires pour servir à la vie de M. de Penthièvre,
par M. Fortaire. *Paris, de l'imprimerie de Delange,* 1808.
In-12, mar. bleu, fil. dos orné, tr. dor. (*Capé.*)

1770. Vie secrette de Louise-Marie-Adélaïde de Bourbon-
Penthièvre, duchesse d'Orléans, avec ses correspon-
dances politiques. *Londres, de l'imprimerie Werland,* 1790.
Pet. in-12, portrait, mar. bleu jans. tr. dor. *Hardy.*)

1771. Vie privée et politique de Louis-François-Joseph de
Conti, prince du sang, et sa correspondance avec ses
complices fugitifs, par J. P***. *Turin, Garin,* 1790. In-8,
portr. cart. non rog.

1772. Vie privée, impartiale, politique, militaire et domes-
tique du marquis de la Fayette, général des bleuets. *Paris, de l'imprimerie particulière de M. de Bastide,* 1790.
In-8, portr. demi-rel. mar. vert.

1773. Vie privée, libertine et scandaleuse de feu Honoré-
Gabriel Riqueti, ci-devant comte de Mirabeau. *Paris, chez
tous ses créanciers,* 1791. In-8, demi-rel. mar. br. (*Hardy.*)

1774. Vie privée des ecclésiastiques, prélats et autres fonctionnaires publics, qui n'ont prêté leur serment sur la
constitution civile du clergé (pour faire suite à la Liste des
nobles). *Paris, Garnery,* 1791. In-8, mar. br. jans. tr. dor.
(*Hardy.*)

1775. Almanach des aristocrates, ou Chronologie épigram-
matique des apôtres de l'Assemblée nationale. *A Rome
(Paris), l'an III de la Barnavocratie.* In-12, figures, mar.
rouge, fil. dos orné, non rog. (*Hardy.*)

1776. Almanach de Coblentz, ou le Plus joli des Recueils
catholiques, apostoliques et français, à l'usage de la belle
jeunesse, émigrée, émigrante, et à émigrer. Vive le roi.
A Paris, chez Lallemand, 1792. Pet. in-12, mar. rouge,
fil. dos orné, non rog. (*Chambolle-Duru.*)

1777. Le Martyrologe, ou l'Histoire des martyrs de la révo-

lution (par J.-G. Peltier). *Coblentz, et se trouve à Paris,
chez Artaud,* 1792. 2 parties en 1 vol. in-8, fig. demi-rel.
bas.

1778. Les Travailleurs de septembre 1792. Documents sur
la Terreur, publiés par le comte Horace de Vieil-Castel.
Paris, Dentu, 1862. In-8, fig. br.

1779. Étrennes du moment, ou Almanach des sans-culottes.
Paris, Demoraine, 1793. Pet. in-12, front. gravé, mar.
rouge jans. tr. dor. (*Hardy.*)

1780. Dernier Tableau de Paris, ou Récit historique de la
révolution du 10 août 1792, des causes qui l'ont produite,
des évènemens qui l'ont précédée et des crimes qui l'ont
suivie, par J. Peltier. *Londres, Elmsly,* 1794. 2 vol. in-8,
portraits de Louis XVI et de Louis XVII, demi-rel. mar.
dos et coins, non rog. tête dor. (*Hardy.*)

1781. Histoire de la Terreur, 1792-1794, d'après les documents authentiques et inédits, par Mortimer-Ternaux.
Paris, Michel Lévy, 1863. 3 vol. in-8, demi-rel. mar. rouge,
dos orné, coins, tête dor. non rog. (*Belz-Niedrée.*)

1782. Principaux Évènemens de la Révolution, et notam-
ment de la semaine mémorable, représentés par douze
figures en taille-douce, avec un précis historique. *Paris,
l'an II de la liberté.* In-8, fig. mar. rouge jans. tr. dorée.
(*Hardy.*)

1783. Journal de ce qui s'est passé à la tour du Temple,
pendant la captivité de Louis XVI, roi de France, par
M. Cléry. *Paris, Patris,* 1814. In-12, fig. demi-rel. mar.
bleu. (*Hardy.*)

1784. Relation des derniers moments de Louis XVI, écrite
par l'abbé Edgeworth de Firmont (publiée par Gabr. Peignot). *Dijon, Noellat, avril* 1816. In-8, br.

> Rare.

1785. Marie-Antoinette à la Conciergerie, du 1er août au 16
octobre 1793. Pièces originales, conservées aux archives
de l'empire, suivies de notes historiques et du procès
imprimé de la reine, par Émile Campardon. *Paris, Jules
Gay,* 1862. In-12, br..

> Exemplaire en papier de Hollande.

1786. Réflexions sur le Procès de la Reine, par une femme (Mme de Stael). *S. l., août* 1793. In-8, 37 pp., mar. rouge jans. tr. dor. (*Hardy.*)

1787. Les Aventures politiques du père Nicaise, ou l'Anti-fédéraliste. *Paris,* 1793. In-18, demi-rel. mar. citron, dos et coins, non rog. tête dor. (*Hardy.*)

1788. Almanach des honnêtes gens, pour 1793 (par Sylvain Maréchal). *Paris,* 1793. In-18, fig. demi-rel. mar. brun, dos et coins, tr. dor. (*Hardy.*)

1789. La Convention telle qu'elle fut et telle qu'elle est, faisant suite à la liste comparative de l'opinion des députés sur les appels et jugement de Louis XVI. *Paris, Levigneur,* 1793. In-8, demi-rel. mar. rouge, dos et coins, non rog. tête dor. (*Hardy.*)

1790. Mémoires d'un détenu pour servir à l'histoire de la tyrannie de Robespierre (par Riouffe). *Paris, Louvet, an III.* In-8, veau fauve, dos orné, tr. dor. (*Petit.*)

1791. Calendrier républicain, décrété par la Convention nationale pour l'an II de la République française. *Paris, chez Laurens,* 1794. Pet. in-12, front. gravé, mar. brun, tr. dor. (*Hardy.*)

1792. Le Glaive vengeur de la République française, une et indivisible, ou Galerie révolutionnaire, contenant les noms et prénoms de tous les grands conspirateurs, dont la tête est tombée sous le glaive national, par un ami de la révolution, des mœurs et de la justice. *Paris, Galetti, an II de la répubbique.* In-8, mar. r. jans. tr. dor. (*Hardy.*)

> Le frontispice, gravé par Louvion, représente la figure de la guillotine.

1793. L'Intérieur d'un comité révolutionnaire, ou les Jacobins, par Moi (Morel, mort à 19 ans en 1802). *Paris, an VIII.* Pet. in-12, front. gravé, mar. rouge, fil. non rog. (*Hardy.*)

> Très-curieux frontispice, représentant un comité révolutionnaire en séance ; avec cette légende: « Il faut balayer le territoire de la République, et le grand balai, le balai national, c'est la guillotine. »

1794. L'École des factieux, des peuples et des rois, ou Supplément à l'histoire des conjurations de L.-P.-Jos. d'Orléans et de Max. Robespierre, par un témoin oculaire. *Paris*, 1800. 2 tomes en 1 vol. in-12, demi-rel. mar. rouge, dos et coins, non rog. tête. dor. (*Hardy.*)

1795. Mémoires pour servir à l'histoire de la guerre de la Vendée, par le comte de *** (Vauban). *Paris*, 1806. In-8, mar. rouge, fil. dos orné, tr. dor. (*Belz-Niedrée.*)

1796. Les Brigands démasqués, ou Mémoire pour servir à l'histoire du temps présent, par Auguste Danican. *Londres, Deboffe,* 1796. In-8, fig. demi-rel. mar. rouge, dos et coins, non rog. tête dor. (*Hardy.*)

1797. Almanach violet, 1798. *Paris, s. d.* In-18, demi-rel. mar. brun, dos et coins, tr. dor. (*Hardy.*)

1798. Les Vautours du xviii° siècle, ou les Crésus modernes au tribunal de l'opinion publique, par A.-A. Denis. *Paris*, 1798. In-18, fig. demi-rel. dos et coins de mar. rouge, non rog. tête dor. (*Hardy.*)

1799. Almanach des rentiers, dédié aux affamés, pour leur servir de passe-temps, par un auteur inscrit sur le grand livre (attribué à Cailleau). *Paris, Cailleau, an VIII*, 1800. Pet. in-12, front. gravé, mar. rouge, fil. dos orné, non rogné. (*Hardy.*)

1800. Royalistes et Républicains. Essais historiques sur les questions de politique contemporaine, par Paul Thureau-Dangin. *Paris, Plon*, 1874. In-8, demi-rel. mar. rouge, dos et coins, tête dor. non rogné. (*Belz-Niedrée.*)

d. Napoléon Ier ; la Restauration ; Louis-Philippe, etc.

1801. Histoire de l'empereur Napoléon, par Laurent (de l'Ardèche), illustrée par H. Vernet. *Paris, Dubochet*, 1840. Grand in-8, fig. demi-rel. veau.

1802. Mémoires sur l'impératrice Joséphine, ses contemporains, la cour de Navarre et de la Malmaison. *Paris, Ladvocat*, 1829. 3 vol. in-8, demi-rel. v. br. tr. jasp.

1803. Relation des campagnes du général Bonaparte en Égypte et en Syrie, par le général de division Berthier. *Paris, Didot l'aîné, an VIII.* In-8, veau, marb. tr. j.

1804. Le Moniteur secret, ou Tableau de la cour de Napoléon, de son caractère et de celui de ses agens, par (J.-B. Couchery). *Londres et Paris,* 1814. 2 tomes en 1 vol. in-8, mar. vert, dos orné, coins, non rog. tête dor. (*Hardy.*)

1805. Les Souvenirs de M. le comte Regnaud de Saint-Jean d'Angely, par M***. *Paris, Plancher,* 1817. 2 tomes en 1 vol. in-12, fig. demi-rel. mar. r. dos orné, coins, non rog. tête dor. (*Hardy.*)

1806. Histoire complète du procès de Louis-Pierre Louvel, assassin de S. A. R. monseigneur le duc de Berry, par M. G***. *Paris, Plancher,* 1820. 2 tomes en 1 vol. in-8, fig. demi-rel. mar. r. dos et coins, non rog. tête dor. (*Hardy.*)

1807. Chronique de Juillet 1830, par M. L. Rozet. *Paris, Théoph. Barrois et Benj. Duprat,* 1832. 2 vol. in-8, demi-rel. mar. bl. dos orné, coins, non rog. tête dor. (*Hardy.*)

1808. Physiologie de la poire, par Louis Benoît, jardinier. *Paris,* 1832. In-8, demi-rel. mar. rouge dos et coins, non rog. tête dor. (*Hardy.*)

> Pamphlet contre le roi Louis-Philippe. On lit à la page 23 : « L'auteur du présent in-8 ne sera pas fusillé comme Ney et Caron ; il ne sera pas guillotiné comme Bories, Raoulx, Pommier et Goubin... Il fera tout simplement son temps à Sainte-Pélagie, comme Cauchois-Lemaire, Béranger, etc. » Cet auteur, qui se nommait Peytel et qui depuis fut notaire à Belley, ne prévoyait pas alors qu'il serait condamné à mort et exécuté à Bourg, en 1839, non pas comme pamphlétaire, mais pour avoir assassiné sa femme.

1809. Madame en Vendée, par M. Théodore Muret. *Paris, Urbain Canel,* 1833. In-8, demi-rel. mar. bl. dos et coins, non rog. tête dor. (*Hardy.*)

1810. Chroniques des Tuileries et du Luxembourg, physiologie des cours modernes, par Touchard-Lafosse. *Paris, Ch. Lachapelle,* 1838. 4 vol. in-8, demi-rel. mar. bl. dos et coins, tête dor. non rog.

> Manque le titre au tome IV.

1811. Madame la duchesse d'Orléans, Hélène de Mecklembourg-Schewrin (par Mme d'Harcourt). *Paris, Michel Lévy,* 1859. In-8, demi-rel. mar. bl. dos et coins, non rog. tête dor. (*Hardy.*)

1812. Lettres originales de Mme la duchesse d'Orléans et souvenirs biographiques recueillis par G.-H. de Schubert. *Paris, Magnin, Blanchard et Cie*, 1859. In-8 , portrait demi-rel. mar. roug. non rog.

1813. Une Année de révolution d'après un journal tenu à Paris en 1848 par le marquis de Normanby. *Paris, Plon,* 1858. 2 vol. in-8, demi-rel. mar. r. dos orné, coins, non rog. tête dor. (*Hardy.*)

1814. Coup d'État de L. Bonaparte. Histoire de la persécution de décembre, par Xavier Durieu. *Bruxelles, J.-H. Briard,* 1852. — Les deux Cours et les Nuits de St-Cloud, mœurs, débauches et crimes de la famille Bonaparte. *Londres, Jeffs, et Bruxelles,* 1852. 2 part. en 1 vol. in-18, demi-rel. mar. r. dos orné et coins, non r. tête dor. (*Hardy.*)

1815. Napoléon le Petit, par Victor Hugo. *Londres, Jeffs,* 1852. In-32, demi-rel. m. roug. non r. tête dor.(*Hardy.*)

1816. La France sous l'Empire, par Eug. Sue. *Londres, Jeffs,* 1857. In-12, dem.-rel. mar. r. dos et coins n. rog. tête dor. (*Hardy.*)

1817. Nouveaux Mémoires d'un bourgeois de Paris depuis le 10 décembre 1848 jusqu'aux élections générales 1863. — Le Second Empire , par le docteur L. Véron. *Paris, Lacroix et Verboeckoven,* 1866. In-8, demi-rel. mar. r. dos orné, coins, tête dor. non rog. (*Belz-Niedrée.*)

1818. Mémoires du marquis de Boissy, 1798-1866, rédigés d'après ses papiers, par Paul Breton. *Paris, Dentu,* 1870. 2 tomes en 1 vol. in-8, portr. demi-rel. mar. rouge, dos orné, coins, tête dor. non rog. (*Belz-Niedrée.*)

1819. Une Condamnation de mai 1839. Paris, Doullens, le mont Saint-Michel, par L. Nouguès. *Paris, Bry aîné,* 1850. In-8. demi-rel. mar. violet. (*Dumergue.*)

1820. Revue rétrospective, ou Archives secrètes du dernier gouvernement (publ. par J. Taschereau). *Paris, Paulin,* 1848. 33 numéros en 1 vol. grand in-8, demi-rel. mar. r. dos et coins, non rog. tête dor. (*Hardy.*)

Volume rare, surtout complet comme il est ici.

1821. Les Murailles révolutionnaires. Collection complète des professions de foi, affiches, décrets, bulletins de la République (Paris et les départements). *Paris, J. Bry, aîné,* 1852. 2 vol. in-4, demi-rel. veau fauve. (*Dumergue.*)

1822. Quatre ans de règne. Où en sommes-nous? par le docteur L. Véron. *Paris, Librairie nouvelle,* 1857. In-8, demi-rel. veau fauve. (*Dumergue.*)

1823. De la Justice dans la révolution et dans l'Église, par P.-J. Proudhon. *Paris, Garnier frères,* 1858. 3 vol. in-12, demi-rel. mar. br. dos et coins, non rog. tête dor. (*Hardy.*)

1824. Lettre sur l'Histoire de France (par Mgr le duc d'Aumale). *Paris, Dumineray,* 1861. In-8, demi-rel. mar. bl. dos et coins, non rog. tête dor.

1825. Dix ans d'impérialisme en France. Impressions d'un flâneur. *Paris, Dentu,* 1863. In-8, demi-rel. mar. rouge, dos orné, coins, non rog. tête dor. (*Belz-Niedrée.*)

1826. Profils parlementaires. Les députés de la France, 1863-1869, par L. de La Combe. *Paris, Dentu,* 1869. In-8, demi-rel. mar. vert, dos orné, coins, tête dor. non rog. (*Belz-Niedrée.*)

1827. L'Allemagne aux Tuileries de 1850 à 1870. Collection de documents tirés du cabinet de l'empereur, recueillis et analysés par Henri Bordier. *Paris, Beauvais,* 1872. Grand in-8, demi-rel. mar. rouge, dos orné, coins, tête dor. non rog. (*Belz-Niedrée.*)

1828. Rapports militaires écrits de Berlin, 1866-1870, par le colonel baron Stoffel. *Paris, Garnier frères,* 1871. In-8, demi-rel. mar. rouge, dos orné, coins, tête dor. non rog. (*Belz-Niedrée.*)

1829. Sedan, par le général de Wimpfen. *Paris, Lacroix et Cie,* 1871. In-8, dem.-rel. mar. br. dos et coins, tête dor. non rog. (*Belz-Niedrée.*)

1830. La Journée de Sedan, par le général Ducrot. *Paris, Dentu,* 1871. Grand in-8, br.

1831. Histoire de la campagne de 1870-71 et de la deuxième ambulance dite de la Presse française. *Lyon, Bellon,* 1871.

In-8, demi rel.-mar. rouge, dos et coins, tête dor. non rog.

1832. Le Dix-huit Mars, récit des faits et recherches des causes de l'insurrection. Rapport fait à l'Assemblée nationale au nom de la commission d'enquête, par M. Martial Delpit. *Paris, L. Techener,* 1872. In-8, pap. de Holl. br.

1833. Essai sur l'organisation du suffrage universel en France, par le marquis de Castellane. *Paris, Lachaud,* 1872. In-8, demi-rel. mar. vert, dos et coins, tête dor. non rog. (*Belz-Niedrée.*)

C. Histoire des anciennes provinces et villes de France.

a. Paris et ses environs.

1834. Plan de Paris dressé géométriquement en 1649 et publié en 1652, par Jacques Gomboust, avec le texte, les vues et les ornements qui accompagnent quelques exemplaires, augmenté d'une feuille d'assemblage pour faciliter les recherches, gravé en fac-simile par Lebel et publié par la Société des Bibliophiles françois. *Paris,* 1858. In-fol. pl. en feuilles.

Exemplaire sur papier de Chine.

1835. Plan de Paris dressé géométriquement en 1649 et publié en 1652, par Jacques Gomboust. *Paris,* 1858. In-fol. pl. en feuilles.

1836. Mémoires de la Société de l'Histoire de Paris et de l'Ile-de-France. *Paris, H. Champion,* 1875-1879. 5 vol. in-8, br.

1837. Bulletin de la Société de l'Histoire de Paris et de l'Ile-de-France, années 1874-1875-1876-1877 et 4 livraisons de 1878. *Paris, H. Champion,* 1874-1878, 4 vol. in-8, br. en livraisons.

1838. Mémoires sur les différens accroissemens de la ville de Paris depuis César jusqu'à présent, par M. Robert de Vaugondy. *Paris, Ant. Boudet,* 1761. 2 parties en 1 vol. in-8, cartes, v. marbré.

1839. Description nouvelle de la ville de Paris, et recherches des singularitez]les plus remarquables qui se trouvent dans cette ville, par Germain Brice. *Paris, Aug. Brunet*, 1706. 2 vol. in-12, plan et figures, veau m. fil. tr. dor.

1840. Description de la ville de Paris et de tout ce qu'elle contient de plus remarquable, par Germain Brice. *Paris, Fr. Fournier*, 1713. 3 vol. in-12, plans et figures, v. br.

1841. Voyage de Lister à Paris en MDCXCVIII, traduit pour la première fois, publié et annoté par la Société des Bibliophiles françois. On y a joint des Extraits des ouvrages d'Evelyn relatifs à ses Voyages en France de 1648 à 1661. *A Paris, pour la Société des Bibliophiles*, 1873. In-4, br.

Un des 30 exemplaires en grand papier de Hollande tirés pour les membres de la Société.

1842. Almanach Parisien en faveur des Étrangers et des personnes curieuses, pour l'année 1785. *A Paris, chez la veuve Duchesne*, 1784. In-18, plan et figures, veau m. tr.

1843. Almanach de Paris, contenant la demeure, les noms et qualités des personnes de condition et des principaux artistes, marchands, fabricants, etc., pour l'année 1785. *Paris, Lesclapart*. In-18, bas. jas.

1844. Voyage pittoresque de Paris, ou Indication de tout ce qu'il y a de plus beau dans cette ville en peinture, sculpture et architecture, par M. D*** (d'Argenville fils). *Paris, De Bure*, 1778. In-12, front. gravé et figures, veau fauve, fil. dos orné, tr. dor. (*Petit.*)

1845. Paris en miniature, d'après les dessins d'un nouvel Argus. *Amsterdam*, 1784. In-18, demi-rel. mar. bl. dos orné, coins, tête dor. non rog. (*Belz-Niedrée.*)

1846. Paris à la fin du xviii° siècle, ou esquisse historique des monuments et des ruines de cette capitale, par J.-B. Pujoulx. *Paris*, 1801. In-8 demi-rel. mar. bl. dos orné, coins, non rog. tête dor. (*Hardy.*)

Livre curieux.

1847. Tableau historique et pittoresque de Paris, depuis les Gaulois jusqu'à nos jours, par J.-B. de Saint-Victor. *Paris, Nicolle*. 1808-1809. 3 tomes en 6 vol. in-4, fig. demi-rel. mar. rouge, non rog.

1848. Les Fastes, Antiquités et Choses les plus remarquables de Paris, par Pierre Bonfons, Parisien. *Paris, Nicolas Bonfons,* 1607. In-8, fig. sur bois, mar. rouge, fil. dos orné, tr. dor. (*Duru et Chambolle.*)

1849. Le Vieux Paris, ses derniers vestiges, dessinés d'après nature et gravés à l'eau-forte par J. Chauvet et E. Champollion, notices par L.-V. Dufour, Parisien. *Paris, Detaille. s. d.* Livraisons 1 à 5, in-4, sur papier Whatmann, planches avant la lettre.

1850. La Promenade utile et récréative de deux Parisiens en cent soixante-cinq jours, par M. Brussel. *Avignon, et se trouve à Paris, chez Vente,* 1768. 2 parties en un vol. in-12, demi-rel. mar. rouge, dos et coins, non rog. tête dor. (*Hardy.*)

Petite fantaisie, entremêlée de vers très amusants.

1851. Voyage aux faubourgs Saint-Marcel et Saint-Jacques par deux habitants de la Chaussée-d'Antin. *Paris, Capelle et Renaud,* 1806. In-18, demi-rel. dos et coins de mar. br. non rog. (*Hardy.*)

1852. Les Curiositez de Paris, de Versailles, de Marly, de Saint-Cloud et des environs, avec les antiquitez justes et précises, etc., par M. L. R. (Claude Saugrain). *A Paris, chez Saugrain,* 1742. 2 vol. in-12, figures, veau fauve, tr. dor. (*Petit.*)

1853. Mémoires sur la Bastille et sur la détention de M. Linguet, écrits par lui-même. *Londres, T. Spilsbury,* 1783. In-8, fig., demi-rel. mar. rouge, dos et coins, non rog. tête dor. (*Hardy.*)

1854. Remarques historiques sur la Bastille, sa démolition, et Révolutions de Paris en juillet 1789. Avec un grand nombre d'anecdotes intéressantes et peu connues. *Londres.* 1789. In-8, demi-rel. mar. rouge, dos et coins non rog. tête dor. (*Hardy.*)

1855. Le Palais Mazarin et les Grandes Habitations de ville et de campagne au xviie siècle, par le comte de Laborde, *Paris, Franck,* 1846. 2 part. en 1 vol. Gr. in-8, fig. mar. bleu, fil. dos orné, tr. dor. (*Hardy.*)

Exemplaire avec les notes, qui n'ont été tirées qu'à 150 exemplaires.

1856. L'Hôtel de Carnavalet, notice historique, par J.-M. Verdot. *Paris, A. Aubry*, 1865. In-8, br.

1857. Tableau du nouveau Palais-Royal (attribué à Nougaret). *Londres et Paris, Maradan*, 1788. 2 vol. pet. in-12, fig. demi-rel. mar. brun, dos et coins, tête dor. non rog.

1858. Voyage autour des galeries du Palais-Égalité, par S....e, (Sclleque.) *A Paris, chez Moller, an VIII.* in-18, front. gravé, mar. bl. fil. dos orné, tr. dor. (*Belz-Niedrée.*)

1859. Voyage autour des Galeries du Palais-Égalité, par S......e (Sellèque.) *Paris, Moller, an VIII.* In-18, front. gravé, demi-rel. mar. bl.

1860. Le Censeur, ou Voyage sentimental autour du Palais-Royal, ouvrage critique, historique et moral, par Joseph R...y. (Rosny.) *Paris, Mme Masson, an XI*-1802. Pet. in-12, mar. bl. dos orné, tr. dor. (*Hardy.*)

1861. Le Palais-Royal en miniature, par un amateur de ce séjour délicieux. *Paris, Plancher*, 1816. In-18, demi-rel. dos et coins, mar. br. n. rogn. tête dor. (*Hardy.*)

1862. Petit Journal du Palais-Royal ou Affiches, Annonces et Avis divers. 6 numéros (rédigés par de la Reynie). *Au Palais-Royal, de l'imprimerie du Caveau*, 1789. In-8, mar. rouge, fil. dos orné, tr. dor. (*Hardy.*)

1863. Les Entretiens du Palais-Royal, par M. Mercier, *Paris, Buisson*, 1787. In-8, demi-rel., mar. br, dos orné, coins. (*Hardy.*)

1864. Le Provincial à Paris, esquisses des mœurs parisiennes, par L. Montigny, 1825. *Paris, Ladvocat*, in-12, demi-rel. bas.

1865. Les Reverbères, chroniques de nuit du vieux et du nouveau Paris, par Touchard-Lafosse, 1844. *Paris, Dolin*, 6 vol. in-8, demi-rel. veau fauve, non rog.

1866. Les Cabarets de Paris, ou l'Homme peint d'après nature, par un dessinateur au charbon et un enlumineur à la litharge, petits tableaux de mœurs philosophiques, *Paris, Delongchamps*, 1821. In-18, 4 fig., demi-rel. mar. dos et coins, n. r. tête dor. (*Hardy.*)

1867. Les Bals publics à Paris, par Victor Rozier, *Paris, Gustave Havard,* 1855. In-32, demi-rel. mar. bl.

1868. Les Carosses à cinq sols, ou les Omnibus au xviie siècle (par M. de Monmerqué). *Paris, Firmin Didot,* 1828. In-12, pap. de Hollande, demi-rel. mar. bl., dos orné, coins, n. rog. tête dor. (*Belz-Niedrée.*)

1869. Les Carrosses à cinq sols, ou les Omnibus du xviie siècle (par M. de Monmerqué), *Paris, F.-Didot,* 1828. In-12, br.

1870. L'Ancien et le Nouveau Paris, ou Anecdotes galantes et secrètes, propres à peindre nos mœurs passées et présentes, ouvrage publié par P.-J.-B. Nougaret, *Paris (l'auteur), an VII.* 2 tomes en 1 vol. pet. in-12, figures, bas.

1871. Les Astuces de Paris, Anecdotes parisiennes, par M. N. (Nougaret). *Londres, et Paris, chez Cailleau,* 1775. 2 parties en 1 vol. in-12, mar. br. jans. tr. dor. (*Hardy.*)

1872. Tableau mouvant de Paris, ou Variétés amusantes, ouvrage enrichi de notes historiques et critiques, et mis au jour par M. Nougaret, *Londres, Th. Hookham, et Paris, chez la Ve Duchesne,* 1787. 3 vol. in-12, v. m.

1873. Paris, tableau moral et philosophique, par M. Fournier-Verneuil, *Paris,* 1826. In-8, demi-rel. mar. brun, dos et coins. (*Petit.*)

1874. Les Odeurs de Paris, par Louis Veuillot, *Paris, Palmé,* 1867. In-8, demi-rel., mar. rouge, dos orné, coins tête dor. non rog. (*Belz-Niedrée.*)

1875. Le Peintre des coulisses, salons, boudoirs, mœurs et mystères nocturnes de la capitale, ou Paris en miniature (par P. Cuisin). *Paris, François,* 1822. In-18, figure, demi-rel. mar. bl. dos orné, coins tête dor. non rog. (*Hardy.*)

1876. Almanach des adresses des Demoiselles de Paris, de tout genre et de toutes les classes. *A Paphos, impr. de l'Amour,* 1791. In-18, demi-rel., dos et coins, mar. br. n. r. tête dor. (*Hardy.*)

1877. Nouvelle Liste des plus jolies femmes publiques de Paris, leurs demeures, par un connaisseur juré de l'académie des ***, séante au foyer Montansier. *Paris, au Palais-Égalité, foyer de la Montansier, an IX*, 1801, In-18, fig., demi-rel. mar, dos et coins, n. rog. (*Hardy.*)

1878. Nouvelle Liste des jolies femmes de Paris, leurs noms et leur demeure. *Se trouve à Paris, au Palais des Plaisirs*, 1808. In-12, mar. rouge jans. tr. dor. (*Hardy.*)

1879. Les Nymphes au Palais-Royal..., leurs expressions d'argot, leur élévation, retraite et décadence, par P. Cuisin. *Paris, Roux*, 1815. In-18, figures, demi-rel., dos et coins de mar. non rog. (*Hardy.*)

1880. Amours et Intrigues des grisettes de Paris, ou Revue des belles dites de la petite vertu. *Paris*, 1829. In-18, figure coloriée, demi-rel. dos et coins, mar. br. tête dor. non rog. (*Hardy.*)

1881. Le Palais-Royal... Coup d'œil rapide sur le Palais-Royal, les maisons de jeu, etc. *Paris*, 1826. In-18, figure, demi-rel., dos et coins, tête dor. non rog. (*Hardy.*)

1882. Nouvelles Amours et Intrigues des marchandes de modes, des grisettes et des filles de joie, par un praticien. *Paris, Lerosey*, 1830. In-18, demi-rel., dos et coins, mar. rouge, tête d'or. non rog. (*Hardy.*)

1883. La Seine et ses bords, par Ch. Nodier, vignettes, par Marville et Foussereau. *Paris*, 1836. In-8, 54 gr. sur bois et 4 cartes, demi-rel. mar. vert, dos orné, coins, n. rog., tête d'or. (*Hardy.*)

1884. Mes Voyages aux environs de Paris, par J. Delort. *Paris, Picard-Dubois*, 1821. 2 vol. in-8, demi-rel. mar. vert, dos et coins, n. rog. tête dor. (*Hardy.*)

1885. Le Château du Bois de Boulogne, dit château de Madrid. Étude sur les arts au XVIᵉ siècle, par le Cᵗᵉ de La Borde. *Paris, Dumoulin*, 1835. Gr. in-8, mar. bl. fil., dos orné, tr. dor. (*Hardy.*)

Tiré à 100 exemplaires, celui-ci porte le nᵒ 63.

1886. Versailles ancien et moderne, par le comte Alex. de Laborde. *Paris, Everat et Cie*, 1839. Gr. in-8, front. et figures, mar. bl. fil., dos orné, tr. dor. (*Hardy.*)

1887. Louis XIII et Versailles, par J.-A. Le Roi. *Versailles, s. d.* In-8, figures, demi-rel. mar. bl., dos et coins, non rog. tête dor. (*Hardy.*)

1888. Labyrinthe de Versailles (avec l'explication en prose, par Ch. Perrault, et 39 fables en vers, par Benserade). *A Paris, de l'Imprimerie royale*, 1679. In-8, 40 planches gravées par Seb. Leclerc, cart.

1889. Promenade ou Itinéraire des jardins de Chantilly, orné d'un plan et de vingt estampes qui en représentent les principales vues, dessinées et gravées par Mérigot. *Paris, Desenne*, 1791. In-8, mar. vert, fil. tr. dor. (*Rel. anc.*)

1890. État des forêts de Chantilly, Hallate et Ermenonville, et l'arpentage du tout, fait en 1733. *Paris, P. Simon*, 1733. In-8, br.

1891. Description des Eaux de Chantilly et du hameau, par Le Camus de Mézières, architecte. *Paris, Belin*, 1783. In-8, br.

1892. Promenade ou Itinéraire des jardins d'Ermenonville, auquel on a joint vingt-cinq de leurs principales vues, dessinées et gravées par Mérigot fils. *Paris, Mérigot père*, 1788. In-8, mar. vert, fil. tr. dor. (*Rel. anc.*)

1893. Privilèges, Franchises et Libertés des Bourgeois et Habitants de la ville et faux-bourgs de Montargis le Franc. *S. l. n. d.* (1630). Pet. in-8, mar. bl. jans. tr. dor. titre gravé (*Belz-Niedrée*).

1894. Remensiana. Historiettes, légendes et traditions du pays de Reims. *Reims, L. Jacquet*, 1845. In-8, pap. vél. demi-rel. mar. dos et coins, n. r. tête dor. (*Hardy.*)

1895. Sièges de Troyes par les Jésuites, ou Mémoires et pièces pour servir à l'histoire de Troyes pendant le xvıı^e siècle, précédés du discours de Jean Passerat, pronon-

cé au Collége royal de Paris en 1594 (par Grosley). *A Paris,
chez les marchands de nouveautés*, 1826. In-12, br.

La première édition fut saisie en arrivant à Paris, et brûlée à la Bastille.

1896. Histoire des Ducs de Bourgogne de la maison de Valois, 1364-1477, par M. de Barante. *Paris, Ladvocat,*
1824-1826. 11 tomes en 10 vol. in-8, demi-rel. v. br.
tr. m.

1897. Histoire des Ducs de Bourgogne de la maison de Valois, 1364-1477, par M. de Barante. *Paris, Dufey*, 1837-
1838. 12 vol. in-8, fig. sur bois, veau br. (*Kœhler.*)

1898. Histoire d'Hélène Gillet, ou Relation d'un événement
tragique survenu à Dijon dans le xviie siècle (par Gabr.
Peignot). *Dijon V. Lagier*, 1819. In-8, br.

1899. Inventaire des Meubles, Bijoux et Livres estant à Chenonceaux le 8 janvier 1603. Précédé d'une Histoire sommaire de la vie de Louis de Lorraine. Suivi d'une Notice sur
le château de Chenonceaux. Par le prince Augustin Ga-
litzin. *Paris, Techener,* 1856. — Les Triomphes faictz
à l'entrée de François II et de Marye Stuart au chasteau
de Chenonceaux le dimanche dernier jour de mars 1559.
Paris, Techener, 1837. 2 parties en 1 vol. in-8, demi-rel.
mar. bl. dos et coins, n. rog. tête dor. (*Hardy.*)

1900. Archives royales de Chenonceau. Comptes des re-
ceptes et despences faites en la châtellenie de Chenonceau par Diane de Poitiers, duchesse de Valentinois,
publiés pour la première fois d'après les originaux, par
M. l'abbé C. Chevalier. *Paris, J. Techener,* 1864. In-8,
pap. de Holl. br.

1901. Archives royales de Chenonceau. Pièces historiques
relatives à la chastellenie de Chenonceau sous Louis XII,
François Ier et Henri II, Diane de Poitiers et Catherine de
Médicis, publiées pour la première fois d'après les origi-
naux, par M. l'abbé C. Chevalier. *Paris, J. Techener,* 1864.
In-8, pap. de Holl. br.

1902. Avertissement charitable à ceux qui composoient au-
trefois les Églises de Poitou et qui gémissent maintenant
dans l'oppression. *A Cologne, chez Pierre Marteau*, 1686.
In-12, mar. br. jans. tr. dor. (*Chambolle-Duru.*)

1903. Almanach historique et géographique d'Artois, pour
l'an de grâce 1786. *Arras, la veuve de Michel Nicolas.*
In-16, mar. rouge, tr. dor. (*Anc. rel.*)

1904. Relation du siège mémorable de la ville de Péronne,
en 1536, comp. par le P. Pierre Fenier, religieux minime,
suivant l'édition imprimée. *A Paris, chez François Muguet,*
1682. In-8, br.

> Nouvelle édition, publiée sous les auspices de M. le vicomte d'Auteuil,
> par les soins de J. Techener, en 1862.

1905. Description naïve et sensible de la fameuse église
Sainte-Cécile d'Albi. Édition nouvelle publiée par Eugène
d'Auriac. *Paris, Académie des bibliophiles,* 1867. Pet.
in-12, br.

1906. Discours veritable de ce qui est advenu à sept blas-
phemateurs ordinaires du nom de Dieu, jouans aux cartes
et aux dez dans un cabaret, distant de deux lieus de Montauban, sur le grand chemin de Toulouse. *Jouxte la copie
imprimée à Coire en Carcy (Cahors en Quercy) par Olivier
de Minière,* 1601, Pet. in-8 de 4 ff. cart.

> Rare.

1907. Histoire des Ducs de Guise, par René de Bouillé.
Paris, Amyot, 1849-50. 4 vol. in-8, demi-rel. mar.
rouge.

1908. Histoire de la réunion de la Lorraine à la France, par
le comte d'Haussonville. *Paris, Michel Lévy,* 1854-59.
4 vol. in-8, demi-rel. mar. br. dos et coins non rog. tête
dor. (*Hardy*).

3. *Histoire de divers pays étrangers.*

Belgique, Hollande, Italie, Espagne, Angleterre, Allemagne, Russie, etc.

1909. Les Masques arrachés, ou Vies privées de L.-E.
Henri Vander Noot et Van Eupen, de S. E. le cardinal
de Malines, et de leurs adhérens, par Jacques Le Sueur.
Londres, 1790. 2 tomes en 1 vol. in-18, demi-rel. mar.
rouge.

1910. Les Masques arrachés. Histoire secrète des révolutions et contre-révolutions du Brabant et de Liège, par Jacques Lesueur (Beaunoir). *Amsterdam*, 1791. 2 vol. in-18, cart. non rog.

1911. Coup d'œil sur Bel-Œil, par le prince de Ligne. *A Belœil, de l'impr. du P. Charles L.* (de Ligne), 1781. In-8. mar. rouge, fil. dos orné, tr. dor. (*Hardy.*)

Tiré à petit nombre.

1912. Les Délices de la Hollande, avec un Traité du Gouvernement et un Abrégé de ce qui s'est passé de plus remarquable jusques à l'an de grâce 1660, par J. de Parival. *Leide, Charles Gerstecoren*, 1660. In-12, vél. bl.

Cachet de la bibliothèque de Versailles sur le titre.

1913. Les Amusemens de la Hollande, avec des Remarques nouvelles et particulières sur le génie, mœurs et caractères de la nation. *A la Haye, chez P. van Cleef*, 1739-40. 2 tomes en 1 vol. pet. in-8, mar. rouge, fil. dos orné, tr. dor. (*Hardy*).

1914. Mémoires pour servir à l'histoire de la Hollande et des autres Provinces-Unies, par messire Louis Aubery, chevalier, seigneur du Maurier. *Suivant la copie imprimée : à Paris, chez Jean Villette* (*Holl.*), 1680. Pet. in-12, veau, f. fil.

Exemplaire NON ROGNÉ.

1915. Mémoires de M. le comte de Montbas sur les affaires de Hollande, ou Réponse aux calomnies de ses ennemis. *A Cologne* (*Holl.*), 1673. In-12, mar. rouge, fil. dos orné. (*Hardy*).

Exemplaire non rogné.

1916. Histoire abrégée de la ville et province d'Utrecht, avec une connaissance ébauchée de la noblesse de cette province et une liste de tous les grands schouts ou chefs de justice connus sous le nom de burgraves d'Utrecht. *Utrecht, Guillaume Meester*, 1713. Pet. in-8, front. gravé, mar. rouge, fil. non rog. (*Hardy*).

1917. La Suisse pittoresque, ornée de vues dessinées spécialement pour cet ouvrage, par W. Bartlett, accompa-

gnée d'un texte par W. Beattie, trad. de l'anglais par de
Bauclas. *Londres, G. Virtue*, 1836. 2 vol. in-4, fig. sur acier,
demi-rel. mar. rouge, dos orné, coins, n. rog. tête dor.
(*Hardy*).

1918. Histoire du Gouvernement de Venise et l'examen de
sa Liberté, par le sieur Amelot de la Houssaie. *Sur la
copie : à Paris, chez F. Léonard*, 1677. 3 part. en 1 vol.
in-12, vél. bl.

1919. Les Mémoires du Voyage de M. le marquis de Ville
au Levant, ou l'Histoire curieuse du Siége de Candie, le
tout tiré des Mémoires de J.-B. Rostagne, par François
Savinien d'Alquié. *Amsterdam, Henry et Théodore Boom*,
1671. 3 parties en 1 vol. in-12. front. gravé, vél. bl.

1920. Les Anecdotes de Florence, ou l'Histoire secrète de la
Maison de Médicis, par le sieur de Varillas. *La Haye,
Arnout Leers*, 1685. In-12, v. br.

1921. Sac de Rome, écrit en 1527 par Jacques Bonaparte,
témoin oculaire, traduit de l'italien par N.-L. B. (Napoléon-Louis Bonaparte). *Florence, impr. granducale,* 1830.
In-8, fig., demi-rel. mar. rouge, dos orné, coins, non rog.
tête dor. (*Hardy.*)

> Volume intéressant, comme document historique, sur un des plus célè-
bres évènements du xvie siècle, écrit par un ancêtre des Bonaparte. La
traduction est de Napoléon-Louis Bonaparte, frère aîné de Napoléon III.

1922. Épitome de l'origine et succession de la duché de
Ferrare, composé en langue toscane, par le seigneur
Gabriel Syméon, et traduict en françois par luy-mesme.
A Paris, chez Guillaume Cavellat, 1553. In-8, cart.

1923. La Catanoise, ou Histoire secrète des mouvemens
arrivez au royaume de Naples, sous la reine Jeanne Ire
(attribuée à l'abbé Lenglet-du-Fresnoy). *Paris, Pierre Gan-
doüin,* 1731. In-12, veau fauve.

1924. Les Morlaques, par J. W. C. D. U. et R. (J. Wynne,
comtesse des Ursins et Rosenberg). *S. l. (en Italie),* 1788.
2 parties en 1 vol. in-8, front. gravé, mar. rouge, fil. dos
orné, tr. dor. (*Duru et Chambolle.*)

> Ch. Nodier a fait un grand éloge de cet ouvrage dans ses *Mélanges
tirés d'une petite bibliothèque.*

1925. Les Bons Mots et les Belles Actions de l'empereur Charles V. *Anvers, Théodore Spits,* 1683. Pet. in-12, vignettes gravées par Fr. Bouttats, veau fauve.

1926. Commentaires de Charles-Quint, publiés pour la première fois par le baron Kervyn de Lettenhove. *Bruxelles, Heussner,* 1862. In-8, demi-rel. mar. rouge, dos et coins, non rog. tête dor. (*Hardy.*)

1927. Mémoires de la cour d'Espagne, depuis l'année 1679 jusqu'en 1681, où l'on verra les ministères de don Juan et du duc de Médina Céli, et diverses choses, concernant la monarchie espagnole. *A Paris, chez Jean-Fr. Josse,* 1733. In-12, mar. rouge, fig. dos orné, tr. dor. (*Duru et Chambolle.*)

1928. La Princesse des Ursins, par M. Fr. Combes, *Paris, Didier,* 1858. In-8, demi-rel. mar. bleu, dos orné, coins, non rog. tête dor. (*Hardy.*)

1929. Histoire pittoresque de l'Angleterre et de ses possessions dans les Indes, depuis les temps les plus reculés jusqu'à la réforme de 1832, par M. le baron de Roujoux, publiée par M. Alf. Mainguet, sous la direction de MM. Taylor et Ch. Nodier. *Paris,* 1835. 3 vol. gr. in-8, cartes et figures, mar. citron, fil. tr. dor.

> Exemplaire unique, imprimé sur papier de Chine et provenant de la bibliothèque du baron Taylor, un des auteurs de cet ouvrage.

1930. Histoire de la conquête de l'Angleterre par les Normands, par Augustin Thierry. *Paris, Just. Tessier,* 1838. 4 vol. in-8, et atlas, fig. sur bois, demi-rel. veau brun, tr. jas.

1931. A Record of the Black Prince being a selection of such passages in his life..., embellished with highly miniatures and borderings selected from various illuminated mss. by Henry Noel Humphreys. *London, Longman Brown,* 1849. In-8, planches coloriées, reliure en bois noir découpé aux armes d'Angleterre.

1932. Le Caractère de la Reine Elizabet et de ses principaux ministres d'État, par le sieur Bohun de la Société royale, traduit de l'anglois. *A la Haye, chez Jean Alberts.* 1694. In-12, mar. bleu jans. tr. dor. (*Hardy.*)

> Portraits d'Elisabeth et de Marie, reines d'Angleterre.

1933. Tragicum Theatrum actorum et casuum tragicorum
Londini publice celebratorum. *Amstelodami, apud Jodo-
cum Jansonium,* 1649. In-12, veau brun, dos orné. (*Armoiries.*)

Curieux volume, dans lequel on trouve, page 185, une gravure représentant le supplice du roi Charles Ier, à White-Hall, et les portraits de Thomas Wentwordt, William Laud, Thomas Fairfax, Olivier Cromwell,
Charles Ier, Charles II, etc.

1934. Nouveaux Mémoires d'Edmond Ludlow, commandant
les forces d'Irlande, et membre du Parlement, où l'on
trouve un recueil de pièces originales qui servent à con-
firmer et à éclaircir divers passages importants. *Amsterdam, Paul Marret,* 1707. In-12, dérelié.

1935. Boscobel, ou Abrégé de ce qui s'est passé dans la re-
traite mémorable de S. M. Britannique, après la bataille
de Worcester, le 13 septembre 1651, traduit de l'anglois.
A Rouen, chez Pierre Cailloüé, 1676. In-12, portrait de
Charles Ier, et figure, mar. rouge, fil. dos orné, tr. dorée.
(*Duru.*)

1936. Le Procès du sieur Édouard Coleman, gentilhomme,
pour avoir conspiré la mort du Roy de la Grand-Bre-
tagne, etc. *Imprimé à Hambourg, sur la copie originaire
de Londres, chez Robert Paulet,* 1679. Pet. in-12, demi-
rel. mar. rouge.

1937. Procès de Guillaume, vicomte de Stafford, pour crime
de haute trahison, accusé d'avoir conspiré contre la vie
du Roy, traduit sur l'original anglois. *A Cologne, chez
Pierre Marteau (Holl.),* 1681. In-12, mar. bleu, fil. dos
orné, tr. dor. (*Duru.*)

1938. Relation du voyage de Sa Majesté Britannique (Guillaume III) en Hollande et de la réception qui luy a été
faite (par Tronchin du Breuil). *A la Haye, chez Arnout
Leers,* 1692. In-fol. front. portrait gravé par Gunst, d'a-
près Brandon, et 14 planches, grav. par Rom. de Hooghe,
demi-rel. dos et coins, mar. brun.

Frontispice remonté.

1939. La Race et la Naissance, la Vie et la Mort de Marie
Stuart, reine de la Grande-Bretagne, de France et d'Irlande, avec un traicté touchant la maison de Stuart. *Am-*

sterdam, Nicolas ten Hoorn, 1695. Pet. in-12, portrait et figure représentant les funérailles de la reine, mar. vert clair, fil. tr. dor. (*Duru.*)

1940. Relation de la conduite de la duchesse douairière de Malborough, écrite par elle-même, traduite de l'anglois. *A la Haye, chez P. Paupie et T. Johnson*, 1742. In-12, mar. bleu, fil. dos orné, tr. dor. (*Hardy.*)

1941. L'Ascanius moderne (le prince Charles-Édouard Stuart), ou l'Illustre Avanturier, histoire très fidèle... Traduction de l'anglois, augmentée de nombreuses remarques historiques (par d'Intraiguel). *A Édimbourg,* 1762. 2 parties en 1 vol. pet. in-8, fig. br.

1942. Lettre de H. G. G. écuyer, un des gentilshommes de la chambre du jeune chevalier de Sᵗ-George, et la seule personne de la cour qui l'ait accompagné d'Avignon dans son voyage en Allemagne et autres lieux, traduite de l'anglois par l'abbé ***. *Londres*, 1757. In-8, mar. rouge jans. tr. dor. (*Hardy.*)

1943. Diorama anglais, ou Promenades pittoresques à Londres, par M. S***, ouvrage orné de 24 planches gravées et enluminées. *Paris, Didot*, 1823. In-8, demi-rel. v. rose non rog.

1944. Les Sérails de Londres, ou les Amusements nocturnes, contenant les scènes qui y sont journellement représentées ; les portraits et la description des Courtisanes les plus célèbres et les caractères de ceux qui les fréquentent, trad. de l'anglais. *A Paris, chez Barba,* an IX (1801). 4 tomes en 2 vol. in-12, figures, mar. rouge, jans. tr. dor. (*Hardy.*)

1945. L'Écosse pittoresque, ou suite de vues prises expressément pour cet ouvrage, par MM. Allom, Bartlett et M'Culloch. Le texte, par W. Beattic, trad. de l'anglais par de Bauclas. *Londres, G. Virtue,* 1838. 2 vol. in-4, fig. sur acier, demi-rel. mar. r., dos orné, coins, non rog. tête dor. (*Hardy.*)

1946. La Vie, les amours, les procès et la mort de Marie Stuart, reine de France et d'Écosse, décapitée à Londres, le 18 février, à l'âge de 44 ans (par Mercier de Compiègne).

A Paris, chez Girouard, 1793. In-18, portrait, gravé par Blanchard, mar. vert. jans. tr. dor. (*Petit.*)

Cet ouvrage est du P. Caussin ; Mercier de Compiègne en a seulement rajeuni le style.

1947. Histoire de Marie Stuart, reine de France et d'Écosse, par M. D. C. (Mercier de Compiègne). *A Paris, de l'imprimerie de Mercier*, 1795. 2 vol. pet. in-8, pap. fort, figures de Devrais, cart. non rog.

1948. Histoire de Marie Stuart, par M. Mignet. *Paris, Charpentier*, 1854. 2 vol. in-12, demi-rel. veau fauve. (*Dumergue.*)

1949. Recherches historiques et critiques sur les principales preuves de l'accusation intentée contre Marie Stuart, par le prince Alexandre Labanoff. *Paris, Amyot*, 1861. In-8, demi-rel. mar. rouge, dos et coins, non rog. tête dor. (*Hardy.*)

Avec billet autographe d'envoi à Monsieur O. de Behague.

1950. L'Étranger en Irlande, ou Voyages dans les parties méridionales et occidentales de cette isle, en 1805, par sir John Carr., trad. de l'anglais par Mme Keralio-Robert. *Paris, L. Collin*, 1809. 2 vol. in-8, planches, v. m.

1951. L'Inde, l'Angleterre et la France, par Fréd. Billot. *Paris, Dentu*, 1857. In-8, demi-rel. m. viol. (*Dumergue.*)

1952. Étude sur l'Allemagne nouvelle, par Lefébure. *Paris, Douniol*, 1872. In-8, demi-rel. mar. vert, dos et coins tête dor. non rog. (*Belz-Niedrée.*)

1953. L'Estat de l'empire d'Allemagne de Mozambane, traduit par le sieur F^r. S. d'Alquié. *Amsterdam (à la Sphère), chez Jean-J. Schipper*, 1669. In-12, front. gravé, mar, vert jans. tr. dor. (*Duru et Chambolle.*)

Exemplaire non rogné.

1954. Relation véritable de la campagne des Allemans de l'année 1690. *A Liége, chez Jean Leblanc*, 1691. Pet. in-12, dérelié.

1955. Frédéric le Grand, contenant des anecdotes précieuses sur la Vie du roi de Prusse régnant, d'autres sur ses amis et ennemis, etc. *Amsterdam, chez les héritiers de Michel Rey,* 1785. Pet. in-12, portrait, v. m. tr. dor.

1956. Matinées royales (de Frédéric II, roi de Prusse). *S. l. n. d.* in-16, v. fauve.

1957. Lettres secrètes de Christine, reine de Suède, aux personnages illustres de son siècle. *Genève, chez les frères Cramer,* 1761. Pet. in-8, v. m.

1958. Histoire des révolutions de Pologne, depuis le commencement de cette monarchie jusqu'à la mort d'Auguste II, par M. l'abbé Desfontaines. *Amsterdam, François l'Honoré,* 1735. 2 vol. in-12, cartes, mar. vert, fil. tr. dor. (*Anc. rel.*)

1959. L'État actuel de la Pologne (par l'abbé de Chevremont). *A Cologne, chez Jacques Bouteux,* 1702. In-12, mar. rou. jans. (*Chambolle-Duru.*)

    Exemplaire non rogné.

1960. Mémoires secrets, pour servir à l'histoire de la cour de Russie sous le règne de Pierre le Grand et de Catherine Ire, rédigés et publiés d'après les manuscrits originaux du Sr de Villebois, par Théophile Hallez. *Paris, Dentu,* 1853. In-8, demi-rel. mar. br.

1961. La Vérité sur la Russie, par le Prince Pierre Dolgoroukow. *Paris, Franck,* 1860. In-8, demi-rel. mar. vert, dos et coins, non rog. (*Hardy.*)

1962. Histoire générale du Sérail et de la cour du grand seigneur Empereur des Turcs, par le sieur Michel Baudier de Languedoc. *A Paris, chez Jean Guignard,* 1633. In-8, mar. bleu, fil. dos orné, tr. dor. (*Duru et Chambolle.*)

1963. Histoire du grand Tamerlanes, où sont descrits les rencontres, escarmouches, batailles, siéges, assauts, escalades, prinses de villes, etc., par messire Jean Du Bec. *A Paris, chez Daniel Guillemot,* 1612. Pet. in-12, portrait cart.

1964. Description topographique, critique et nouvelle du Merryland. Traduction très-libre de l'anglois. *A Boutentativos, chez les Veuves Sulamites, aux petits appartemens de Salomon, l'an du monde,* 100. 700, 700, 900 (1779). In-8, cart. non rog.

1965. Mémoires de Paul Jones, où il expose ses principaux services et rappelle ce qui lui est arrivé de plus remarquable pendant le cours de la révolution américaine, écrits par lui-même en anglais et traduits sous ses yeux par le citoyen André. *A Paris, chez Louis, an VI* (1798). In-12, papier vél. port. br.

V. HISTOIRE DE LA CHEVALERIE ET DE LA NOBLESSE
ART HÉRALDIQUE

1966. Recherches sur les carrousels anciens et modernes, suivies d'un projet de jeux équestres à l'imitation des tournoys (par du Vernois). *S. l.*, 1784. in-12, br.

1967. Essai sur le duel, par le comte de Châteauvillard. *Paris, Édouard Proux*, 1836. In-8, demi-rel. mar. rouge. (*Hardy.*)

1968. Tableau généalogique, historique, chronologique, etc., de la noblesse, par le comte Waroquier de Combles. *Paris, Nyon*, 1786-1789. 9 vol. in-12, fig. v. m.

1969. Essais sur la noblesse de France, contenans une dissertation sur son origine et son abaissement, etc., par feu M. le comte de Boullainvilliers, avec des notes historiques et un supplément aux notes (par J.-Fr. de Tabary). *Amsterdam*, 1732. Pet. in-8, v. m.

1970. Les Nobles et les Vilains du temps passé, ou Recherches critiques sur la noblesse et les usurpations nobiliaires, par Alph. Chassant. *Paris, Aug. Aubry*, 1827. In-12, demi-rel. mar. vert, dos orné, coins, non rog. tête dor. (*Hardy.*)

1971. Nobiliana. Curiosités nobiliaires et héraldiques, suite du livre intitulé : *les Nobles et les Vilains,* par Alph. Chassant. *Paris, Aubry*, 1858. In-12, br.

1972. Liste des noms des ci-devant nobles, nobles de race,

robins, financiers, intrigans, et de tous les aspirans à la noblesse, ou escrocs d'icelle, avec des notes sur leurs familles (par Dulaure). *Paris, Garnery, an II de la liberté.* 2 parties en 1 vol. in-8, mar. bleu, dos fleurdelisé, non rog. (*Hardy.*)

1973. Les Diverses Espèces de noblesse et les manières d'en dresser les preuves, par le P. Menestrier. *Paris, R.-J.-B. de la Caille,* 1683. Pet. in-12, front. gravé, fig. veau brun.

1974. Le Blason de la noblesse, ou les Preuves de noblesse de toutes les nations de l'Europe, par le R. P. F. Menestrier. *Paris, Rob.-J.-B. de la Caille,* 1683. Pet. in-12, front. gravé, veau brun.

1974 *bis.* Mémoire sur les rangs et les honneurs de la cour (par Gilbert). *S. l. n. d. (Paris,* 1770). In-8, mar. r. fil. tr. dor. gardes de pap. doré. (*Rel. anc.*)

1975. Le Trophée d'armes héraldiques, ou la Science du blason avec les figures en taille-douce et les armoiries de plusieurs familles qui n'ont point esté encore imprimées. *Paris, Nicolas et Jean de la Coste,* 1655. In-4, vél. bl.

1976. Le Tableau des armoiries de France, auquel sont représentées les origines et raisons des armoiries, hérauts d'armes et des marques de noblesse, par Philippes Moreau Bourdelois. *A Paris, chez Robert Foüet,* 1609. Pet. in-8, mar. bleu, dos fleurdelisé, tr. dor. (*Chambolle-Duru.*)

Frontispice représentant les armes de France, gravé par Léonard Gaultier.

1977. Trésor héraldique, ou Mercure armorial, où sont démonstrées toutes les choses nécessaires pour acquérir une parfaite connoissance de l'art de blazonner, enrichi de figures et du blazon des maisons nobles, par M. Charles Segoing. *A Paris, chez François Clouzier,* 1637. In-fol. veau fauve.

1978. Le Véritable Art du blason et l'Origine des armoiries, par le P. C.-Franç. Menestrier. *Lyon, Benoist Coral,* 1672. In-12, fig. v.

1979. Origine des ornemens des armoiries, par le R. P. C.-F. Menestrier. *Paris, Thomas Amaulry,* 1680. Pet. in-12, fig. veau fauve.

1980. Le Véritable Art du blason, ou l'Usage des armoiries et les Recherches du blason, par le P. C.-Franç. Menestrier. *Paris, Estienne Michallet*, 1673. 2 vol. in-12, front. grav., pl. d'armoiries, veau brun.

1981. Le Véritable Art du blason et la Pratique des armoiries depuis leur institution, par le P. C.-François Menestrier. *Lyon, Benoist Coral*, 1671. Pet. in-12, front. gravé, fig. v. jas.

1982. Abrégé méthodique des pricipes héraldiques, ou du Véritable Art du blason, par le P. C.-Franç. Menestrier. *Lyon, chez la veuve de Benoist Coral*, 1673. Pet. in-12. v.

1983. Nouvelle Méthode raisonnée du blason, ou de l'Art héraldique du P. Menestrier, mise dans un meilleur ordre par M. L*** (Lenoble). *Lyon, Pierre Bruyset*, 1770. In-8, pl. v. m.

1984. Nouveau Traité de la Science pratique du blason, avec l'explication des Armoiries des princes, ducs et pairs, maréchaux de France et autres grands seigneurs et principaux officiers de la Couronne, par S. Trudon, graveur. *Paris, Nic. Legras et Martin Jouvenel*, 1689. In-12, front. gravé et cinquante-quatre planches, v. fauve.

1985. L'Art de composer les livrées au milieu du xix siècle, d'après les principes de la science héraldique, précédé d'une notice historique par M. de Saint-Epain. *Paris,* 1853. In-8, demi-rel. m. br.

1986. Dictionnaire de la Noblesse, contenant les généalogies, l'histoire et la chronologie des familles nobles de France, etc., par de la Chesnaye-Desbois et Badier. Troisième édition, entièrement refondue et augmentée d'une table générale de tous les noms de famille cités dans le cours de l'ouvrage, ainsi que d'un armorial représentant les blasons des maisons dont les généalogies sont confirmées dans cette édition. *Paris, Schlesinger frères*, 1863-1877. Tomes I à XIX, in-4, br.

1987. Étrennes à la noblesse, contenant l'état actuel des maisons des princes souverains de l'Europe et des familles nobles de France, par M. de la Chesnaye-Desbois, pour les années 1779-1780. *Paris, Des Ventes de La Doué*, 1779-1780. 2 vol. in-12, mar. rouge, fil. dos orné, tr. dor. (*Hardy.*)

1988. Mémorial de chronologie généalogique et historique, pour l'année 1753. *Paris, de l'imprimerie de Ballard*, 1753. In-18, mar. vert, fil. dos orné, tr. dor. gardes de pap. doré,

Aux armes de Pontchartrain.

1989. Archives généalogiques et historiques de la noblesse de France, publiées par M. Lainé. *Paris, l'Auteur*, 1838-50. 11 vol. in-8, demi-rel. mar. br.

1990. Le Mémorial de la noblesse, bulletin mensuel du Collège héraldique et archéologique de France. *Paris, au Collège héraldique*, 1864. In-8, demi-rel. mar. rouge, dos orné, coins, tête dor. non rog. (*Belz-Niedrée.*)

1991. Histoire généalogique de la maison de La Trémoïlle, justifiée par chartes d'Eglise, titres du trésor des chartes, etc., par MM. (Sc. L. et P. Sc.) de Sainte-Marthe. *Paris, Siméon Piget*, 1668. Pet. in-12, mar. bl. fil. dos orné, tr. dor. (*Belz-Niedrée.*)

VI. ARCHÉOLOGIE — HISTOIRE LITTÉRAIRE

1992. Cérémonies nuptiales de toutes les nations, par le sieur de Gaya. *A Paris, chez Estienne Michallet*, 1681. Pet. in-12, mar. bl. jans. tr. dor. (*Hardy.*)

1993. Sabine, ou Matinée d'une dame romaine à sa toilette, trad. de l'allemand de C.-A. Bœttiger, (par M. Clapier). *Paris, Maradan*, 1813. In-8, figures, demi-rel. mar. bl. dos orné et coins, non rog. tête dor. (*Hardy.*)

1994. Les Collectionneurs de l'ancienne Rome, notes d'un amateur (par M. Bonnafé). *Paris, Aug. Aubry*, 1867. In-8, demi-rel. mar. rouge, dos orné, coins, tête dor. non rog. (*Belz-Niedrée.*)

1995. Monumens de Rome, ou Descriptions des plus beaux ouvrages de peinture, de sculpture et d'architecture qui se voyent à Rome et aux environs, avec des observations sur les principales beautez de ceux de ces ouvrages dont on ne fait pas des descriptions. *Amsterdam, Estienne Roger*, 1701. Pet. in-12, fr. gravé, br.

1996. Description des antiquités et objets d'art composant le cabinet de M. Louis Fould, par A. Chabouillet. *Paris, J. Claye,* 1861. In-fol. planches (39), demi-rel. mar. vert, dos et coins, tête dorée, non rog. (*Galette.*)

1997. Questions de littérature légale, du plagiat, de la supposition d'auteurs, des supercheries qui ont rapport aux livres, par Ch. Nodier. *Paris, Crapelet,* 1828. In-8, demi-rel. mar. bl. dos orné, coins, tête dor. non rog. (*Hardy.*)

Exemplaire en grand papier vélin.

1998. De l'État réel de la presse et des pamphlets depuis François Ier jusqu'à Louis XIV, ou Revue anecdotique et critique des principaux actes de nos rois et de quelques documents curieux et peu connus sur la publication et la vente des livres dans le XVIe siècle, par M. C. Leber. *Paris, Techener,* 1834. In-8, pap. vélin, demi-rel. mar. rouge, dos orné, coins, tête dor. non rog. (*Hardy.*)

1999. Tableau de nos poètes vivans, par ordre alphétique, (par M. Lablée). Année 1789. *Londres, et se trouve à Paris,* 1789. In-8. cart. non rog.

2000. Le Vieux neuf, histoire ancienne des inventions et découvertes modernes, par Édouard Fournier. *Paris, Dentu,* 1859. 2 vol. pet. in-8, demi-rel. mar. r. dos orné, coins, non rog. tête dor. (*Hardy.*)

VII. BIOGRAPHIE

Biographie ancienne et moderne.

2001. Le Grand Dictionnaire historique, par M. Louis Moréri. Nouvelle édition revue et augmentée par Drouet. *Paris, chez les libraires associés,* 1759. 10 vol. in-fol. frontispice et portrait, veau marbré.

2002. Dictionnaire des honnêtes gens, rédigé par P.-Sylvain Maréchal, pour servir de correctif au Dictionnaire des grands hommes, précédé d'une nouvelle édition de l'Almanach des honnêtes gens. *Paris, Gueffier jeune,* 1791. In-8, mar. vert, fil. dos orné, tr. dor. (*Belz-Niedrée.*)

2003. Les Vies des hommes illustres grecs et romains de Plutarque, translatées par M. Jacques Amyot. *Paris, Jean Le Bouc,* 1606. 2 vol. in-8. — Les Œuvres morales du même, translatées de grec en françoys. *Paris, Jean Libert.* 1616. 2 vol. in-8. En tout 4 vol. in-8, vélin blanc.

2004. Manuscrit Sforza. Fac-simile, d'après le manuscrit original appartenant à M. le marquis d'Azeglio. *Londres, photographié et publié par C. Silvy,* 1860. Pet. in-4, 3 ff. lim. et 8 ff. cart.

> Reproduction d'un manuscrit précieux du xve siècle qui contient des abrégés des vies de quelques personnages grecs et romains. Les 16 pages de texte qui le composent sont dans des encadremenis peints en miniature et d'une beauté achevée, où sont représentés des portraits, des cérémonies, des batailles, etc.

2005. Histoire des princes illustres qui par leur piété et leurs belles actions ont mérité le surnom de Grand, par G. de Bezanson. *A Paris, chez Michel David,* 1699. Petit in-12, br.

2006. Les Portraits des hommes illustres françois qui sont peints dans la galerie du palais du cardinal de Richelieu, avec leurs principales actions, armes, devises, etc., composez par M. de Vulson, sieur de la Colombière. *Paris, Edm. Pépingué,* 1655. In-fol. veau brun.

> Front. et 26 portraits, dessinés par Zacharie Heince et gravés par François Bignon.
> Belles épreuves.

2007. Les Portraits des hommes illustres françois qui sont peints dans la galerie du palais du cardinal de Richelieu, avec leurs principales actions, armes et devises, composez par M. de Vulson, sieur de la Colombière. *A Paris, chez Jacques Cottin,* 1668. In-12, mar. r. fil dos orné, tr. dor. (*Hardy.*)

> 26 portraits.

2008. Mémoires de messire Pierre de Bourdeille, seigneur de Brantome, contenant les vies des dames illustres de son temps. *A Leyde, chez Jean Sambix,* 1699. In-12, mar. bl. fil. dos orné, tr. dor. (*Hardy.*)

2009. Vies des dames galantes, par le seigneur de Brantôme. *Paris, Garnier frères,* 1857. In-12, demi-rel. mar. r. dos orné, coins, non rog. tête dor. (*Hardy.*)

2010. Dictionnaire historique, littéraire et bibliographique des Françaises et des étrangères naturalisées en France, connues par leurs écrits, par Mme Fortunée B. (Briquet). *Paris, Treuttel et Würtz, an XII.* 1804. In-8, port. mar. rouge, jans. coins, tête dor. non rog. (*Hardy.*)

2011. Histoire critique de Nicolas Flamel et de Pernelle sa femme, par M. L. V. (l'abbé Villain). *A Paris, chez Desprez,* 1761. In-12, portr. et fig. mar. r. jans. tr. dr. (*Hardy.*)

2012. Bonaventure Desperiers, Cyrano de Bergerac, par Charles Nodier. *Paris, Techener,* 1841. In-8, pap. vergé, demi-rel. mar. r. jans. coins, tête dor. non rog. (*Hardy.*)

2013. Vie d'Étienne Dolet, imprimeur à Lyon dans le XVIe siècle, avec une notice des libraires et imprimeurs auteurs que l'on a pu découvrir jusqu'à ce jour (par Née de la Rochelle). *Paris, Gogué et Née de la Rochelle,* 1779. In-8, demi-rel. mar. vert, jans. coins, tête dor. non rog. (*Hardy.*)

2014. Estienne Dolet : sa vie, ses œuvres, son martyre, par Joseph Boulmier. *Paris, Aug. Aubry,* 1857. In-8, demi-rel. mar. br. dos orné, coins, tête dor. non rog. (*Hardy.*)

2015. Nouveaux Éclaircissements sur la vie et les ouvrages de Guillaume Postel, par le Père Desbillons. *Liège, chez J.-J. Tutot, et à Paris, chez la veuve Babuty,* 1773. In-8, demi-rel. mar. br. coins, tête dor. non rog. (*Hardy.*)

2016. Notice généalogique, biographique et littéraire sur Jacques du Fouilloux, gentilhomme poitevin, auteur d'un célèbre Traité de Vénerie, suivie de la Bibliographie raisonnée de cet ouvrage (par P***. D***. M***.). *Poitiers, imprimerie de A. Dupré,* 1852. In-8, pl. demi-rel. mar. vert, dos orné, coins, tête dor. non rog. (*Hardy.*)

Tiré à 75 exemplaires seulement. Celui-ci porte le n° 45.

2017. Notices biographiques et littéraires sur la vie et les ouvrages de Jean Vauquelin de la Fresnaye et Nicolas Vauquelin des Yveteaux, poètes normands (par le baron Jérôme Pichon), 1536-1649. *Paris, Techener,* 1846. In-8, demi-rel. mar. bl. dos orné, coins, tête dor. non rog. (*Hardy.*)

L'un des 10 exemplaires tirés sur grand papier vélin.

2018. Mémoires de la vie de Théodore-Agrippa d'Aubigné écrits par lui-même, avec les Mémoires de Frédéric-Maurice de la Tour, prince de Sedan; une Relation de la cour de France en 1700, par M. Priolo, et l'Histoire de Mme de Mucy. *A Amsterdam, chez Jean-Frédéric Bernard,* 1731. 2 vol. in-12, br.

2019. Mémoires touchant la vie et les écrits de Marie de Rabutin-Chantal, marquise de Sévigné, suivis de notes et d'éclaircissements, par M. Walckenaer. *Paris, Firmin-Didot frères,* 1852. 5 vol. in-12, demi-rel. mar. vert.

2020. Les Amoureux de Mme de Sévigné, les Femmes vertueuses du grand siècle, par M. Hippolyte Babou. *Paris, Didier,* 1862. In-8, demi-rel. mar. vert, dos orné, coins, n. rog. tête dor.

2021. Histoire de la vie chrétienne et des exploits militaires d'Alberte-Barbe d'Ernecourt, connue sous le nom de Mme de Saint-Balmont, par le Père Desbillons. *A Liège, chez J.-J. Tutot, et à Paris, chez la veuve Babuty,* 1773. Pet. in-8, br.

2022. Recherches sur la vie et sur les œuvres du P. Claude-François Menestrier de la Compagnie de Jésus, suivies d'un Recueil de lettres inédites de ce Père à Guichenon, etc., etc., par M. Paul Allut. *Lyon, Nicolas Scheuring,* 1856. In-8, portr., demi-rel. mar. br. dos orné, coins tête dor. non rog. (*Belz-Niedrée.*)

2023. Mémoires de Madame de la Guette; nouvelle édition, revue, annotée, et précédée d'une notice, par M. Moreau. *Paris, chez P. Jannet,* 1856. In-16, cart. non rog.

2024. Notice sur la Vie et les Ouvrages de P. de Corneille Blessebois, par Édouard Cleder. *Paris, Aug. Aubry,* 1862. In-8, br.

2025. Abrégé de l'histoire de la vie de Catherine Fontaine, pour réponse à un libelle intitulé : Histoire de Catherine Fontaine, par M. Jacques Villery, *S. l.*, 1688. — Apologie de Catherine Fontaine, ou Réplique à la nouvelle production de M. Nicole, par M. Jacques Villery. *S. l.*, 1689. 2 parties en 1 vol. in-8, v. br.

2026. La Fameuse Comédienne, Histoire de la Guérin, auparavant femme et veuve de Molière. *A Francfort, chez Frans Rottemberg*, 1688. Pet. in-12, mar. rou. fil. dos orné, tr. dor. (*Hardy.*)

Édition complète.

2027. Mémoires pour servir à l'histoire du célèbre Rousseau, où l'on prouve que les fameux couplets qu lui ont été faussement attribuez sont réellement de La Motte, Saurin et Malafer. *A Bruxelles, chez Foppens, Eugène-Henry Fricx*, 1753. Pet. in-12, réglé, demi-rel. mar. vert, non rogné.

2028. Mémoires et Correspondances de Mme d'Épinay (publ. par MM. Brunet et Parison). *Paris, Volland*, 1818, 3 vol. in-8, demi-rel. mar. bl. dos orné. (*Hardy.*)

2029. Mémorial d'un Mondain, contenant des fragments de Lettres, depuis 1749 jusqu'en 1758, des Réflexions et quelques Mémoires (par Max. comte de Lamberg). *A Londres*, 1776, 2 tomes en 1 vol. in-8, port., fig., bas. marb.

2030. Rétif de la Bretonne. Sa vie et ses amours. Documents inédits, ses malheurs, sa vieillesse. Ce qui a été écrit sur lui, ses descendants. Catalogue complet et détaillé de ses ouvrages, suivi de quelques extraits, par Ch. Monselet. *Paris, Aubry*, 1858. In-12, pap. de Holl., portrait avant la lettre et eau-forte, br.

2031. Précis de la conduite de Mme de Genlis, depuis la révolution, suivi d'une lettre à M. de Chartres et de réflexions sur la critique. *A Hambourg, et se trouve à Paris, chez Cerioux, S. d.* in-12 br.

2032. Biographie moderne ou Dictionnaire biographique de tous les hommes, morts ou vivants, qui ont marqué à la fin du XVIIIe siècle. *A Leipzig, chez P. Jacques Bisson*, 1806. 4 vol. in-8, v. m.

2033. Mémoires de Dazincourt, comédien, sociétaire du Théâtre-François, par H. A. K*** S. *Paris, Favre,* 1810. In-8, portr., br.

2034. Souvenirs et Correspondance tirés des papiers de Mme Récamier (publ. par Mme Ch. Lenormand, sa nièce). *Paris, Michel Lévy,* 1859. 2 vol. in-8, demi-rel. mar. vert, dos orné, n. rog. tête dor. (*Hardy.*)

2035. Biographie des Dames de la cour et du faubourg St-Germain, par un valet de chambre congédié (Piton). *Paris, chez les marchands de nouveautés,* 1826. In-32, mar. vert clair, fil. coins et milieu à petits fers, dos orné. tr. dor. (*Duru.*)

2036. Mémoires de la baronne d'Oberkirch, publiés par le comte de Montbrison. *Paris, Charpentier,* 1853. 2 vol. in-12, demi-rel. mar. bl. dos orné, coins, non rog. tête dor. (*Hardy.*)

2037. Notre-Dame de Thermidor (Histoire de Madame Tallien, par Arsène Houssaye). *Paris, Henri Plon,* 1866. In-8, portraits, gravures et autographes, demi-rel., mar. orange, dos orné, coins tête dor. non rog. (*Belz-Niedrée.*)

2038. H. B. (Henri Beyle), par un des Quarante (par P. Mérimée), avec un frontispice stupéfiant, dessiné et gravé par S. P. Q. R. (Rops). *Éleuthéropolis (Belgique),* 1864. Pet. in-8 de 36 ff.

> Réimpression à petit nombre d'un opuscule, imprimé pour la première fois à Paris, en 1859, et tiré seulement à 15 exemplaires.

2039. La Vie de Pierre Arétin, par M. de Boispréaux. *La Haye, Jean Neaulme,* 1750. Pet. in-12, portr. et médailles, v. m.

2040. La Vie et les Sentiments de Lucilio Vanini (par David Durand). *A Rotterdam, aux dépens de Gaspard Fristsch,* 1717. In-12, br.

2041. La Vie du Tasse (par l'abbé de Charnes). *Paris, Estienne Michallet,* 1690, In-12, portr. bas. jas.

2042. Le Danger de la Satyre, ou la Vie de Nicolo Franco poëte satirique italien. *Paris, frères de Bure,* 1778. In-12, mar. rouge, fil. tr. dor. (*Rel. anc.*)

2043. La Vie du Père Paul, de l'ordre des Serviteurs de la Vierge, traduite de l'italien, par F. G. C. A. P. J. B (François de Graverol). *Leyde, Jean Elsevier,* 1661. Pet. in-12, v. br.

2044. Mémoires de Jacques Casanova de Seingalt, écrits par lui-même. *Paris, Paulin,* 1833-37. 10 vol. in-8, demi-rel. mar. rouge, dos orné, coins, n. rog. tête dor. (*Hardy.*)

Avec une suite de figures (48) publiées en Allemagne.

2045. Mémoires de Édouard lord Herbert de Cherbury, ambassadeur sous Louis XIII, traduits pour la première fois en français par le comte de Baillon. *Paris, J. Techener,* 1863. In-4, figures, br.

2046. Mémoires de mistress Robinson, célèbre actrice de Londres, écrits par elle-même, trad. de l'anglais. *Paris, Ouvrier,* an X-1802. In-8, portrait, demi-rel. mar. r. dos et coins, non rog. (*Belz-Niedrée.*)

2047. Mémoires de miss Bellamy, célèbre actrice de Londres, traduits de l'anglais. *Paris, an XII.* 2 vol. in-8, portrait, demi-rel. mar. vert, dos orné, coins, n. rog. tête dor. (*Hardy.*)

2048. Notes sur Paris. Vie et opinions de M. Frédéric-Thomas Graindorge, docteur en philosophie, de l'Université d'Iéna, etc., recueillies et publiées par H. Taine, son exécuteur testamentaire. *Paris, Hachette et C*ie*,* 1867. In-8, demi-rel. mar. rouge, dos orné, coins, tête dor. non rog. (*Belz-Niedrée.*)

VIII. BIBLIOGRAPHIE

2049. Histoire de la Bibliophilie. Reliures. — Recherches sur les bibliothèques des plus célèbres amateurs. Armorial des bibliophiles. *Paris, J. Techener,* 1861-1864. 10 livraisons in-fol. planches gravées à l'eau-forte par Jules Jacquemart, br.

2050. L'Amour des livres, par M. Jules Janin. *Paris, Miard,* 1866. In-12, br.

2051. Essai historique sur la Bibliothèque du Roi, aujourd'hui Bibliothèque impériale, par Le Prince. Nouvelle édition, revue et augmentée des Annales de la Bibliothèque, par Louis Paris. *Paris*, 1856. In-12, demi-rel. mar. rouge, dos et coins, non rog. tête dor. (*Hardy.*)

2052. Documents iconographiques et typographiques de la Bibliothèque royale de Belgique. Livraisons 1 à 6. *Bruxelles, Arnold*, 1864-1877.

Exemplaire en papier fort.

2053. Annales des Elsevier, ou histoire de leur famille et de leurs éditions, par Charles Pieters. *Gand, Annoot-Bræckman*, 1858. In-8, demi-rel. mar. brun, dos orné, coins, tête dor. non rog. (*Hardy.*)

2054. Bibliographie instructive, ou Notice de quelques livres rares, singuliers et difficiles à trouver, avec des notes historiques pour connaître et distinguer les différentes éditions, par François de los Rios, libraire à Lyon. *Avignon, François Séguin*, 1777. In-8, demi-rel. mar. brun, dos orné, coins, tête dor. non rog. (*Hardy.*)

2055. Manuel du libraire et de l'amateur de livres, contenant : 1° un nouveau dictionnaire bibliographique ; 2° une table en forme de catalogue raisonné, par Jacques-Charles Brunet, 4° édit. *Paris, Silvestre*, 1842-1844. 5 vol. in-8, demi-rel. mar. brun, dos orné, coins, tête dor. non rog. (*Hardy.*)

Exemplaire en papier vélin.

2056. Manuel du libraire et de l'amateur de livres. Supplément au Dictionnaire bibliographique de M. J.-Ch. Brunet, par MM. P. Deschamps et G. Brunet. Tome Ier. *Paris, Didot et Ce*, 1878. In-8, br.

2057. Traité du Choix des livres, par Gabriel Peignot. *Paris, A. Renouard*, 1817. In-8, br.

2058. Manuel du bibliophile, ou Traité du Choix des livres, par Gabr. Peignot. *Dijon, Victor Lagier*, 1823. 2 vol in-8, demi-rel. mar. brun jans. coins, tête dorée, non rogné. (*Hardy.*)

2059. Répertoire des bibliographies spéciales, curieuses et

instructives, par Gabriel Peignot. *Paris, Renouard,* 1810.
In-8, demi-rel. bas.

2060. Bulletin du bibliophile, publié par Techener de 1834
à 1877. *Paris, Techener,* 1834-1877. 42 vol. in-8, demi-
rel. mar. vert jans. tête dor. non rog. (*Hardy.*)

2061. Dissertations bibliographiques, par P. L. Jacob, bibliophile (Paul Lacroix). *Paris, J. Gay,* 1864. In-12,
demi-rel. mar. brun, dos orné, coins, non rog. tête dor.
(*Belz-Niedrée.*)

    Tiré à 250 exemplaires.

2062. Fantaisies bibliographiques, par Gustave Brunet.
Paris, Jules Gay, 1864. In-12, demi-rel. mar. rouge, dos
orné, coins, tête dor. non rog. (*Belz-Niedrée.*)

2063. Variétés bibliographiques, par Édouard Tricotel. *Paris, Jules Gay,* 1863. In-12, demi-rel. mar. br. dos orné,
coins, non rog. tête dor. (*Belz-Niedrée.*)

    Tiré à 250 exemplaires.

2064. Inventaire de la bibliothèque du roi Charles VI, fait
au Louvre en 1423, par ordre du régent, duc de Bedford.
A Paris, pour la Société des bibliophiles, 1867. In-8, br.

    Exemplaire en papier de Hollande, tiré pour les membres de la So-
ciété.

2065. Inventaire de la bibliothèque du roi Charles VI, fait
au Louvre en 1423, par ordre du régent, duc de Bedford.
A Paris, pour la Société des bibliophiles, 1867. In-8, br.

2066. Catalogus librorum bibliothecæ illustrissimi viri Ca-
roli Henrici, comitis de Hoym. *Parisiis, apud Gabrielem
et Claudium Martin,* 1738. In-8, demi-rel. mar. rouge,
dos orné, coins, tête dorée, non rog. (*Galette.*)

    Avec les prix.

2067. Catalogue des livres de feu M. Quiquebeuf, avocat
en Parlement. *Paris, Damoneville,* 1755. In-8, mar. rouge,
fil. dos orné, tr. dor. (*Belz-Niedrée.*)

2068. Catalogue des livres rares et singuliers du cabinet
de M. Filheul (Chardin). *Paris, Dessain junior,* 1779.
In-8, veau m. avec les prix.

2069. Catalogue des livres rares et singuliers de la bibliothèque de l'abbé Sepher. *Paris, Fournier,* 1786. In-8, veau m. (avec les prix).

Catalogue curieux,

2070. Catalogue des livres précieux, singuliers et rares, tant imprimés que manuscrits, qui composaient la bibliothèque de M*** (Méon). *Paris, Bleuet,* 1803. In-8, demi-rel. mar. bleu, fil. coins, tête dor. non rogné. (*Belz-Niedrée.*)

Exemplaire tiré sur papier de Hollande.

2071. Catalogue des Livres manuscrits et imprimés des peintures, dessins et estampes du cabinet de M. L... (Lamy). *Paris, Ant.-Auy. Renouard,* 1807. In-8, demi-rel. mar. rouge jans. coins, tête dor. non rog. (*Galette.*)

Exemplaire en papier de Hollande avec la table des noms d'auteurs et les prix. 5 exemplaires seulement ont été tirés sur ce papier.

2072. Catalogue des livres précieux et de la plus belle condition, de M*** (Scherer). *Paris, De Bure,* 1812. In-8, demi-rel. mar. rouge, dos orné, coins, tête dor. non rog. (*Galette.*)

Exemplaire en grand papier avec la table des noms d'auteurs.

2073. A Catalogue of a superlatively splendid and extensive library (of the prince of Talleyrand). *London, Leigh and Sotheby,* 1816. In-8, demi-rel. mar. rouge, dos orné, coins tête dor. non rog. (*Galette.*)

Exemplaire en grand papier vélin.

2074. Catalogue des livres de la bibliothèque de M. Motteley, composée d'une collection considérable d'Elzevirs et autres beaux livres précieux et singuliers. *Paris, Silvestre,* 1824. In-8 gr. pap., demi-rel. mar. rouge, dos orné, coins, tête dor. non rog. (*Belz-Niedrée.*)

2075. Catalogue d'une partie de livres rares singuliers et précieux dépendant de la bibliothèque de M. Charles Nodier. *Paris, Merlin,* 1827-1829. 2 parties en 1 vol. in-8, demi-rel. mar. bl. coins, tête dor. non rog. (*Hardy.*)

2076. Catalogue des livres, brochures, journaux, caricatures et autographes composant la précieuse bibliothèque révolutionnaire de feu M. Ed. B. (Edmond Bailliot). *Paris,*

Techener, 1837. In-8, demi-rel. mar. rouge, fil. dos orné, coins, non rog. (*Galette.*)

2076 *bis.* Catalogue des livres imprimés, manuscrits, estampes, dessins, cartes à jouer, composant la bibliothèque de M. C. Leber, avec des notes par le collecteur. *Paris, Techener et Jannet,* 1839-52. 4 vol. in-8, fig. noires, demirel. mar. rouge, dos orné, tête dor. non rog. (*Hardy.*)

Exemplaire en grand papier vélin. Il manque la figure du tome I, page 240.

2077. Catalogue des livres composant la bibliothèque de feu M. Noel (livres érotiques). *Paris, Galliot,* 1841. In-8, demirel. mar. citr. dos orné, coins, tête dor. non rog. (*Hardy.*)

2078. Catalogue des livres composant la bibliothèque poétique de M. Viollet-le-Duc, avec des notes bibliographiques, biographiques et littéraires sur chacun des ouvrages catalogués. *Paris, L. Hachette,* 1843. In-8, mar. vert jans. tête dor. non rog.

Exemplaire en grand papier.

2079. Bibliothèque poétique de M. Viollet-le-Duc, première partie. *Paris, P. Jannet,* 1849. In-8, gr. pap. demi-rel. mar. vert jans. tête dor. non rog.

2080. Bibliothèque dramatique de M. de Soleinne, catalogue rédigé par P. L. Jacob, bibliophile. *Paris, Alliance des arts,* 1843-1844. 5 vol. in-8, pap. vélin, br.

2081. Catalogue de la bibliothèque de M. M... (Moreau), presque entièrement composée d'écrits relatifs à l'histoire du règne de Louis XIV. *Paris, Potier,* 1846. In-8, demirel. mar. vert, tête dor. non rog. (*Hardy.*)

2082. Catalogue de livres rares et précieux composant la première partie de la bibliothèque de M. J. Taylor. *Paris, Techener,* 1848. In-8, pap. de Holl. dem. rel. mar. rouge, dos orné, coins, tête dor. non rog. (*Hardy.*)

Catalogue de la vente.

2083. Catalogue d'une petite collection de livres rares et précieux provenant du cabinet de M. A. C. (A. Chenest). *Paris, Techener,* 1853. In-8, demi-rel. mar. vert. jans. coins, tête dor. non rog. (*Hardy.*)

2084. Catalogue d'un choix de livres rares et précieux provenant du cabinet de M. le comte*** (Léop. Lehon). *Paris, Techener*, 1854. In-8, demi-rel. mar. bl. jans. coins, tête dor. non rog. (*Hardy.*)

2085. Catalogue des livres, estampes et dessins composant la bibliothèque et le cabinet de feu M. Armand Bertin. *Paris, J. Techener*, 1854. In-8, demi-rel. mar. vert, (*Hardy.*)

Avec les prix.

2086. Catalogue des livres, en partie rares et précieux, composant la bibliothèque d'un amateur (M. L. Tripier). *Paris, Potier*, 1854. In-18, demi-rel. mar. br. dos et coins, tête dor. non rog. (*Hardy.*)

Exemplaire imprimé sur papier rose.

2087. Catalogue d'une collection de livres et d'estampes concernant l'histoire de France et tout particulièrement l'histoire de Paris, provenant du cabinet de M. Le Roux de Lincy. *Paris, Techener*, 1855. In-8, demi-rel. mar. bl. dos orné, coins, tête dor. non rog. (*Belz-Niedrée.*)

2088. Catalogue d'une collection d'estampes concernant l'histoire de France et tout particulièrement l'histoire de Paris, provenant du cabinet de M. L. R. de L. (Le Roux de Lincy). *Paris, Techener*, 1855. In-8, gr. pap. demi-rel. mar. bl. dos orné, coins, tête dor. n. rog. (*Belz-Niedrée.*)

Table et prix.

2089. Catalogue de livres rares et précieux composant la bibliothèque de M. Ch. G**** (Giraud). *Paris, Potier*, 1855. In-8, demi-rel. mar. rouge, dos orné, coins, tête dor. non rog.

L'un des 10 exemplaires tirés sur papier de Hollande.
Avec les prix.

2090. Description bibliographique des livres choisis en tous genres composant la librairie J. Techener. *Paris, Techener*, 1855-58. 2 vol. in-8, demi-rel. mar. vert foncé jans. tr. marb. (*Hardy.*)

2091. Catalogue des livres choisis en divers genres faisant partie de la librairie Potier. *Paris, Potier*, 1856-1857. 3 parties en 1 vol. in-8, dem.-rel. mar. vert. jans. (*Hardy.*)

2092. Catalogue d'un choix de livres rares et précieux, la plupart en anciennes reliures du cabinet de M. le marquis de C*** (Coislin). *Paris,Techener,* 1857. In-8.— Catalogue des livres composant la bibliothèque de feu Armand Dutacq, avec dès notes du bibliophile Jacob. *Paris,Techener,* 1857. In-8, demi-rel. mar. r. dos orné coins, tête dor. non rog. (*Prix.*)

2093. Catalogue de livres anciens, rares et curieux composant la bibliothèque de M. Bergeret (de Lyon). *Paris, Techener,* 1858. 3 parties en 1 vol. in-8, demi-rel. mar. vert. jans. m. avec les prix. (*Hardy.*)

2094. Catalogue d'une collection de livres rares et précieux, ouvrages sur la chasse, anciens poètes français, romans, contes et facéties, voyages en Amérique, vieilles chroniques françaises, etc. (de M. de Laroche-Lacarelle). *Paris, Potier,* 1859. In-18, demi-rel. mar. br. jans. tête dor. non rog. (*Hardy.*)

2095. Catalogues des livres et manuscrits formant la bibliothèque de feu M. J.-B.-Th.de Jonghe, *Bruxelles, Heussner,* 1860. 3 vol. in-8, demi-rel. mar. br. dos orné, coins, tête dor. non rog. (*Galette.*)

2096. Catalogue d'une belle collection de livres rares et précieux, surtout remarquable par le choix exquis des exemplaires, provenant du cabinet de M. M. de C***. (Clinchamp). *Paris, Techener,* 1860. In-8, demi-rel. mar. r. dos orné, coins, tête dor. non rog. (*Belz-Niedrée.*)

Cette collection a été achetée en bloc par M. Solar.

2097. Catalogue des livres et manuscrits composant la bibliothèque de M. Félix Solar. Tome Ier. *Paris, F. Didot,* 1860. In-8, demi-rel. mar. bl. jans. coins, tête dor. non rog. (*Galette.*)

Seul volume publié.

2098. Catalogue de la bibliothèque de M. Félix Solar. *Paris, Techener,* 1860. 2 part. en 1 vol. in-8, gr. pap. demi-rel. mar. r. dos orné, coins, tête dor. non rog. (*Hardy.*)

Avec la table des auteurs et les prix.

2099. Catalogue des livres rares et précieux, composant la bibliothèque de feu M. Auguste Veinant. *Paris, Potier,* 1860. In-8, gr. pap. demi-rel. mar. r. dos orné coins, tête dor. non rog. (*Galette.*)

2100. Catalogue des livres imprimés, manuscrits et autographes faisant partie de la bibliothèque de feu M. de Monmerqué. *Paris, Techener,* 1861. In-8, portrait, demi-rel. mar. br. dos orné, coins, tête dor. non rog. (*Galette.*)

2101. Catalogue des livres rares et curieux, manuscrits et imprimés... la plupart ornés de belles reliures des xvie et xviie siècles provenant du cabinet ds M. Eug. P*** (Piot). *Paris, Potier,* 1862. In-8. gr. pap. demi-rel. mar. bl. dos orné, coins, tête dor. non rog. (*Belz-Niedrée.*)

2102. Catalogue des livres en partie rares et précieux, composant la bibliothèque de M. H. D. L. (de Lasize). *Paris, Potier,* 1862. In-8, gr. pap. demi-rel. mar. rouge, dos orné, coins, tête dor.non rog. (*Belz-Niedrée.*)

2103. Catalogue d'un choix de livres anciens rares et curieux de la bibliothèque de M. Léon Cailhava. *Paris, Techerer,* 1862. In-8, demi-rel. mar. rouge, dos orné, coins, tête dor. non rog. (*Belz-Niedrée.*)

2104. Catalogue des livres rares de M. Ach. Genty. *Paris, Techener,* 1862. Petit in-8, gr. pap. vergé, demi-rel. mar. r. dos et coins, tête dor. non rog. (*Hardy.*)

2105. Description raisonnée d'une collection choisie d'anciens manuscrits, de documents historiques et de chartes réunis par les soins de M. J. Techener. *Paris, Techener,* 1862. 2 parties en 1 vol. in-8, demi-rel. mar. r. dos orné, coins, tête dor. non rog. (*Belz-Niedrée.*)

Exemplaire sur grand papier.

2106. Catalogue des livres anciens et modernes composant la bibliothèque de feu M. Emeric David. *Paris, Techener,* 1862. In-8, demi-rel. mar. br. dos orné, coins, tête dor. non rog. (*Galette.*)

2107. Catalogue des livres rares et précieux de la bibliothèque de M. le comte H. de Ch*** (Chaponay). *Paris,*

Potier, 1863. In-8, gr. pap. demi-rel. mar. bl. dos orné coins, tête dor. non rog. (*Belz-Niedrée.*)

Exemplaire en grand papier avec les noms des acquéreurs et les prix.

2108. Catalogue de la bibliothèque de feu M. Charles Pieters. *Gand,* 1864. In-8, demi-rel. mar. bl. dos orné, coins, tête dor. non rog. *Prix et noms des acquéreurs.* (*Belz-Niedrée.*)

2109. Catalogue raisonné de la biblothèque de feu M. Jules Chenu. *Paris, Techener,* 1864. 2 parties en 1 vol. in-8, demi-rel. mar. br. dos orné coins, tête dor. non rog. (*Belz-Niedrée.*)

2110. Catalogue d'un choix de livres rares et curieux, composant la bibliothèque de M. le vicomte d'Auteuil. *Paris, Techener,* 1864. In-8, gr. pap. demi-rel. mar. rouge, dos orné, coins, tête dor. non rog. (*Belz-Niedrée.*)

2111. Catalogue de manuscrits très-précieux du XIIIe au XVIIIe siècle, composant la collection de Mme la duchesse de B*** (Berry). *Paris, Mannheim,* 1864. In-8, demi-rel. mar. rouge, fil. coins, tête dor. non rog. avec les prix. (*Belz-Niedrée.*)

2112. Catalogue des livres rares et précieux, manuscrits et imprimés composant la bibliothèque de M. Chedeau, de Saumur. *Paris, Potier,* 1865. In-8, demi-rel. mar. rouge, fil. dos. et coins, tête dor. non rog. (*Belz-Niedrée.*)

Exemplaire sur papier de Hollande.

2113. Catalogue des livres rares et précieux composant la bibliothèque de feu M. J. Auvillain, avocat. *Paris, Miard,* 1865. In-8, demi-rel. mar. vert, dos orné, coins, tête dor. non rog. (*Belz-Niedrée.*)

2114. Catalogue de la bibliothèque de M. N. Yemeniz, précédé d'une notice par M. Le Roux de Lincy. *Paris, Bachelin-Deflorenne,* 1867. In-8, demi-rel. mar. rouge, dos orné, coins, tête dor. non rog. (*Belz-Niedrée.*)

Avec la table des noms d'auteurs et les prix.

2115. Catalogue des livres manuscrits et imprimés, composant la bibliothèque de feu M. le marquis Costa de Beauregard. *Paris, Potier,* 1868. In-8, demi-rel. mar. rouge, dos orné, coins, tête dor. non rog. (*Belz-Niedrée.*)

2116. Catalogue des livres rares et précieux, manuscrits et imprimés, composant la bibliothèque de feu M. El. Huillard. *Paris, Potier,* 1870. 2 parties en 1 vol. in-8, gr. pap. demi-rel. mar. rouge, dos orné, coins, tête dor. non rog. (*Belz-Niedrée.*)

2117. Catalogue des livres rares et précieux, manuscrits et imprimés, faisant partie de la librairie de L. Potier. *Paris, Potier,* 1870. In-8, gr. pap. demi-rel. mar. rouge, dos orné, coins, tête dor. non rog.

2118. Catalogue de livres rares et précieux, imprimés et manuscrits, composant la bibliothèque de M. L. de M*** (L. de Montgermont). *Paris, A. Labitte,* 1876. In-8, demi-rel. mar. rouge, dos orné, coins, tête dor. non rog. (*Belz-Niedrée.*)

2119. Catalogue de livres rares et précieux, imprimés et manuscrits, la plupart français et latins, provenant de la bibliothèque de M. Robert S. Turner. *Paris, A. Labitte,* 1878. In-8, gr. pap. demi-rel. mar. rouge, dos orné, coins, tête dor. non rog. (*Belz-Niedrée.*)

2120. Catalogue d'une très-riche mais peu nombreuse collection de livres provenant de la bibliothèque de feu M. le comte J.-N.-A. de Fortsas. *Mons, Hoyois.* In-8, cart. (*Première édition.*) — Catalogue d'une très-riche mais peu nombreuse collection de livres provenant de la bibliothèque de feu M. le comte J.-N.-A. de Fortsas (P. Chalon). *Mons, Em. Hoyois, s. d.* In-8, cart. (*Contrefaçon de la première édition.*) — Catalogue d'une très-riche mais peu nombreuse collection de livres provenant de la bibliothèque de feu M. le comte J.-N.-A. de Fortsas. *Bruxelles, Van Trigt,* 1863. In-8, pap. de Holl. br. (*Deuxième édition.*)

2121. Dictionnaire des ouvrages anonymes et pseudonymes, composés, traduits ou publiés en français et en latin, par M. Barbier (2ᵉ édition). *Paris, Barrois l'aîné,* 1822, 4 vol. in-8, demi-rel. bas. verte, non rog.

2122. Nouveau Recueil d'ouvrages anonymes et pseudonymes, par M. de Manne. *Paris, librairie Gide,* 1834. In-8, demi-rel. mar. rouge jans. coins, tête dor. non rog. (*Hardy.*)

2123. Nouveau Dictionnaire des ouvrages anonymes et pseudonymes avec les noms des auteurs ou éditeurs, accompagné de notes historiques et critiques, par E.-D. de
Manne. *Lyon, N. Scheuring,* 1868. In-8, demi-rel. mar.
br. dos orné, coins, tête dor, non rog. (*Belz-Niedrée.*)

2124. Dictionnaire des pseudonymes où sont divulgués et
rétablis les noms inventés, tronqués, travestis, arrangés
ou dérangés, par Georges d'Heilly. *Paris, Rouquette,* 1868.
In-12, br.

2125. Dictionnaire des pseudonymes, recueillis par Georges
d'Heilly. *Paris, Dentu,* 1869. In-12, demi-rel. mar. br.
dos orné, coins, tête dor. non rog. (*Belz-Niedrée.*)

Exemplaire en grand papier.

2126. Dictionnaire critique, littéraire et bibliographique des
principaux livres condamnés au feu, par Gabr. Peignot.
Paris, A.-A. Renouard, 1806. 2 vol. in-8, demi-rel. mar.
rouge, jans. coins tête dor. non rog. (*Hardy.*)

2127. La France littéraire, ou Dictionnaire bibliographique
des savants, historiens et gens de lettres de la France, qui
ont écrit en français, plus particulièrement pendant les
xviiie et xixe siècles, par J.-M. Quérard. *Paris, Didot,* 1827-
1839. 10 vol. in-8, demi-rel. mar. rouge, non rog.

Exemplaire en grand papier de Hollande.

2128. Les Auteurs déguisés de la littérature française du
xixe siècle. Essai bibliographique pour servir de supplément aux recherches d'A.-A. Barbier, par J.-M. Quérard.
Paris, 1845. Gr. in-8, demi-rel. mar. rouge jans. coins,
tête dor. non rog. (*Hardy.*)

2129. Bibliographie des chansons, fabliaux, contes en vers
et en prose, facéties, pièces comiques, etc., ayant fait
partie de la collection de M. Viollet-le-Duc. *Paris, A. Claudin,* 1859. In-8, br.

2130. Petite Bibliographie biographico-romancière, ou
Dictionnaire des romanciers (par Pigoreau). *Paris,
Pigoreau,* 1821. In-8, demi-rel. mar. rouge, jans. non
rog. (*Hardy.*)

2131. Bibliographie des principaux ouvrages relatifs à

l'amour, aux femmes, au mariage, indiquant les auteurs de
ces ouvrages, leurs éditions, leur valeur et les prohibi-
tions ou condamnations dont certains d'entre eux ont été
l'objet, par M. le comte d'I... (J. Gay). *Paris, Jules Gay,*
1861. In-8, demi-rel. mar. vert jans. tête dor. non rog.
(*Hardy.*)

2132. Bibliographie des ouvrages relatifs à l'amour, aux
femmes, au mariage, contenant les titres détaillés de ces
ouvrages, etc., par M. le comte d'I... (J. Gay). *Paris, J.
Gay,* 1864. In-8, demi-rel. mar. cit. dos orné, tête dor.
non rog. (*Belz-Niedrée.*)

> Seconde édition, revue, corrigée et tirée à 30 exemplaires seulement
> sur grand papier; celui-ci porte le n° 10.

2133. Bibliotheca scatologica, ou Catalogue raisonné des
livres traitant des vertus, faits et gestes de très-noble et
très-ingénieux messire Luc (à rebours), seigneur de la
Chaise et autres lieux, par trois savants en *us* (Payen,
Veinant et P. Jannet). *Scatopolis, chez les marchands
d'aniterges, l'année scatogène* 5850. (*Paris, P. Jannet,* 1850.)
In-8. mar. r. tr. dor. (*Duru.*)

2134. Bibliothèque historique de la France, contenant le
catalogue des ouvrages imprimés et manuscrits qui trai-
tent de l'histoire de ce royaume, par le P. J. Le Long, nouvelle édition augmentée (par Fontette, Barbeau de la Bruyère
et Drouet). *Paris, J.-Thomas Hérissant,* 1768. 5 vol. in-fol.
veau m.

> Exemplaire aux armes de France.

2135. Recherches historiques et littéraires sur les Danses des
morts et sur l'origine des cartes à jouer, ouvrage orné de cinq
lithographies et vignettes, par Gabriel Peignot. *Dijon,
Lagier,* 1826. In-8, pap. vélin, br.

2136. Guide de l'amateur de Livres à vignettes du xviiie siècle, contenant la description d'un choix de plus de 450 ouvrages illustrés par Boucher, Cochin, Gravelot, Eisen,
Moreau, Monnet, Marillier, Le Barbier, etc. (par M. Co-
hen). *Paris, P. Rouquette,* 1870. In-8, demi-rel. mar. vert,
dos orné, coins, tête dor. non rog. (*Belz-Niedrée.*)

2137. Voyage dans un grenier. Bouquins, faïences, autographes et bibelots, par Charles C*** (Cousin). *Paris, Morgand et Fatout,* 1878. In-4, pl. noires et coloriées, br.

Un des 50 exemplaires tirés sur papier fort du Japon.

2138. Bibliographie de Manon Lescaut et notes pour servir à l'histoire du livre, par Henry Harrisse. *Paris, Morgand et Fatout,* 1877. In-8, br.

2139. Cazin, sa Vie et ses éditions, par un cazinophile (Brissard-Binet). *Cazinopolis (Reims),* 1863. In-8, demi-rel. mar. bl. dos orné, coins, tête dor. non rog. (*Belz-Niedrée.*)

Exemplaire tiré sur grand papier vergé.

2140. Bibliographie et Iconographie de tous les ouvrages de Restif de la Bretonne, comprenant la description raisonnée des éditions originales, etc., etc., par P. L. Jacob, bibliophile (Paul Lacroix). *Paris, A. Fontaine,* 1875. In-8, demi-rel. mar. bl. dos orné, coins, tête dor. non rog.

L'un des 50 exemplaires tirés sur papier Whatman avec le portrait en deux états différents. Celui-ci porte le n° 25.

2141. Catalogue de la bibliothèque de l'abbaye de Saint-Victor au XVI° siècle, rédigé par François Rabelais, commenté par le bibliophile Jacob, et suivi d'un Essai sur les bibliothèques imaginaires, par G. Brunet. *Paris, J. Techener,* 1862. In-8, pap. de Holl, br.

IX. MÉLANGES

2142. Dictionnaire de la conversation et de la lecture, par une Société de savants et de gens de lettres, sous la direction de M. W. Duckett. *Paris, aux comptoirs de la direction.* 1853-58. 16 vol. gr. in-8, demi-rel. mar. rouge, dos orné, coins, tête dor. non rog. (*Galette.*)

2143. Essai sur les grands évènemens par les petites causes, tiré de l'histoire (par Richer). *Genève, et se trouve à Paris, chez Hardy,* 1758. — Nouvel Essai sur les grands évènemens par les petites causes. *Amsterdam,* 1759. 2 parties en 1 vol. in-12, mar. bl. jans. tr. dor. (*Hardy.*)

2144. Histoire des plus illustres favoris anciens et modernes, recueillie par feu Monsieur P. D. P. (Dupuis), avec un journal de ce qui s'est passé à la mort du maréchal d'Ancre. *Sur l'imprimé, à Leyde, chez Jean Elsevier,* 1659. In-12, mar. rouge, jans. tr. dor. (*Capé.*)

2145. Histoire des plus illustres favoris anciens et modernes recueillie par M. P. du Puy, avec un journal de ce qui s'est passé à la mort du mareschal d'Ancre. *Leide, Jean Elsevier,* 1659. In-4, vél. bl.

2146. La Fortune marastre de plusieurs princes et grands seigneurs, par le Sr J.-B. de Rocoles. *Leyde, Jean Prins,* 1684. Pet. in-12, front. et fig. par Shoonebeek, v. f. (*Anc. rel.*)

———

2147. Collection des Procès-verbaux des assemblées générales du Clergé de France, depuis l'année 1560 jusqu'à présent. *Paris, Guillaume Desprez,* 1767-80, 9 tomes en 10 vol. in-fol. mar. rouge, fil. tr. dor.

Aux armes de Loménie.

———

2148. Almanach royal, année 1754. *Paris, Le Breton,* 1751. in-8, front. gravé par Dubuisson fils, mar. blanc, compartiments de couleur, arabesques à petits fers, tr. dor.

Riche reliure, aux armes et aux chiffres de Paris de Montmartel, peints sur les plats et recouverts de talc.

2149. L'Heptaméron des Nouvelles de très-haute et très-illustre princesse Marguerite d'Angoulême, reine de Navarre, sœur unique de François Ier; nouvelle édition publiée sur les manuscrits par la Société des bibliophiles françois (précédé d'un Essai sur la vie et les ouvrages de Marguerite, par Le Roux de Lincy). *Paris, imprimé par Ch. Lahure,* 1853-54, 3 vol. in-8, portr. br.

Manque le portrait.

2150. Lot de Couvertures de reliures anciennes in-fol. et in-4, avec armoiries.

TABLE DES DIVISIONS

FIN DE LA TABLE DES DIVISIONS.

Paris. — Typ. G. Chamerot, 19, rue des Saints-Pères. — 9097.

www.ingramcontent.com/pod-product-compliance
Ingram Content Group UK Ltd.
Pitfield, Milton Keynes, MK11 3LW, UK
UKHW021918070726
13614UKWH00001B/112